Russland und Europa

SCHRIFTEN DES ZENTRUMS FÜR OSTEUROPASTUDIEN (ZOS) DER UNIVERSITÄT KIEL

Herausgegeben von Michael Düring / Norbert Nübler / Ludwig Steindorff / Martina Thomsen / Alexander Trunk

BAND 8

PETER LANG EDITION

Alexander Trunk (Hrsg.)

Russland und Europa

Facetten einer Beziehung

PETER LANG EDITION

Bibliografische Information der Deutschen Nationalbibliothek
Die Deutsche Nationalbibliothek verzeichnet diese Publikation in der Deutschen Nationalbibliografie; detaillierte bibliografische Daten sind im Internet über http://dnb.d-nb.de abrufbar.

Umschlagabbildung:
©luzitanija / fotolia.com

ISSN 2197-1684
ISBN 978-3-631-72365-4 (Print)
E-ISBN 978-3-631-72391-3 (E-PDF)
E-ISBN 978-3-631-72392-0 (EPUB)
E-ISBN 978-3-631-72393-7 (MOBI)
DOI 10.3726/b12340

Peter Lang Edition ist ein Imprint der Peter Lang GmbH.

Peter Lang – Frankfurt am Main · Bern · Bruxelles · New York · Oxford · Warszawa · Wien

Diese Publikation wurde begutachtet.

www.peterlang.com

Inhalt

Vorwort

Der vorliegende Band enthält die für die Veröffentlichung überarbeiteten Beiträge einer interdisziplinären Ringvorlesung des Zentrums für Osteuropa-Studien der Christian-Albrechts-Universität zu Kiel im Wintersemester 2015/2016. Die Ringvorlesung fand zur Zeit der krisenhaften Zuspitzung der Beziehungen zwischen dem „politischen Europa" (EU) und Russland infolge des Ukraine-Konflikts statt. Ziel der Ringvorlesung war es, die Vielschichtigkeit und Enge der Beziehungen zwischen Europa und Russland auch jenseits der aktuellen Entwicklungen zu verdeutlichen. Dabei ist die Formulierung „Russland *und* Europa" nicht als Gegensatz zu verstehen. Russland ist historisch und kulturell ein nicht hinwegzudenkender Teil Europas, auch wenn das Gebiet Russlands geographisch bis zum Stillen Ozean und nach China reicht. Angesichts der fundamentalen Verschlechterung der politischen Beziehungen zwischen der EU, den USA und anderen westlichen Staaten und Russland seit 2014 war es unumgänglich, diese Entwicklung in der Ringvorlesung besonders zu thematisieren. Das Grundkonzept der Vortragsreihe bestand insoweit darin, dass verschiedene Sichtweisen, z.B. zu den Gründen dieser Verschlechterung, vorgetragen werden sollten. Die Leserinnen und Leser sind aufgerufen, thematisch verwandte Beiträge kontrastierend zu lesen und sich eine eigene Meinung zu bilden. Der Herausgeber hat auch in der Ringvorlesung mehrfach hervorgehoben, dass Schwarz-Weiß-Zeichnungen zu diesem Themenbereich unangebracht sind und eine Lösung der Krise nicht befördern. Leider ist diese Analyse bis heute weder in der Politik noch im Mehrheitsdiskurs der Medien angekommen. Das Buch ist heute genauso aktuell wie zur Zeit der Ringvorlesung.

Der Band enthält nicht nur Beiträge zu aktuellen Problemfragen, sondern viele Beiträge ziehen einen weiteren Bogen, historisch und thematisch. „Akademische" Beiträge werden mit Beiträgen aus der Feder von Journalisten (Kerstin Holm, Andrey Gurkov), Politikern (Ekkehard Klug, Gabriele Kötschau) sowie eines Vertreters der russischen Diplomatie (Ivan Khotulev) verschränkt.[1] Die damit verbundenen Unterschiedlichkeiten in Darstellung und Inhalt machen den Band – hoffentlich – zu einer anregenden Lektüre.[2]

---

1 Nichtakademische Beiträge sind in der Regel in der Vortragsform ohne Fußnotenapparat wiedergegeben.

2 Thematisch schließt das vorliegende Buch an einen vom Institut für Osteuropäisches Recht im Jahr 2016 herausgegebenen Band über die Beziehungen zwischen der EU und

An der Vorbereitung der Drucklegung des Bandes haben mehrere MitarbeiterInnen des Instituts für Osteuropäisches Recht wesentlichen Anteil. Ihnen allen, besonders Herrn Vitaliy Kim, LL.M., möchte ich hierfür herzlich danken. Für die finanzielle Förderung der Ringvorlesung danken wir der Universität Kiel und der Deutschen Gesellschaft für Osteuropakunde e.V., für die Publikation des Tagungsbandes darüber hinaus dem Verein Alumni Kiel e.V., der Christian-Albrechts-Universitätsstiftung sowie dem Verein Ostrecht Kiel e.V. Dem Verlag Peter Lang danken wir dafür, dass er uns angesichts der besonderen Aktualität des Themas vergünstigte Konditionen für die Publikation eingeräumt hat.

Kiel, den 8. August 2017
Alexander Trunk

der Ukraine an: „The Future of Cooperation between the EU and Ukraine" (Berliner Wissenschaftsverlag).

Alexander Trunk

Die Beziehungen zwischen Russland und Europa – politische und juristische Dimensionen

Die Beziehungen zwischen Russland und Europa – oder Europa und Russland – zählen zu den Grunddominanten der politischen Strukturen in Europa. Bis vor kurzem, etwa im Sommer 2015, war das Thema der Beziehungen zu Russland, meist unter dem Blickwinkel der Ukraine-Krise, ständiges Schwerpunktthema in der Berichterstattung beispielsweise der deutschen Medien. Durch die Griechenlandkrise wurde es zeitweise überlagert, aber seit der sich zur Krise entwickelnden Zuwanderung von Flüchtlingen nach Europa ist das Thema „Russland" aus den Medien weitgehend verschwunden – es sei denn unter dem Gesichtspunkt der nunmehr militärischen Intervention Russlands im Syrien-Krieg. Die Beziehungen zwischen Europa und Russland beschränken sich jedoch nicht auf die wechselseitige Beteiligung an Krisen und Krisenmanagement. Sie sind vielschichtig und langfristig und haben im Laufe von Jahrhunderten ihren Charakter ständig verändert. Aus „fernen Nachbarn"[1] zur Zeit beispielsweise der Kiewer Rus im 9.–13. Jahrhundert wurden in dunklen Phasen der Geschichte zeitweise Gegner in europäischen Kriegen oder Weltkriegen. Heute besteht zwischen dem im Wesentlichen durch die Europäische Union repräsentierten politischen Europa und Russland eine vertraglich fixierte enge Partnerschaft, die aber in der politischen Wirklichkeit derzeit erheblichen Belastungen ausgesetzt ist. Im Zuge der Ukraine-Krise verhängte die Europäische Union, im Gleichklang mit den USA und anderen Staaten, scharfe Reise- und Wirtschaftssanktionen gegen führende Personen und Unternehmen in Russland, und Russland antwortete mit Gegensanktionen[2]. Erst die sich derzeit geradezu vor den Augen verschärfende Flüchtlings- oder Migrationskrise hat dazu geführt, dass die Europäische Union und Deutschland auch das Verhältnis zu Russland neu bewerten. Der derzeitige Besuch des deutschen Vizekanzlers, Wirtschaftsministers und SPD-Vorsitzenden

1 Sogar heute noch wird dieser Begriff im Verhältnis zu Russland gelegentlich benutzt, s. http://www.auswaertiges-amt.de/DE/Infoservice/Presse/Reden/2015/150128-BM_Berliner_Republik.html (Rede von Bundesaußenminister Steinmeier am 28.1.2015, in Bezug auf die Sicht einiger süd- und westeuropäischer Staaten auf Russland).

2 Vgl. https://de.wikipedia.org/wiki/Liste_von_Sanktionen_in_der_Krimkrise.

Sigmar Gabriel in Moskau[3] erweckt den Eindruck, dass die deutsche Bundesregierung nach Wegen sucht, um das Verhältnis zu Russland wieder zu entspannen. Die weitgehend kritische Berichterstattung in den deutschen Medien über den Besuch[4] zeigt aber, dass dieses Vorhaben nicht auf allen Seiten des politischen Spektrums begrüßt wird.

Der folgende Beitrag gibt einen Überblick über den derzeitigen Stand der politischen Beziehungen zwischen Europa und Russland unter Einbezug der juristischen Perspektive, in der Hoffnung, dadurch auch zu einer Wiederannäherung beider Seiten beizutragen. Zur Bewältigung vieler aktueller Krisen wäre dies zwingend geboten.

A. Russland und Europa: einige Vorbemerkungen

I. Sowohl der **Begriff „Russland"** als auch der **Begriff „Europa"** im Titel der Ringvorlesung und dieses Beitrags bedürfen einer Präzisierung. Unter Russland soll hier die heutige Russische Föderation[5] verstanden werden, nicht etwa ein anders zugeschnittener historischer Raum oder eine geistige „russische Welt". Der Begriff „Europa" ist noch weniger klar bestimmt als der Begriff Russland. Als geografische Kategorie beschreibt er den westlichen Teil des Euro-Asiatischen Kontinents, der nach einer historisch begründeten Konvention seine östliche Grenze am Gebirgszug des Ural und eine seiner südlichen oder südöstlichen Grenzen am Hauptkamm des Kaukasus-Gebirges haben soll[6]. In diesem geografischen Sinn macht das Gebiet Russlands einen erheblichen Teil Europas aus, mit rund 3 Mio. km² etwa 40 % der Fläche Gesamteuropas[7]. Weitere 14 Mio. km² der Fläche Russlands liegen allerdings in Asien (insbesondere Sibirien), die ganz überwiegende Mehrzahl (75 %) der Bevölkerung Russlands lebt aber im europäischen

3 Am 28./29.10.2015, s. http://www.faz.net/aktuell/politik/ausland/europa/sigmar-gabriel-besucht-wladimir-putin-in-moskau-13880506.html.

4 S. etwa den Beitrag in der Online-Ausgabe der Tageszeitung DIE Welt vom 29.10.2015, http://www.welt.de/politik/ausland/article148156440/Gabriel-spielt-in-Moskau-den-Gerhard-Schroeder.html, oder den Online-Artikel von BILD vom 28.10.2015 über den Moskau-Besuch Gabriels, http://www.bild.de/politik/ausland/wladimir-putin/erpresst-uns-in-der-fluechtlingskrise-43185862.bild.html.

5 https://de.wikipedia.org/wiki/Russland, s.a. http://www.auswaertiges-amt.de/DE/Aussenpolitik/Laender/Laenderinfos/01-Nodes_Uebersichtsseiten/RussischeFoederation_node.html.

6 Vgl. https://de.wikipedia.org/wiki/Europa.

7 S. https://de.wikipedia.org/wiki/Russland. Zum Vergleich: die Fläche der Europäischen Union beträgt rd. 4,4 km².

Teil des Landes[8]. Im politischen Sinn wird Europa häufig mit der Europäischen Union gleichgesetzt. Ihr gehören aber (nur) 28 Staaten an, während die ebenfalls „europäische" internationale Organisation des Europarates 47 Mitgliedstaaten umfasst[9] (alle Staaten des geografischen Europa ohne – aus politischen Gründen – Belarus und Kosovo, aber unter Einschluss der im Wesentlichen auf dem asiatischen Kontinent gelegenen Türkei[10]). Im vorliegenden Beitrag wird der Begriff Europa grundsätzlich umfassend verstanden, je nach Kontext aber auf einzelne politische Gruppierungen in Europa (z.B. die Europäische Union) oder deren Mitgliedstaaten bezogen. Daraus ergibt sich auch, dass die Konjunktion „**und**" im Titel der Ringvorlesung („Russland und Europa"), keinen Gegensatz, sondern ein In- und Miteinander bezeichnet.

II. Zum Verständnis der Entwicklung der Beziehungen zwischen Russland und Europa (im Sinne insbesondere der Europäischen Union), ist es hilfreich, einen **Blick auf die Darstellung Russlands** und seiner politischen Führung durch **europäische Medien** zu werfen. Von vielen Beobachtern wurde in den letzten Jahren die Kritik erhoben, dass das politische Russland – mit besonderer Fokussierung auf Russlands Präsident Wladimir Putin – in europäischen Medien überwiegend negativ gezeichnet werde[11]. Positive oder ausgewogene Berichte über Russland beschränkten sich weitgehend auf die Bereiche Kultur, Natur und Geschichte. Mir scheint diese Beobachtung korrekt. Als Indikator kann man etwa die Titelcovers der Zeitschrift „DER SPIEGEL" heranziehen, auf denen seit dem Jahr 2000 etwa 10 Darstellungen von Wladimir Putin erschienen sind, nahezu alle mit negativem oder sehr negativem Aussagecharakter[12]. In Russland habe ich eine vergleichbare, konstant negative Berichterstattung über westliche Politiker nie feststellen

8 Insgesamt beträgt die Bevölkerung Russlands heute 143 Mio. E., die EU hat 508 Mio. E., Angaben aus https://de.wikipedia.org/wiki/Russland und https://de.wikipedia.org/wiki/Europäische_Union.

9 S. http://www.coe.int.

10 Auch Kasachstan ist teilweise auf dem geografischen Gebiet Europas gelegen, hat aber bislang keine Mitgliedschaft im Europarat beantragt. Armenien, Aserbaidschan und Georgien sind dagegen Mitglieder des Europarats, obwohl ihr Staatsgebiet weitgehend südlich des Hauptkamms des Kaukasus und damit geografisch in Asien gelegen ist.

11 Vgl. http://www.sueddeutsche.de/politik/berichterstattung-ueber-die-krim-krise-blick-aus-der-blase-1.1914499; s.a. http://www.bpb.de/internationales/europa/russland/47998/russlandbild-deutscher-medien?p=all; https://de.wikipedia.org/wiki/Russlandberichterstattung_in_Deutschland.

12 Eine Übersicht ist leicht zu gewinnen über eine Recherche im Internet unter „SPIEGEL Titelbild Putin".

können, mag sich auch der Ton der Berichterstattung über Europa im Zuge der Ukraine-Krise ins Negative hin entwickelt haben. Diese Unterschiede dürften nicht nur darin begründet sein, dass im Westen keine einzelne Politikerperson so viel Macht auf sich konzentriert wie in Russland Wladimir Putin, sondern auch darin, dass die russische Sicht auf den Westen wohl grundsätzlich „entspannter" ist als umgekehrt.

III. Ein drittes allgemeines Element der Beziehung Russland – Europa betrifft die beiderseitige bzw. gemeinsame **Geschichte**. Ohne sich in Einzelheiten zu verlieren, wird man über mindestens 1000 Jahre hinweg eine durchgehende Linie des Miteinander konstatieren, die zwischen eher lockeren dynastischen Verbindungen, langen Phasen guter Kooperation und Zeiten schrecklicher Konfrontation (in denen Russland bzw. die UdSSR als Verbündeter oder Gegner verschiedener europäischer Mächte auftrat) changierte[13]. Man kann es psychologisch fast als Wunder bezeichnen, dass die Bevölkerung Russlands trotz der wohl 27 Millionen Kriegstoten auf sowjetischer Seite im 2. Weltkrieg[14] Deutschland heute nicht nur ohne Ressentiments begegnet, sondern sogar freundschaftlich eingestellt ist. Und gerade in Deutschland sollte nicht vergessen werden, dass die deutsche Wiedervereinigung 1990 nur durch die Zustimmung von Michail Gorbatschow möglich wurde, und dass diese Zustimmung verbunden war mit dem Vertrauen Gorbatschows in Helmut Kohl und in eine Zukunft guter Beziehungen mit Deutschland und Europa im ganzen.

IV. Versucht man eine **Grundcharakterisierung** der Beziehungen zwischen Russland und Europa, so sind aus meiner Sicht zwei Gesichtspunkte tragend:

Einerseits ist Russland – bei all seiner räumlichen Spannweite und großmachtbedingten globalen Interessenverfolgung – ein fester und eminent wichtiger Teil des europäischen **Kulturraums**. „Europäische" Künstler und Wissenschaftler haben Russland im Dialog oder durch ihr Wirken in Russland nicht weniger geprägt als die vielen Künstler und Wissenschaftler aus Russland, die aus der europäischen Kultur nicht fortzudenken sind[15].

---

13 S.a. den Titel der Ausstellung „Russen & Deutsche: 1000 Jahre Kunst, Geschichte und Kultur" in Moskau und Berlin im Rahmen des Russlandjahrs in Deutschland und des Deutschlandjahrs in Russland 2012/13, http://www.smb.museum/ausstellungen/detail/russen-deutsche.html.

14 S. https://de.wikipedia.org/wiki/Tote_des_Zweiten_Weltkrieges.

15 Im mündlichen Vortrag wurden als Beispiele der Philosoph Gottfried Wilhelm Leibniz (in langjährigem Kontakt mit Zar Peter I.), die schweizerischen Mathematiker Daniel

Andererseits ist aber über die Zeiten hinweg eine **Ambivalenz** in der gegenseitigen Wahrnehmung festzustellen, vielleicht mehr auf „europäischer" als auf russischer Seite[16]. So wie Russlands Einstellung zum Westen häufig zwischen Bewunderung und Ablehnung schwankte, so schwankt die Wahrnehmung Russlands im Westen zwischen Faszination und Besorgnis, mitunter auch gepaart mit Selbstüberschätzung gegenüber dem als rückständig betrachteten Russland.

Diese beiden Grundlinien prägen auch die gegenwärtigen politischen Beziehungen zwischen Russland und (EU-)Europa. Sie eröffnen weiten Gestaltungsspielraum im Guten wie im Bösen.

B. Die politische Beziehung zwischen Russland und Europa zum gegenwärtigen Zeitpunkt

I. In einer großen Zahl gesellschaftlicher Bereiche und auch auf der Ebene politischer Beziehungen im engeren Sinn ist heute ein sehr **enges, gutes Miteinander** zwischen Russland und Europa festzustellen. Besonders in großen Agglomerationen wie Berlin, London, Paris oder Wien, in Deutschland auch weit darüber hinaus, machen russische Staatsbürger oder Personen mit russischem (oder sowjetischem) Migrationshintergrund einen nicht geringen Teil der Bevölkerung aus[17]. Die europäische und die russische Wirtschaft unterhalten enge Beziehungen. Das gleiche gilt für die Wissenschaft[18] und den Kultursektor[19]. Auf politischer

---

und Johann Bernoulli (zeitweise tätig in St. Petersburg), der russische Universaltgelehrte Michail Lomonossow (studierte in Marburg), die Komponisten Peter Tschaikowsky und Igor Strawinsky sowie – als Beispiel aus der Gegenwart – die Sopranistin Anna Netrebko genannt. Die Zahl weiterer Persönlichkeiten, die in ähnlicher Weise für die Präsenz Russlands im europäischen Kultur- und Wissenschaftsraum stehen, ist unüberschaubar.

16 Der Ausdruck „Ambivalenz" wird beispielsweise auch im Editorial des ZEIT-Geschichte Themenhefts 3/15 „Die Russen und wir", S. 4 gebraucht.

17 S. etwa https://www.bamf.de/SharedDocs/Anlagen/DE/Publikationen/WorkingPapers/wp27-grunddaten.pdf?__blob=publicationFile.

18 Für das Jahr 2014 beispielsweise weist die Länderstatistik des DAAD 1136 Individualgeförderte aus der Russischen Föderation aus. Russland ist damit eines der Hauptförderländer des DAAD. Zum Vergleich: aus den USA wurden im gleichen Jahr 731 Personen gefördert, aus Frankreich 155; s https://www.daad.de/der-daad/zahlen-und-fakten/de/29263-daad-laenderstatistiken/. Ein anderes Beispiel sind die Veranstaltungen im Rahmen des EU-Russia Year of Science 2014, http://eu-russia-yearofscience.eu/.

19 Ein Beispiel ist das 2014/2015 ausgerufene Kulturjahr Deutschland-Russland mit verschiedenen Projektaktivitäten, s. http://de.rbth.com/kulturjahr_deutschland-russland

Ebene bestehen beispielsweise – von unten nach oben geordnet – zahlreiche Städtepartnerschaften, Partnerschaften auf regionaler Ebene, laufende Arbeitsbeziehungen zwischen Parlamenten, Gerichten, Ministerien oder Regierungen. Dies gilt für die Beziehungen zwischen Russland und einzelnen europäischen Staaten ebenso wie für die Beziehungen zwischen Russland und gesamteuropäischen Institutionen. Dieses intensive Beziehungsgeflecht ist im Wesentlichen nach dem Zerfall der UdSSR im Jahr 1991 entstanden, während des Bestehens der Sowjetunion waren die Kontakte (wohl auch zwischen der UdSSR und den anderen Mitgliedstaaten des Warschauer Pakts) viel spärlicher und „politisch kontrolliert".

II. In jüngerer Zeit ist allerdings auf politischer Ebene eine zunehmende **Abkühlung** festzustellen, die möglicherweise in eine auch weitere Sphären der Gesellschaft ergreifende „Entfremdung"[20] münden könnte.

Die Ursachen hierfür sind vielschichtig, dürften aber primär auf politischer Ebene liegen. In rückblickender Betrachtung ist festzustellen, dass die Wahl von Wladimir Putin zum Präsidenten Russlands im Jahr 2000 in den westlichen Medien etwas skeptisch aufgenommen wurde, was mit seiner beruflichen Vergangenheit als Mitarbeiter des KGB zusammenhing. In den folgenden Jahren machten viele europäische Medien diverse Vorgänge in Russland bzw. Maßnahmen der russischen Politik zum Gegenstand einer sich zunehmend verdichtenden Kritik, die zudem häufig auf die Person von Wladimir Putin fokussiert wurde.[21] Nach meiner persönlichen Wahrnehmung war die Entscheidung des damaligen Bundeskanzlers Gerhard Schröder im Jahr 2002, in Absprache mit dem französischen Staatspräsidenten Jacques Chirac und dem russischen Präsidenten Putin eine militärische Beteiligung am Zweiten Irak-Krieg zu verweigern[22], ein Wendepunkt in der Positionierung deutscher Medien sowohl zu Gerhard Schröder als auch zu Wladimir Putin. Seit dieser Zeit mehrte sich nicht nur die Kritik an Gerhard Schröder, dem eine zu enge Beziehung zu Wladimir Putin vorgehalten wurde, sondern auch zu Putin selbst. Anlässe zur Kritik fanden sich laufend – die Inhaftierung von

---

sowie http://www.auswaertiges-amt.de/DE/Aussenpolitik/RegionaleSchwerpunkte/Russland/121123_Deutschlandjahr%20in%20Russland.html.

20 So auch die von zwei Referenten dieser Ringvorlesung (Gurkov und Holm) gewählte Formulierung ihrer Vortragsthemen.

21 S. als Beispiel wieder die Titelbilder des SPIEGEL, s.o. Fn. 12.

22 Vgl. http://gerhard-schroeder.de/frieden/irak-krieg/, s.a. http://www.spiegel.de/politik/ausland/gipfel-in-st-petersburg-putin-chirac-schroeder-fuer-staerkung-des-voelkerrechts-a-244563.html.

Michail Chodorkowskij und Verstaatlichung seines Ölkonzerns Yukos[23], die Serie unaufgeklärter Journalistenmorde in Russland (z.B. der international bekannten Journalistin Anna Politkowskaja im Jahr 2006), die Ermordung des ehemaligen KGB-Agenten und Putin-Kritikers Alexander Litvinenko in London im gleichen Jahr, der Georgien-Krieg 2008, die strafrechtliche Verurteilung von Mitgliedern der Putin-kritischen Rock-Band Pussy Riot im Jahr 2012, russische Maßnahmen gegen ausländische Nichtregierungsorganisationen und regierungskritische „ausländische Agenten", Gesetze und Verwaltungsmaßnahmen, die als homophob kritisiert wurden, die Verurteilung des Oppositionspolitikers Alexej Nawalny und anderes mehr. Die meisten oben genannten Themen entstammten der russischen Innenpolitik (anders beispielsweise der Georgien-Krieg 2008). Nicht wenige der auf den ersten Blick innenpolitischen Themen weisen aber eine – manchmal nur bei genauerer Betrachtung sichtbare – internationale Dimension auf (z.B. das Gesetz gegen „ausländische Agenten" oder die Verstaatlichung des Yukos-Konzerns). Die Kritik der europäischen Medien an der russischen Politik in diesen Bereichen wurde von zahlreichen westlichen Nichtregierungsorganisationen mitgetragen und erreichte auch die Politik. Sie fand in Deutschland eine gewisse Kulmination in einem Beschluss des Deutschen Bundestages vom 6.11.2012, in dem Russland eine umfangreiche Liste von konkreten Kritikpunkten vorgehalten und die Bundesregierung aufgefordert wurde, diese Liste im Gespräch mit der russischen Regierung abzuarbeiten[24]. Es ist kaum überraschend, dass die russische Regierung diesen Beschluss des Bundestages als „aggressiv" brandmarkte und dem Initiator des Beschlusses, dem damaligen Beauftragten der Bundesregierung für die zwischengesellschaftliche Zusammenarbeit mit Russland, dem CDU-Abgeordneten Andreas Schockenhoff, nach Pressemitteilungen daraufhin weitere Gespräche im Außenministerium Russlands verweigerte[25]. Seither spitzte sich die Diskussion immer weiter zu. Personen, die – sei es auch nur in Einzelpunkten – Verständnis für russische Positionen äußerten oder sich auch nur dafür einsetzten, Argumente der russischen Seite ernsthaft zu prüfen, werden von Vertretern der (in den deutschen Medien herrschenden) Gegenauffassung

23 S. dazu etwa https://de.wikipedia.org/wiki/Yukos.

24 Es soll nicht verschwiegen werden, dass die Bundestagsfraktion der Partei Bündnis 90/ DIE GRÜNEN einen noch schärfer gefassten Beschluss gefordert hatte.

25 S. etwa http://www.tagesspiegel.de/politik/schockenhoff-bekommt-keinen-termin-im-russischen-aussenministerium/7394312.html.

gerne mit dem Negativepithet „Putin-Versteher“ versehen und als unglaubwürdig, ja böswillig dargestellt[26].

III. Geradezu ins Extreme entwickelte sich diese Stimmung in westlichen Medien und Teilen der Politik mit der seit 2013 aufflammenden **Ukraine-Krise**. Unter Ausblendung der Vorgeschichte wurden die sich zunehmend verschärfenden Proteste auf dem Kiewer Maidan gegen die ukrainische Regierung und Präsident Yanukovich einseitig als demokratische, proeuropäische Volksbewegung interpretiert und Russland die primäre Schuld an den kriegsähnlichen Entwicklungen in der Ostukraine zugeschoben. Auch die Sezession der Krim von der Ukraine und der nachfolgende Beitritt der Krim zur Russischen Föderation wurden, zumal von Nichtjuristen, mit Absolutheitsanspruch als völkerrechtswidrige Annexion der Krim durch Russland bezeichnet[27]. Der Abschuss des malaysischen Passagierflugzeugs MH 17 über der Ostukraine im Juli 2014 wurde von den Medien und den politischen Verantwortlichen im Westen sofort der Verantwortung der russischen Regierung zugeschrieben, und die EU erließ kurz daraufhin im Verein mit den USA und weiteren westlichen Staaten scharfe Wirtschafts- und Personensanktionen gegen russische und einige ukrainische Entscheidungsträger und Unternehmen[28]. Dies prägen das politische Klima zwischen der EU und Russland

---

26 Vgl. Brössler, Der erhobene Zeigefinger – Das deutsch-russische Missverständnis, in: Russland. In Putins Reich, Edition Le Monde diplomatique 13/2013, S. 67–69: s.a. http://www.nachdenkseiten.de/?p=26839. Für die Vertreter der Putin-kritischen Position hat sich bislang kein ähnlich verbreiteter Begriff etabliert. Gemeinsam ist den meisten Vertretern dieser Auffassung eine starke Akzentuierung der Menschenrechte in westlicher Lesart.

27 S. beispielsweise die Münsteraner Erklärung von Mitgliedern der Deutschen Gesellschaft für Osteuropakunde e. V. (DGO) zur Annexion der Krim durch die Russländische Föderation vom 3.4.2014, https://www.renovabis.de/sites/default/files/upload/muensteraner_erklaerung_2014.pdf. Diese Rechtsauffassung wird von der, soweit ersichtlich, ganz h.M. unter den westlichen Völkerrechtlern geteilt, s. beispielsweise die Stellungnahme des Rechtsberatungskomitees beim Außenminister der Republik Polen vom 22.6.2014, abgedruckt in Kieler Ostrechts-Notizen 2/2014–1/2015, S.4 ff. Einige westliche Autoren vertreten aber eine andere Auffassung, z.B. Geistlinger, Wege aus der EU-Russland-Krise, Kieler Ostrechts-Notizen 2/2014–1/2015, S.15 ff, insbes. S.16 Fn. 5.

28 Hinzu kamen weitere als politische Sanktionen gedachte Maßnahmen wie z.B. der Ausschluss Russlands aus der sog. G8-Gruppe, das Einfrieren der Kooperation der NATO mit Russland im sog. NATO-Russland-Rat und, auf deutsch-russischer Ebene, die Aussetzung der deutsch-russischen Regierungskonsultationen seit 2014 auf deutschen Wunsch.

bis heute[29]. Bemerkenswert ist, dass eine Vielzahl „älterer Staatsmänner" diese Zuspitzung der Beziehungen zu Russland kritisierten und sich für eine ausgewogene Haltung einsetzten[30]; ihr Rat blieb aber bis jetzt ungehört[31].

Seit dem Beginn der Ukraine-Krise im Herbst 2013 bis zur urplötzlich hereinbrechenden Flüchtlingskrise Mitte 2015 blieben die gespannten Beziehungen zwischen Europa und Russland – von einer zeitweiligen Überlagerung durch die sog. Griechenland-Krise abgesehen – das absolute außenpolitische Schwerpunktthema der westlichen Medien und auch der Politik. Kaum ein Tag verging, an dem nicht über die neuesten Entwicklungen in der Ostukraine und die (aus westlicher Sicht bestehende) entsprechende Verantwortlichkeit Russlands berichtet wurde. Regelmäßig fanden politische Gespräche hierzu auf höchster Ebene in unterschiedlichen Formaten statt, sei es im Rahmen des von der OSZE moderierten Minsker Prozesses (Protokolle oder Vereinbarungen Minsk I und Minsk II und daran anschließende Verhandlungen[32]) oder im sog. Normandie-Format zwischen Spitzenpolitikern Deutschlands, Frankreichs, Russlands und der Ukraine[33]. Nicht zu verkennen ist aber, dass diese Gespräche die Ukraine-Krise einer Lösung bislang kaum nähergebracht haben. Zwar hat sich der bis vor kurzem offene militärische Konflikt zunehmend in einen „gefrorenen" verwandelt. Eine

29 Ein Teilaspekt hiervon ist beispielsweise die Aussage der designierten EU-Außenbeauftragten Federica Mogherini bei der Anhörung vor ihrer Bestätigung im Europäischen Parlament am 2.9.2014, dass Russland für die EU kein strategischer Partner mehr sei, http://de.euronews.com/2014/09/03/mogherini-russland-nicht-langer-ein-strategischer-partner-der-eu/. Diese Aussage ist allerdings vor dem Hintergrund zu sehen, dass die designierte EU-Außenbeauftragte von einigen Seiten als zu prorussisch eingestellt kritisiert worden war. Das Europäische Parlament hat am 10.6.2015 eine entsprechende Resolution verabschiedet, http://www.europarl.europa.eu/news/de/news-room/content/20150604IPR62878/html/Russland-nicht-länger-strategischer-Partner-der-EU.

30 Insbesondere Egon Bahr, Hans-Dietrich Genscher, Henry Kissinger, Helmut Kohl, Helmut Schmidt. Auch einige noch (oder bis vor kurzem) aktive Politiker aus verschiedenen Parteien der politischen Mitte haben Verständnis für Russland geäußert, z.B. Silvio Berlusconi, Vaclav Klaus, Gerhard Schröder, Nicolas Sarkozy u.a.

31 Eine andere Facette der Ukraine-Krise ist die Sympathisierung von politischen Kräften sowohl des rechten als auch des linken Spektrums in Europa mit der Position Russlands, das als von den USA und der EU attackiert gesehen wird, s. etwa http://www.deutschlandfunk.de/front-national-auf-kuschelkurs-mit-russland.795.de.html?dram:article_id=280947 und http://www.die-linke.de/politik/themen/ukraine-konflikt/.

32 S. https://en.wikipedia.org/wiki/Minsk_Protocol und https://en.wikipedia.org/wiki/Minsk_II.

33 S. dazu https://de.wikipedia.org/wiki/Normandie-Format.

für alle Seiten akzeptable, langfristige Lösung ist aber nicht in Sicht und wird nach allem Anschein derzeit auch nicht ernsthaft angestrebt. Nicht thematisiert werden beispielsweise die militärische Neutralität der Ukraine und die Frage, wie zwischen den beteiligten Seiten Vertrauen wieder hergestellt werden kann. Da die EU die Aufhebung ihrer Sanktionen gegen Russland bislang von einer vollständigen Umsetzung der (in vieler Hinsicht formelhaften) Minsk II-Vereinbarung abhängig macht, ist auch eine Aufhebung der Sanktionen nicht absehbar. Sowohl auf russischer als auch auf europäischer Seite werden die Wirkungen der Sanktionen zunehmend spürbar[34], es bestehen aber keine Anzeichen dafür, dass diese Wirkungen die Entscheidungsträger zu Änderungen ihrer Politik im Ukraine-Konflikt bewegen werden.

IV. Eine neue Wendung haben die europäisch-russischen Beziehungen seit kurzem durch die unerwartet anschwellende **Flüchtlingsbewegung** nach Europa erhalten, die ihrerseits mit dem sich seit Jahren hinziehenden **Syrien-Konflikt** in Verbindung steht. Wenn sich auch der Flüchtlingsstrom aus mehreren Herkunftsländern speist, bilden doch die syrischen Flüchtlinge derzeit die Hauptgruppe der Asylsuchenden. Mit dem russischen militärischen Engagement in Syrien auf Seiten der Regierung Assad hat sich insoweit eine neue Gesprächsebene zur Europäischen Union eröffnet. Stimmen werden laut, man könne auf Dauer kaum im Syrien-Konflikt mit Russland das Gespräch suchen und im Ukraine-Konflikt eine Situation des Wirtschaftskrieges mit Russland aufrechterhalten[35]. Ob sich diese Position politisch durchsetzen wird und welche Folgerungen sich hieraus möglicherweise ergeben, ist derzeit nicht absehbar.

C. Juristische Dimensionen

Nahezu alle politischen, wirtschaftlichen und gesellschaftlichen Prozesse haben auch eine juristische Dimension, die diese Prozesse anregt, begleitet oder zu bremsen versucht. Rechtliche Regelungen sind insoweit ein Rahmen und ein Steuerungsinstrument politischer Entwicklungen.

---

34 S. etwa https://en.wikipedia.org/wiki/International_sanctions_during_the_Ukrainian_crisis und http://www.handelsblatt.com/politik/konjunktur/nachrichten/sanktionen-zeigen-wirkung-deutsche-exporte-nach-russland-brechen-ein/10904014.html.

35 S. dazu etwa http://www.zeit.de/politik/ausland/2015-09/russland-sanktionen-gabriel-syrien.

I. Russland – Europäische Union

1. Wichtigste staatsvertragliche Grundlage der Beziehungen zwischen der Europäischen Union und Russland ist derzeit noch das am 1.1.1997 in Kraft getretene Partnerschafts- und Kooperationsübereinkommen vom 24.6.1994. Dieses 112 Artikel, 10 Anhänge und zwei Protokolle umfassende Regelwerk ist einerseits die Grundlage für eine dauerhafte politische Zusammenarbeit im Rahmen verschiedener Gremien (Kooperationsrat/seit 2003 Ständiger Partnerschaftsrat, etc.[36]) und enthält auf der anderen Seite eine große Zahl gegenseitiger Verpflichtungen bzw. Zusagen beider Seiten, insbesondere im Gebiet wirtschaftlicher und technischer Beziehungen. Eine zentrale Zusage Russlands besteht darin, seine Rechtsvorschriften nach und nach dem Recht der Europäischen Union anzugleichen[37]. Diese Zusage gründet auf der Erwartung enger Beziehungen beider Seiten, die eines Tages möglicherweise in eine Assoziierung mit der EU oder vielleicht sogar in eine Mitgliedschaft Russlands in der EU münden könnten[38]. Auf der Grundlage des Abkommens fanden seit dem Jahr 1998 jährlich mehrere hochrangige Treffen beider Seiten statt (z.B. die sog. EU-Russland-Gipfeltreffen seit 1999[39]), in denen insbesondere die Einrichtung von vier so genannten Gemeinsamen Räumen (für Wirtschaft; Freiheit, Sicherheit und Justiz; äußere Sicherheit; Forschung, Bildung, Kultur) beschlossen wurde. Im Kontrast zu den hochtrabenden Absichtserklärungen stehen allerdings die eher mageren Ergebnisse. In keinem der genannten Bereiche haben sich die Beziehungen zwischen der Europäischen Union und Russland in den letzten 10 Jahren grundlegend verändert – obgleich die EU und Russland inzwischen etwa 20 vertiefende Abkommen über Zusammenarbeit in einzelnen Feldern geschlossen haben[40]. Ein grundlegendes Desiderat Russlands

---

36 S. dazu beispielsweise Bastian, Die Europäische Union und Russland, Multilaterale und bilaterale Dimensionen in der europäischen Außenpolitik (2006), passim.

37 Art. 55 des Abkommens und speziellere Bestimmungen.

38 S. dazu etwa https://en.wikipedia.org/wiki/Russia-European_Union_relations.

39 Das bislang letzte (32.) Gipfeltreffen fand am 28.1.2014 in Brüssel statt, s. http://www.russianmission.eu/en/russia-eu-summits. Diese Treffen scheinen aber infolge der Ukraine-Krise derzeit ausgesetzt zu sein, s. http://eeas.europa.eu/delegations/russia/press_corner/all_news/news/2015/20150219_en.htm (Mitteilung über Absage des Gipfeltreffens 2015).

40 Z.B. ein Visaerleichterungsabkommen (2006), ein Abkommen über die Rücknahme von Migranten (2006), ein Abkommen über wissenschaftliche und technische Zusammenarbeit (2000/2003), s. http://ec.europa.eu/world/agreements/searchByCountryAndContinent.do?countryId=3853&countryName=Russia.

ist beispielsweise die Einführung von Visafreiheit zwischen beiden Seiten[41], während der EU eher an Themen wie Energiesicherheit, Marktöffnung und Kriminalitätsbekämpfung gelegen ist. Verhandlungen zwischen der EU und Russland über Visaerleichterungen werden seit dem Jahr 2011 geführt[42]. Abgesehen von kleinen Verbesserungen hat sich aber wenig bewegt, allem Anschein nach deshalb, weil die EU dieses Thema als Verhandlungspfand mit Russland behalten wollte. Eines der positiven Elemente der beiderseitigen Beziehungen in jüngerer Zeit war die Unterstützung, die die EU Russland bei seinem Bemühen um einen Beitritt zur Welthandelsorganisation WTO erwies. Dies ermöglichte Russland – im übrigen auch dank einer Vermittlung durch die Schweiz – den Beitritt zur WTO im Jahr 2012.

2. Das Partnerschafts- und Kooperationsabkommen 1994 entstand zu einer Zeit, als die Kompetenzen der Europäischen Union enger gezogen waren als heute[43]. Aus diesem Grund beschlossen beide Seiten im Jahr 2005 die Aufnahme von Verhandlungen über ein erweitertes Folgeübereinkommen. Die Verhandlungen begannen mit Verzögerung[44] im Jahr 2008 und wurden schon bald danach wegen des Georgien-Krieges zeitweilig ausgesetzt. Insgesamt kam es bislang zu 12 Verhandlungsrunden über das neue Abkommen[45], und auch jetzt sind die Verhandlungen wieder ausgesetzt (seit 2014), diesmal wegen des schwebenden Ukraine-Konflikts[46].

3. Die Ukraine-Krise entzündete sich an dem juristischen Umstand, dass der damalige ukrainische Präsident Viktor Yanukovich im November 2013 kurzfristig entschied, das über mehrere Jahre hinweg ausverhandelte und bereits vor längerer Zeit paraphierte neue Assoziierungsübereinkommen der EU mit der Ukraine (noch) nicht zu unterzeichnen. Dies wurde in der EU – und insbesondere auch in den USA – als anti-westliche und pro-russische Grundsatzentscheidung interpretiert, die einer demokratischen und fortschrittszugewandten Entwicklung der

---

41 S. http://www.russianmission.eu/en/areas-cooperation.

42 S. http://eeas.europa.eu/delegations/russia/eu_russia/fields_cooperation/visas_readmission/index_en.htm.

43 Durch den Lissaboner Vertrag 2007 erfolgten verschiedene Kompetenzerweiterungen, s. dazu https://de.wikipedia.org/wiki/Vertrag_von_Lissabon.

44 Grund war ein polnisches Veto gegen die Aufnahme der Verhandlungen wegen eines Wirtschaftsstreits mit Russland, s. http://www.irishtimes.com/news/poland-vetoes-eu-russia-negotiations-1.799809.

45 S. http://www.russianmission.eu/en/negotiations-new-basic-agreement.

46 S. http://eeas.europa.eu/russia/about/index_en.htm.

Ukraine entgegenstehe. Dementsprechend unterstützten sowohl die EU und die USA als auch viele westliche Politiker die darauf entstehenden Proteste gegen die ukrainische Regierung und den ukrainischen Präsidenten – bis zu dessen Flucht im Februar 2014. Dass bei den genannten Vorgängen auch wirtschaftliche und politische Interessen des Westens involviert waren, wurde in den westlichen Medien weitgehend mit Stillschweigen übergangen. Nach der Revolution in Kiew wurde das Assoziierungsabkommen mit der EU im Jahr 2014 gegen den Protest Russlands unterzeichnet. Die von Russland vorgetragene Kritik an negativen Auswirkungen des Abkommens auf die Beziehungen Russlands zur Ukraine führte dazu, dass die vorläufige Anwendung der Handelsbestimmungen des Abkommens von der EU bis zum 1.1.2016 hinausgeschoben wurde[47]. Das Abkommen bleibt aber – ähnlich wie die entsprechenden Assoziierungsabkommen der EU mit Georgien und der Ukraine (Mitgliedstaaten der sog. Östlichen Partnerschaft der EU)[48] – für Russland ein „rotes Tuch".

Mittlerweile hat sich die Ukraine-Krise zur schwersten Belastung der Beziehungen zwischen der EU und Russland seit der Unabhängigkeit Russlands entwickelt. Juristische Instrumente dieses Konflikts sind insbesondere die Personen- und Wirtschaftssanktionen, die die EU (und eine Reihe von Staaten außerhalb der EU) gegen führende russische und einige ukrainische Politiker und verschiedene russische Unternehmen verhängt haben[49]. Eine der Sanktionsverordnungen richtet sich gegen wirtschaftliche Beziehungen mit der Krim, deren Beitritt zur Russischen Föderation von der EU und ihren Mitgliedstaaten als völkerrechtswidrige Annexion angesehen wird. Weitere Verordnungen richten sich gegen die Lieferung militärischer Güter sowie von sog. Dual Use-Gütern nach

47 S. hierzu https://eurosearch.wordpress.com/2014/09/30/postponing-the-implementation-of-the-trade-part-of-the-eu-ukraine-association-agreement-pragmatism-or-surrender/.

48 Keine Assoziierungsabkommen mit der EU haben folgende Mitglieder der Östlichen Partnerschaft geschlosssen: Belarus (aus politischen Gründen), Aserbaidschan (aus wirtschaftlichen Gründen), Armenien (die Unterzeichnung des bereits ausverhandelten Abkommens wurde von Armenien, ähnlich wie im Fall der Ukraine, kurzfristig abgesetzt, stattdessen trat Armenien der Eurasischen Wirtschaftsunion Russlands, Kasachstans und von Belarus bei; später folgte auch noch Kirgisistan).

49 Daneben wurden z.T. auf einzelstaatlicher Ebene auch zusätzliche beschränkende Maßnahmen getroffen, z.B. der Widerruf der Exportgenehmigung für ein Gefechtsübungszentrum durch ein deutsches Unternehmens seitens des deutschen Wirtschaftsministers und die Untersagung der Lieferung von zwei französischen Hubschrauberträgern des Typs Mistral an Russland seitens des französischen Staatspräsidenten.

Russland und enthalten darüber hinaus Finanzmarktsanktionen[50]. Russland antwortete darauf mit Sanktionen gegen den Import von Lebensmitteln aus der EU und einigen anderen Ländern sowie mit Einreisesperren für einige als besonders Russland-unfreundlich angesehen Personen, insbesondere Politiker. Parallel dazu verschärfte sich in Russland die innenpolitische Stimmungslage, wobei zum Teil Restriktionen im Umgang mit westlichen Institutionen verhängt werden, die über die von der Regierung verhängten Sanktionsregelungen hinausgehen[51]. Im Zusammenhang mit den Sanktionen wurden von ukrainischen und russischen Klägern verschiedene Gerichtsverfahren vor dem Europäischen Gerichtshof eingeleitet[52]. Über sie ist derzeit noch nicht entschieden.

II. Russland – Europarat

Anders als im Verhältnis EU-Russland, bei dem sich beide Seiten „gegenüber" stehen, wirkt Russland im Europarat als dessen Mitglied (seit 1996) mit. Die bereits zur Zeit des Beitritts Russlands zum Europarat von einigen, vorwiegend osteuropäischen Staaten geltend gemachten Bedenken gegen eine Mitgliedschaft Russlands haben sich in den letzten Jahren verstärkt. Insbesondere in der Parlamentarischen Versammlung des Europarates wird seit Jahren Kritik an der Entwicklung der Menschenrechtslage in Russland geäußert. Dem entspricht auch die große Zahl von – nicht selten erfolgreichen – Menschenrechtsbeschwerden beim Europäischen Gerichtshof für Menschenrechte[53]. Umgekehrt wirft Russland den Kritikern Voreingenommenheit vor, die auch in einigen Urteilen des Gerichtshofs (z.B. der Verurteilung Russlands am 31.7.2014 zur Zahlung von 1,9 Mrd. € als Schadensersatz für die Enteignung des Ölkonzerns Yukos[54]) zum

50 S. https://de.wikipedia.org/wiki/Liste_von_Sanktionen_in_der_Krimkrise sowie http://www.gtai.de/GTAI/Navigation/DE/Trade/Maerkte/Specials/russland-sanktionen.html.

51 Aus eigener Erfahrung wurde dem Verfasser dieses Beitrags beispielsweise bekannt, dass russischen Richtern die Teilnahme an juristischen Fachtagungen mit ausländischen Referenten untersagt wurde (auch bei Tagungen "nicht-politischen" Inhalts).

52 S. http://www.spiegel.de/wirtschaft/soziales/ukraine-krise-russische-banken-klagen-gegen-eu-sanktionen-a-999177.html. Zur Frage, ob Russland die Sanktionen möglicherweise auch im Streitbeilegungsverfahren der WTO zur Überprüfung stellen wird, s. http://de.rbth.com/wirtschaft/2014/06/23/klage_stoppt_die_wto_die_sanktionen_gegen_russland_30075.

53 S. http://www.echr.coe.int/Documents/CP_Russia_ENG.pdf.

54 Die Entscheidung ist auf der Webseite des Gerichts zugänglich unter http://hudoc.echr.coe.int/eng?i=001-145730#{%22itemid%22:[%22001-145730%22]}; s. dazu auch https://en.wikipedia.org/wiki/Yukos_shareholders_vs._Russia.

Ausdruck komme. Auch im Europarat hat sich diese Spannung mit dem Eintritt der Ukraine-Krise fundamental verstärkt. Im Jahr 2014 setzte die Parlamentarische Versammlung des Europarats wegen der Annexion der Krim durch Russland und der Beteiligung Russlands an den kriegerischen Entwicklungen in der Ostukraine die Stimmrechte Russlands in der Parlamentarischen Versammlung aus und verlängerte diese Maßnahme im Jahr 2015[55]. Daraufhin erklärte Russland, es werde bis zum Ende des Jahres nicht mehr an Sitzungen der Parlamentarischen Versammlung teilnehmen und einen Austritt aus dem Europarat prüfen. Auch insoweit besteht zur Zeit ein prekärer Schwebezustand.

III. Russland - Deutschland

Während die deutsch-russischen Beziehungen - lange Zeit ein Modellbeispiel für gute Zusammenarbeit – infolge der nachhaltigen Kritik aus Teilen der Politik und der Medien in den letzten Jahren auf politischer Ebene deutlich abkühlten (verschärft durch die Ukraine-Krise), sind die juristischen Dimensionen dieser Entwicklung derzeit noch weniger spürbar.

Die juristischen Grundlagen der beiderseitigen Beziehungen sind weiterhin fest. Vorrangig zu nennen sind der noch aus der Zeit der „alten“ Bundesrepublik datierende Moskauer Vertrag von 1970[56], der die Wiedervereinigung Deutschlands begleitende „Zwei-plus-Vier“-Vertrag der beiden deutschen Staaten sowie Frankreichs, Großbritanniens, der UdSSR und der USA von 1990[57] und der (fortgeltende) deutsch-sowjetische Vertrag über gute Nachbarschaft, Partnerschaft und Zusammenarbeit von 1990. Ergänzend bestehen zur Zeit 41 völkerrechtliche Verträge zwischen Deutschland und Russland zu verschiedenen Themengebieten, z.B. Visaerleichterungen, Vermeidung von Doppelbesteuerung, Jugendzusammenarbeit oder wissenschaftlich-technische Zusammenarbeit. Zusätzlich gelten weiterhin einige wichtige Abkommen mit der Sowjetunion (z.B. das deutsch-sowjetische Investitionsschutzabkommen von 1989).

Fast noch mehr als auf der Ebene der Rechtsvorschriften, bestehen zwischen Deutschland und Russland vielfältige Kontakte und Kooperationen im Bereich der praktischen Zusammenarbeit im rechtlichen Bereich. Häufig handelt es sich um Teilbereiche weiter gespannter Zusammenhänge, z.B. im Wirtschaftsverkehr (Vertragsgestaltung und -durchführung, Verbesserung rechtlicher Rahmenbedingungen) oder im Kultur- und Wissenschaftsaustausch (gemeinsame

55 S. https://en.wikipedia.org/wiki/Parliamentary_Assembly_of_the_Council_of_Europe.
56 S. https://de.wikipedia.org/wiki/Moskauer_Vertrag.
57 S. https://de.wikipedia.org/wiki/Zwei-plus-Vier-Vertrag.

Studienprogramme, Stipendien für Studierende und Wissenschaftler, Veranstaltung von Ausstellungen, Konzerten etc.)[58]. Die zur Zeit der Präsidentschaft von Dmitriy Medvedev (2008–2012) vereinbarte Modernisierungspartnerschaft zwischen Deutschland und Russland[59] erhielt im Jahr 2011 auch eine juristische Dimension[60]; sichtbare Ergebnisse wurden aber nicht erzielt. Im akademisch-praktischen Bereich besteht eine Kooperation deutschsprachiger und russischer Hochschulen, Forschungseinrichtungen und juristischer Berufsverbände im Rahmen des 2007 gegründeten Deutsch-Russischen Juristischen Instituts (DRJI)[61]. Eine auf die juristische Berufspraxis ausgerichtete Organisation ist die Deutsch-Russische Juristenvereinigung (DRJV)[62]. Das DRJI und die DRJV verleihen jährlich den Deutsch-russischen Juristenpreis, für den in den letzten Jahren jeweils mehr als 80 Bewerbungen fortgeschrittener Studierender, Nachwuchswissenschaftler und etablierter Wissenschaftler aus Russland und Deutschland eingingen. Die an diesen Kooperationen beteiligten Personen und Einrichtungen engagieren sich intensiv für eine Fortsetzung und weitere Entwicklung der schon immer guten Zusammenarbeit[63]. Die Möglichkeiten hierzu werden allerdings durch die politische Gesamtlage beeinflusst.

IV. Russland - Schweiz

Im Vergleich zu den Beziehungen zwischen der EU und Russland oder Deutschland und Russland ist immer auch die Position anderer Staaten, die nicht Mitglied der Europäischen Union sind, von Interesse. Als Beispiel soll hier die Schweiz

58 Eine gewisse, für den juristischen Bereich aber eher beschränkte Rolle spielen in diesem Rahmen auch die Veranstaltungen des Deutsch-Russischen Forums und des Petersburger Dialogs.

59 S. https://www.bmjv.de/DE/Ministerium/Abteilungen/EUInternationaleZusammenarbeit/INT-KOR/_doc/Modernisierungspartnerschaft_mit_der_Russischen_Foederation.html?nn=1471926; auch auf europäischer Ebene wurde eine solche Modernisierungspartnerschaft vereinbart, s. http://www.hss.de/internationale-arbeit/themen/themen-2010/europaeisch-russische-modernisierungspartnerschaft.html.

60 S. https://www.bmjv.de/DE/Ministerium/Abteilungen/EUInternationaleZusammenarbeit/INT-KOR/_doc/Modernisierungspartnerschaft_mit_der_Russischen_Foederation.html?nn=1471926.

61 http://www.drji.de.

62 http://www.drjv.org.

63 Ergebnisse akademischer Zusammenarbeit ist z.B. die nicht geringe Zahl rechtsvergleichender Dissertationen zum deutschen und russischen Recht, aber beispielsweise auch das von Juristen und Slavisten verfasste Lehr- und Übungsbuch „Einführung in die russisch-deutsche Rechtsterminologie“ (Nübler/Trunk, Hrsg., 2016).

betrachtet werden – einerseits der EU politisch, wirtschaftlich, gesellschaftlich engstens verbunden, andererseits aber bewusst nicht Mitglied der EU und traditionell machtpolitisch „neutral". Das schweizerische Außenministerium bezeichnet Russland auf seiner Webseite auch heute als „Schwerpunktland der schweizerischen Außenpolitik"[64]. Auf Regierungsebene vereinbarten Russland und die Schweiz im Jahr 1998 eine dauerhafte Zusammenarbeit, und im Jahr 2007 unterzeichneten beide Außenministerien ein Memorandum of Understanding zur Intensivierung der Zusammenarbeit[65], das nach Mitteilung des Ministeriums zu einer erheblichen Entwicklung der Kooperation in den Bereichen Außenpolitik, Sicherheit, Justiz, Migration, Wirtschaft, Wissenschaft und Kultur geführt hat[66]. Auch die Schweiz hat mit Russland bzw. der UdSSR Abkommen über Handel und wirtschaftliche Zusammenarbeit (1994), Investitionsschutz (1990), Vermeidung von Doppelbesteuerung (1995), Rücknahme von Migranten (2009), wissenschaftliche und technologische Zusammenarbeit (2012) und anderes mehr geschlossen[67]. Es fällt auf, dass viele Vereinbarungen auf Regierungs- oder Ministerialebene geschlossen wurden, nicht auf der formelleren Ebene eines Staatsvertrages mit parlamentarischer Zustimmung. Ein Spezifikum der Neutralität der Schweiz und des Vertrauens in die Schweiz als Vermittler sind Vereinbarungen der Schweiz mit Georgien und Russland über die Wahrnehmung russischer Interessen in Georgien und umgekehrt[68] und die aktive Rolle der Schweiz als Vermittler im Konflikt in der Ostukraine[69]. Auch im Ukraine-Konflikt bemüht sich die Schweiz – nicht ohne eigene wirtschaftliche Interessen – um eine möglichst

64 https://www.eda.admin.ch/eda/de/home/vertretungen-und-reisehinweise/russland/bilatereale-beziehungenschweizrussland.html.

65 https://www.eda.admin.ch/eda/de/home/aussenpolitik/voelkerrecht/internationale-vertraege/datenbank-staatsvertraege/detailansicht-staatsvertrag.ggst0_142_1.contract99993289.html?_charset_=UTF-8.

66 S. z.B. die regelmäßige Durchführung eines Dialogs über Menschenrechte, s. http://www.parlament.ch/d/suche/seiten/geschaefte.aspx?gesch_id=20123174.

67 Die Vertragsdatenbank des schweizerischen Außenministeriums weist 52 geltende bilaterale Abkommen mit Russland bzw. der UdSSR aus, https://www.eda.admin.ch/eda/de/home/aussenpolitik/voelkerrecht/internationale-vertraege/datenbank-staatsvertraege.filterResults.term.country665.organization-1.topic-1.par_contractfilter_page1.html?_charset_=UTF-8#accessibletabscontent4-1.

68 S. https://www.eda.admin.ch/eda/de/home/aussenpolitik/voelkerrecht/internationale-vertraege/datenbank-staatsvertraege/detailansicht-staatsvertrag.ggst0_191.contract99993493.html?_charset_=UTF-8.

69 S. http://www.nzz.ch/schweiz/die-schweiz-hat-in-der-ukraine-eine-besondere-rolle-1.18265199.

neutrale Haltung. Einerseits hat sich die Schweiz den Sanktionen der EU oder der USA nicht förmlich angeschlossen, andererseits sollen die Sanktionen der EU und anderer Staaten gegen Russland nicht über die Schweiz "umgangen" werden[70]. Zu diesem Zweck hat die Schweiz eine an die EU-Sanktionen angelehnte eigene Verordnung erlassen, die mehrfach an die Verschärfung der EU-Sanktionen angepasst wurde[71]. Die laufenden Konsultationen schweizerischer Ministerien mit russischen Institutionen wurden jedoch nicht ausgesetzt. Die Schweiz betont auch in der Ukraine-Krise die Notwendigkeit des Dialogs mit Russland.

D. Ausblick

Welche Perspektiven hat die Beziehung Europa-Russland aus gegenwärtiger Sicht?

Die Grundgegebenheiten – Zugehörigkeit Russlands zum europäischen Raum und der Fortbestand einer gewissen Ambivalenz der gegenseitigen Wahrnehmung – werden sich nicht ändern. Auf dieser Grundlage ist aber sowohl eine Vertiefung der derzeitigen Spannungen hin zu einer dauerhaften Entfremdung als auch eine Wiederannäherung denkbar. Die strategischen Interessen beider Seiten sprechen aus meiner Sicht klar für eine Wiederannäherung, die keineswegs kritiklos sein muss. Für die EU besonders schwierig ist in diesem Zusammenhang wohl die Überwindung grundsätzlich unterschiedlicher Auffassungen verschiedener Mitgliedstaaten über die Gestaltung der Politik gegenüber Russland, darüber hinaus die Notwendigkeit, bei der Russland-Politik auch die Beziehungen zu anderen Staaten – insbesondere zur Ukraine – zu berücksichtigen und dort geschaffenes Vertrauen nicht zu enttäuschen.

Vorrangig wäre im europäisch-russischen Verhältnis zunächst die Rückkehr auf politischer Ebene zu einem konstruktiven, nicht von gegenseitigen Vorwürfen bestimmten Dialog. In diesem Rahmen sollten von Seiten Russlands und der EU die derzeitigen Sanktionen überdacht und jedenfalls partiell – als Symbol guten Willens – gelockert werden. In Bezug auf den Ukraine-Konflikt sollte ein Dialog eingeleitet werden, der mit Augenmaß und Realismus auf eine langfristige

---

70 S. http://www.seco.admin.ch/themen/00513/00620/00622/05405/index.html. S. dazu auch http://www.freshfields.com/de/knowledge/Reaktion_der_Schweiz_auf_die_EU-Sanktionen_gegen_Russland/, ferner http://www.handelszeitung.ch/politik/schweiz-greift-jetzt-doch-haerter-gegen-russland-durch-649031 und http://www.swissinfo.ch/ger/ukraine-krise_eu-sanktionen--umstrittene-position-der-schweiz/40567936.

71 Verordnung über Massnahmen zur Vermeidung der Umgehung internationaler Sanktionen im Zusammenhang mit der Situation in der Ukraine vom 27. August 2014, https://www.admin.ch/opc/de/classified-compilation/20142202/index.html.

Befriedung abzielt. Rechtspositionen müssen dabei nicht formell aufgegeben werden; die Geschichte der Diplomatie kennt viele Wege einer Entspannung, die auf längere Sicht echte Lösungen ermöglichen.

Mittelfristig muss das Ziel sein, auf beiden Seiten verloren gegangenes Vertrauen wiederherzustellen. Ein wesentliches Element hierfür ist die Wiederherstellung von Kooperation in Bereichen, die praktisch bedeutend, aber nicht notwendig politisch-emotional geprägt sind, z.B. in Bereichen wie Wirtschaft, Kultur, Wissenschaft, Gespräche auf der Ebene von Nichtregierungsorganisationen. Juristisch-politisch sollten die Wirkungen der neuen Assoziierungsabkommen der EU mit Georgien, Moldau und der Ukraine auf Russland nüchtern und im Gespräch mit Russland analysiert werden. Auch insoweit lassen sich vermutlich manche Befürchtungen auf Seiten Russlands, aber auch der anderen Vertragsstaaten ausräumen, gegebenenfalls durch einige ergänzende Vereinbarungen. Ebenso sollte die Beziehungen zu der neuen Eurasischen Wirtschaftsunion[72] fachkundig und offen diskutiert werden. Die Eurasische Wirtschaftsunion ist, anders als manche Presseaussagen vermuten lassen, keine Pseudo-Sowjetunion, sondern ein möglicherweise durchaus sinnvolles Forum für Kooperation und Interessenausgleich in einem wesentlichen Teil des postsowjetischen Raums[73]. Östliche Nachbarschaftspolitik der EU und die Entwicklung der Eurasischen Wirtschaftsunion müssen nicht als sich ausschließende, vielleicht sogar miteinander kämpfende Modelle verstanden werden. Juristisch und praktisch sind auch an dieser Stelle zahlreiche Kooperationen denkbar und sinnvoll.

Auf der politischen Ebene verdeutlicht die sich offensichtlich zuspitzende Flüchtlings- bzw. Migrationskrise die Notwendigkeit der Zusammenarbeit insbesondere auch mit Russland. Ohne eine Zusammenarbeit mit Russland ist eine Bewältigung dieser Krise kaum denkbar. Auch Russland dürfte daran ein intensives Eigeninteresse haben, nicht zuletzt, um eine Ausbreitung der Konflikte im Raum Syrien/Iraq und Afghanistan auf Zentralasien und letztlich Russland selbst zu verhindern. Sowohl Europa als auch Russland – und die übrige Welt – können von einer Zusammenarbeit nur gewinnen.

72 S. dazu https://de.wikipedia.org/wiki/Eurasische_Wirtschaftsunion.

73 Aus Sicht der deutschen Wirtschaft s. hierzu etwa http://www.ost-ausschuss.de/russische-f-deration.

Ekkehard Klug

Die EU, Russland und der Ukraine-Konflikt[1]

Ein Vierteljahrhundert nach dem Ende des Kalten Krieges hat der Konflikt zwischen Russland und der Ukraine zu der seither größten Belastung zwischen Russland und dem Westen geführt. Die Beziehungen haben sich abgekürzt. Sanktionen wurden verhängt, die Sorgen vor einer Ausweitung russischer Großmachtpolitik sind in Mittel- und Westeuropa ganz allgemein gewachsen. Vor allem aber natürlich in Ost-Mitteleuropa und in den Baltischen Staaten. Andererseits wird aber auch der politische Dialog fortgesetzt. In mehreren Verhandlungsrunden[2] haben die deutsche Bundeskanzlerin und der französische Staatspräsident den Versuch unternommen, gemeinsam mit dem Präsidenten Russlands und der Ukraine einen Weg zu finden, diesen Konflikt zu entschärfen. Ob dies zu dem gewünschten Ziel führen wird, ist allerdings nicht absehbar. Es bleibt abzuwarten, ob das Abklingen der Kampfhandlungen wirklich von Dauer sein wird. Im Interesse der Menschen in dieser Region läge das in jedem Falle. Seit April 2014 haben die dort ausgetragenen Kämpfe nahezu 10.000 Todesopfer gefordert[3]. 1,3 Millionen Menschen verfügen kaum oder gar nicht über sauberes Trinkwasser. Von Not und Elend sind rund 5 Millionen Menschen betroffen.

A. Euromaidan und Folgen

Wie sich die politische Krise in der Ukraine und im russisch-ukrainischen Verhältnis zu einer solchen humanitären Katastrophe auswachsen konnte, haben die Europäer, die bis dahin von diesem Teil unseres Kontinents kaum Notiz genommen hatten, in den letzten beiden Jahren zunächst mit Überraschung und dann mit zunehmender Besorgnis registriert. Im November 2013 stoppte die Regierung des damaligen Präsidenten Janukowitsch die Verhandlungen mit Brüssel über ein Assoziierungsabkommen zwischen der Ukraine und der Europäischen Union. Die daraufhin dann in Kiew entfachten Proteste der Bevölkerung entwickelten sich rasch zu einer Massenbewegung der ukrainischen Zivilgesellschaft gegen

---

1 Die mündliche Vortragsform wurde beibehalten. Von Redaktionsseite wurden einzelne Fußnoten beigefügt.

2 Seit dem sog. Minsk II-Abkommen vom 12.2.2015.

3 S. http://www.zeit.de/politik/ausland/2016-12/vereinte-nationen-ukraine-konflikt-tote.

die politische Führung des Landes[4]. Ende Februar 2014 brach das alte Regime in Kiew zusammen. Janukowitsch selbst flüchtete nach Russland. Unmittelbar danach setzten sich mit Hilfe militärischer Infiltration aus Russland auf der Halbinsel Krim separatistische Kräfte durch und bereits im März 2014 führte dies zur Aufnahme der Krim in die Russische Föderation – faktisch eine Annexion. Und im April 2014 begannen auch die Kämpfe in der Ostukraine, wo sich die Separatisten in den Gebieten Donezk und Lugansk ebenfalls mit russischer Hilfe und Förderung gegen die neue nationalukrainische Regierung in Kiew wandten.

B. Die Einschätzung der Ereignisse

Es geht mir an dieser Stelle nicht darum, die Entwicklung im Einzelnen nachzuzeichnen, sondern um die Frage, worin die Motive, die Faktoren liegen, die zu diesen Ereignissen geführt haben. Im Westen und ganz besonders in der deutschen Öffentlichkeit gibt es dazu bekanntlich sehr unterschiedliche Einschätzungen. Auf der einen Seite stehen jene, die – kurz gefasst – eine neue russische Großmachtpolitik als Triebkraft dieser Entwicklung sehen, auf der anderen Seite wird dagegen ein mehr oder weniger deutliches Verständnis für russische Sicherheitsinteressen und für eine russische Einkreisungsfurcht vor den immer weiter nach Osten ausgreifenden westlichen Bündnisstrukturen artikuliert. Für beide hier natürlich nur sehr holzschnittartig beschriebenen Lager sind dann auch rasch passende Bezeichnungen geprägt worden, mit denen man die jeweilige Gegenseite etikettiert. Die „neuen kalten Krieger" auf der einen Seite und die „Russland-Versteher" auf der anderen Seite. Ein solches Format eignet sich ideal für Talkshows am Abend, ist aber nach meiner Auffassung eher nicht geeignet, komplexe Zusammenhänge zu erhellen. Die russische Politikwissenschaftlerin Lilia Schewzowa, eine Mitarbeiterin der amerikanischen Carnegie-Stiftung und engagierte Kritikerin des Systems Putin, datiert den Beginn einer neuen ambitionierteren und mit geopolitischen Vorstellungen verbundenen Außenpolitik Russlands auf das Jahr 2005. In einem bereits im Jahr 2007 erschienenen Aufsatz in der Zeitschrift „Osteuropa" führt Schewzowa zu dieser Entwicklung folgendes aus: „Im politischen Bewusstsein der russischen Elite setzt sich zunehmend die Sichtweise durch, dass die umgebende Welt russlandfeindlich gesonnen sei. Die heutige politische Klasse zweifelt schon nicht mehr daran, dass der Westen eine aggressive Macht ist, die Russland Böses will. Die Ereignisse in der Ukraine waren der Anlass für diese Schlussfolgerung. Die Orangene Revolution Ende 2004 und Moskaus missglückter Versuch, die

4 S. http://www.lpb-bw.de/ukrainekonflikt.html.

ukrainischen Präsidentschaftswahlen zu beeinflussen, waren der erste Konflikt zwischen Russland und dem Westen im postsowjetischen Raum."[5] Und weiter: „Das politische Moskau ist aufrichtig davon überzeugt, dass das ukrainische Volk auf den Maidan in Kiew strömte, weil der Westen es verleitet und bezahlt hat. Doch die Ereignisse zeigen auch, dass Russland für eine Konfrontation mit dem Westen nicht gerüstet ist. Moskau musste nachgeben."[6] Wie gesagt, diese Zitate beziehen sich auf die Ereignisse in der Ukraine Ende 2004.

Zwei Punkte sind dabei meines Erachtens festzuhalten: Nach ihrer subjektiven Wahrnehmung der Außenwelt fühlt sich die russische Führungsschicht, wenn wir Schewzowa folgen, seit Mitte des vorigen Jahrzehnts tatsächlich durch einen als feindselig empfundenen Westen unter Druck gesetzt und – vielleicht noch ergänzend – auch nicht in hinreichender Weise als Partner auf Augenhöhe respektiert und geachtet. Das betrifft natürlich besonders das Verhältnis zu den USA. Zweiter Punkt: Bereits zu der Zeit, als sich diese Bedrohungsvorstellung herauskristallisierte, verband sich dies mit einer Abwehrhaltung gegenüber unerwünschten Entwicklungen in der Ukraine, nämlich dem Ende 2004 erfolgten, erstmaligen Durchbruch einer politischen Bewegung mit – allgemein formuliert – proeuropäischen Zügen in der so genannten Orangenen Revolution. 2004 schien die Ukraine zum ersten Mal dem russischen Einflussbereich zu entgleiten. Zehn Jahre später wiederholte sich dies mit dem abermaligen Scheitern des kurz zuvor in die Arme Moskaus zurückgekehrten Präsidenten Janukowitsch, und dieses Mal steckte Moskau eben nicht zurück. Die Annexion der Krim und die Intervention in der Ostukraine folgten. Bereits im Oktober 2011 hatte Wladimir Putin, der sich damals im Wahlkampf für seine dritte Präsidentschaft befand, in einem Izvestija-Artikel, das Konzept der Eurasischen Union vorgestellt, d.h. eines Zusammenschlusses von Ländern, die früher Teil der Sowjetunion waren[7]. Dass Russland dabei eine dominierende Rolle erhalten sollte, liegt auf der Hand, denn in einem solchen Verbund läge das politische und auch wirtschaftliche Schwergewicht eindeutig bei Russland. Als Zentrum dieser Eurasischen Union sollte Russland auch in der Weltpolitik wieder eine wichtige Rolle einnehmen und dabei zugleich verhindern, dass sich noch mehr Teile der ehemaligen UdSSR auf einen Weg begäben, der sie weiter von Russland wegführte, wie das vorher etwa im Falle des Baltikums erfolgt war. Es liegt auf der Hand, dass eine solche Eurasische Union ohne die Ukraine kaum realisierbar ist und erst recht nicht

---

5 Schewzowa, Russlands Wille zur Weltmacht – Autokratie, Energie, Ideologie, Osteuropa 2007, 33 ff (37).

6 Dies., Osteuropa 2007, 33 (37).

7 S. http://www.bbc.com/news/world-europe-15172519.

ohne eine Ukraine, die sich zunehmend der EU und/oder der NATO annähert. Auf der anderen Seite kann eine innere Stabilisierung und Aufwärtsentwicklung der Ukraine wohl kaum gelingen, solange die begrenzten Kräfte des Landes durch einen Konflikt im seinem östlichen Teil gebunden sind. Darin dürfte nach meiner Vermutung das Kalkül der Moskauer Politik bei den Vorgängen des Jahres 2014 gelegen haben. Hinzu kommt mit großer Wahrscheinlichkeit ein zweites Motiv: die Sicherung des Machterhalts in Russland selbst. Die potentielle Vorbildwirkung von Massenbewegungen wie der Orangenen Revolution 2004 oder des Euromaidan 2013/14 musste aus Sicht der herrschenden Kreise in Russland erhebliche Sorgen bereiten. Die massiven Schritte zur Kontrolle der Medien, die Zurückdrängung zivilgesellschaftlicher Aktivitäten und die Unterbindung der Spielräume für politische Oppositionen in Russland weisen ebenfalls in diese Richtung. Zuletzt hat offenbar die überraschend im Winter 2011/2012 aufgetretene Oppositionsbewegung in Russland diese innenpolitischen Tendenzen noch einmal verstärkt. Auf der anderen Seite benötigt auch ein politisches System, das Gegenkräfte so weitgehend in Schach hält, wie dies mittlerweile in Russland der Fall ist, und das Wahlen in erheblichem Umfang beeinflussen – oder sogar: steuern – kann, genügend Rückhalt in der Bevölkerung. Es braucht Zustimmung, die seine Stabilität garantiert. Anfangs trug dazu unter der Präsidentschaft Wladimir Putins vor allem die Verwendung der reichlich fließenden Erträge aus der Förderung von Energieträgern und Rohstoffen bei. Seit der Jahrtausendwende ging es hier – insbesondere aufgrund der Entwicklungen auf dem Ölmarkt – deutlich aufwärts, und bis zum Vorabend der Ukrainekrise hatte sich das durchschnittliche Realeinkommen der Russen im Vergleich zu 1995 ungefähr verdoppelt. Eine solche wirtschaftliche Prosperität, verbunden auch mit sozialen Verbesserungen, stärkt natürlich den Rückhalt, auf den die jeweilige Regierung zurückgreifen kann. Etwa die Hälfte des russischen Staatsbudgets beruht auf Einnahmen aus dem Bereich der Öl- und Erdgasförderung, d.h. genauer gesagt der Besteuerung der Produktion und auf Zöllen auf die Exporte. Die Möglichkeiten, durch solche Erträge politischen Rückhalt zu generieren, stießen jedoch bereits im Zuge der Finanzkrise zu Ende des vorigen Jahrzehnts an ihre Grenzen. Der Appell an patriotische Gefühle, an den Nationalstolz der Russen diente daher immer stärker als politisches Bindemittel. Nach der Angliederung der Krim kletterten Putins Zustimmungswerte bekanntlich in zuvor nie erreichte Höhen – auf über 80 Prozent[8]. Es war, so heißt es in einem Beitrag in den von der Deutschen Gesellschaft für

---

8 S. http://www.focus.de/politik/videos/fast-90-putins-kriegsstrategie-geht-auf-russen-belohnen-ihn-mit-rekord-zustimmung_id_5034836.html.

Osteuropakunde und der Forschungsstelle Osteuropa an der Bremer Universität herausgegebenenen Russlandanalysen, „Putins Sternstunde, als er am 18. März 2014 in seiner Rede im Georgssaal des Moskauer Kreml vor den Mitgliedern des Staatsduma und des Föderationsrates und anderen Angehörigen der russischen Führungselite, im Zusammenhang mit der Rückkehr der Krim nach Russland von einer „Wiederherstellung historischer Gerechtigkeit" gesprochen hat und gleichzeitig seine innenpolitischen Widersacher als „Nationalverräter" und „fünfte Kolonne" diffamierte."[9] Gemeint war in diesem Zusammenhang offensichtlich eine fünfte Kolonne des Westens.

Fassen wir zusammen: Es lassen sich nachvollziehbare Motive identifizieren, die die russische Ukrainepolitik und ihre ideologische Begleitmusik erklären. In diesem Sinne bedeutet „Russland verstehen" natürlich nicht, die russische Politik zu rechtfertigen. Diese Unterscheidung wird allerdings in der deutschen und westlichen Diskussion nicht immer so klar vorgenommen. Umso wichtiger ist es aber, diesen Unterschied zu beachten, wenn man nach Lösungen sucht. Man muss schon in Rechnung stellen, was auf der russischen Seite subjektiv die Befindlichkeit prägt. Wir sollten uns außerdem heute daran erinnern, dass die Entspannungspolitik der 70er und 80er Jahre nicht etwa ein Ausdruck der Schwäche von westlicher Seite war, sondern unter anderem auch die Funktion hatte, im Osten Feindbilder abzubauen und damit die Aufrechterhaltung einer Belagerungsmentalität, die im damaligen Ostblock durchaus aus politischen Gründen gepflegt wurde, zu erschweren. Das sind auch heute noch, wie ich finde, wichtige Aufgaben, wenn es um Deeskalation und die Suche nach einem Ausweg aus der Krise geht.

Wenn man die mit einer nationalistischen antiwestlichen Ideologie verknüpften Vorstellungen über eine Einkreisung Russlands durch den Westen, vorzugsweise natürlich durch die USA, als Faktor in Rechnung stellt, dann geht es auch nicht darum, dies als eine realistische Bewertung der westlichen Politik einzustufen, sondern es hat vielmehr damit zu tun, dass man solche Bedrohungsszenarien als Hindernisse auf dem Weg zu einer Entkrampfung der Situation in das Kalkül zieht – mit dem Ziel, diese Hindernisse möglichst aus dem Weg zu räumen. Und deshalb ist es auch vernünftig, bei aller nötigen Kritik gegenüber der russischen Politik den Aufbau von Feindbildern von westlicher Seite her strikt zu vermeiden. Ich zitiere hierzu unseren früheren deutschen Außenminister Hans-Dietrich Genscher, der mir auch politisch sehr nahesteht. Er sagte erst kürzlich in einem Interview im September 2014, das den aktuellen Beziehungen

9 S. http://www.laender-analysen.de/russland/pdf/RusslandAnalysen274.pdf.

zu Russland gewidmet war: „Auch ich bin der Meinung, dass wir zunächst in der Sprache abrüsten sollten.“[10] Die gleiche Meinung hat übrigens vor kurzem auch unser Kieler Kollege Ludwig Steindorff ausgedrückt, der mit einer Reihe anderer Initiatoren einen Kieler Appell formuliert hat, welcher sich auch gerade um eine Deeskalation in der Sprache gegenüber Russland bemüht[11]. Und mit einer weiteren Feststellung in seinem Interview von 2014 hat Genscher meines Erachtens ebenso Recht. „Es gibt in Europa,“ sagt er, „keine Stabilität ohne Russland und erst recht nicht gegen Russland.“[12]

C. Wege aus der Krise?

Ob es unter diesen Voraussetzungen einen Weg zu einer Kompromisslösung in der Ukraine-Krise gibt, hängt allerdings von einer ganzen Reihe von Faktoren ab, und dafür liegt der Schlüssel natürlich nicht nur in Moskau, sondern auch in Kiew und ebenfalls im Westen. Bevor ich abschließend auf die Frage eingehe, ob und wie eine solche Lösung der Ukrainekrise vielleicht erreichbar sein kann, muss auch der Blick auf die anderen Akteure gerichtet werden.

I. Die Lage in der Ukraine

Ich beginne mit einigen Anmerkungen über die Ukraine. Die Ukraine verdient ohne jeden Zweifel unsere Sympathie, zumal sie in diesem Konflikt zweifellos der Schwächere ist, Man kann dies schon am ukrainischen Militärbudget von rund vier Mrd. US-Dollar, verdeutlichen, im Vergleich mit den Militärausgaben Russlands von mehr als 84 Mrd. US-Dollar. Vor allem liegt uns aber die breite zivilgesellschaftliche Bewegung, die mit dem Begriff Euromaidan verbunden ist, näher als die teilweise bizarren und abstoßenden Versatzstücke der heutigen nationalistischen Staatsideologie in Russland und all dessen, was damit auch an rechtsgewirkter Politik in Russland zusammenhängt. Wenn Wladimir Putin in seiner Rede am 18. März 2014 im Georgssaal des Kremls der Ukraine ihre nationale Eigenständigkeit abspricht, so ist dies für mich nicht hinnehmbar. Ich zitiere aus der Rede Putins: „Wir sind ein Volk. Kiew ist die Mutter aller russischen Städte.“ So Putin in dieser Rede. Zutreffend ist sicher die weitere Aussage des russischen Präsidenten, „die Rus ist unsere gemeinsame Wurzel“. Er meinte damit

---

10 http://www.presseportal.de/pm/6511/2833625.

11 S. https://www.welt.de/print/die_welt/hamburg/article133755374/Kieler-Appell-gegen-Eskalation-der-Worte.html.

12 S. http://www.focus.de/politik/ausland/genschers-krude-putin-thesen-in-europa-gibt-es-keine-stabilitaet-ohne-russland_id_4142180.html.

die Kiewer Rus des Hochmittelalters. Aber Ähnliches lässt sich auch in bezug auf das Reich der Karolinger für Frankreich und Deutschland sagen, und doch käme in Frankreich heute kein ernst zu nehmender Politiker auf die Idee, die Residenz Karls des Großen in Aachen als Teil der französischen Welt zu reklamieren. Ein solches Denken ist eigentlich in Mittel- und Westeuropa nicht vorstellbar. Demgegenüber beruht die heute in Russland propagierte Vorstellung von einem Russkij Mir, einer russischen Welt, auf eben solchen Gedanken, und das muss befremden. Andererseits sind die historischen, politischen, wirtschaftlichen und menschlichen Verbindungen zwischen Russland und der Ukraine ein Faktor, den man auch nicht außer Acht lassen sollte. Hierauf bezog sich auch Heiko Pleines, als er in einem Anfang Februar 2014, also unmittelbar vor dem Umbruch in der Ukraine veröffentlichten Beitrag zur ukrainischen Stimmungslage im Jahrzehnt vor dem Ausbruch des Konfliktes folgendes feststellte: „Meinungsumfragen zeigen im Durchschnitt der letzten zehn Jahre, dass jeweils 30 bis 40 Prozent der ukrainischen Bevölkerung für eine EU-Integration und etwa genauso viele für eine Integration mit Russland sind“[13]. Bereits Ende April 2014 hatten sich die Gewichte aber deutlich verschoben. Ende April 2014 votierten – allerdings bei erheblichen regionalen Unterschieden innerhalb der Ukraine – landesweit 53 Prozent der Befragten zugunsten einer stärkeren Bindung an den Westen, an die EU, nur 33 Prozent hingegen für eine stärkere Bindung an Russland. Immerhin ist auch das noch eine beträchtliche Minderheit. Und der Wandel der Stimmungslage zugunsten einer stärkeren Westorientierung ist offenbar eine Folge der Konflikte mit Russland. Gerhard Simon hat dazu gesagt: „Krise und Krieg führen das Land zusammen“.[14] Mit dem Beginn der Konfrontation gegenüber Russland kam es in der Ukraine zu einer wachsenden Ukrainisierung, und in einer Umfrage vom April 2015 sprachen sich 52 Prozent der befragten Ukrainer für einen Beitritt ihres Landes zur EU aus, jedoch nur noch zwölf Prozent für eine engere Bindung an Russland. Man kann sagen, dass der Anteil der „pro-russisch“ votierenden Landesbewohner massiv geschrumpft ist. Mit anderen Worten: Die russische Politik hat in der Ukraine das exakte Gegenteil dessen bewirkt, was die Ideologie von der russischen Welt, zu der angeblich auch die Ukraine gehören soll, postuliert. Aufschluss über das Selbstverständnis der ukrainischen Politiker gibt eine Ansprache, die Präsident Petro Poroschenko im September 2015 während eines Aufenthaltes von NATO-Generalsekretär Jens Stoltenberg in Kiew gehalten hat.

---

13 S. http://www.bpb.de/internationales/europa/ukraine/178892/zwischen-chaos-und-autoritaerer-machtsicherung.

14 S. http://www.laender-analysen.de/ukraine/pdf/UkraineAnalysen135.pdf.

In dieser Ansprache sagte Poroschenko, die Ukraine sei „der östliche Vorposten der euro-atlantischen Zivilisation". Sein Land kämpfe derzeit „für Frieden und Demokratie in der Region und in der Welt". Die politischen und gesellschaftlichen Realitäten in der heutigen Ukraine sind jedoch nicht ganz so glorreich. Das Land rangiert im weltweiten Korruptionsindex von Transparency International 2014 auf Platz 142. Zusammen mit den Komoren und Uganda, hinter Nigeria und noch vor Bangladesch. Der Leiter des ukrainischen Zweiges von Transparency International Andrei Marusow stellte in diesem Zusammenhang kürzlich folgendes fest: „Es gibt eine stetig wachsende, öffentliche Enttäuschung über das Fehlen von tatsächlichen Reformen und Ermittlungen bei der Korruptionsbekämpfung."[15] Und weiter zu einer Umfrage, die im März 2015 durchgeführt worden ist. Zwei Drittel der befragten 2700 Spitzenmanager privater Unternehmen waren der Meinung, dass sich das Korruptionsniveau seit dem Euromaidan nicht verändert habe. Ein Drittel der Befragten gab sogar an, dass sich die Situation verschlechtert habe. Als korrupteste staatliche Behörde bezeichneten die Manager die Finanzverwaltung. Die grundsätzliche Feststellung dass sich im Korruptionsbereich herzlich wenig getan hat, wird durch eine Vielzahl anderer Boten bestätigt. Der Spiegel veröffentlichte kürzlich ein Interview mit dem aus Tschechien stammenden Investmentbanker Thomas Fiala, dem Vorsitzenden der European Business Association in der Ukraine, der ebenfalls massive Kritik äußerte[16]. Etwa an der 19.000 Mann starken ukrainischen Generalstaatsanwaltschaft, die selbst in Korruption verstrickt sei statt diese zu bekämpfen. Auch der Kiewer Ministerpräsident Arsenij Jazenjuk, der „ein Produkt des alten Systems sei", vermittle „nicht den Eindruck, als würde er auf Veränderungen brennen" Bei den letzten Parlamentswahlen seien zwar über die vorderen Listenplätze gute Leute in das heutige ukrainische Parlament gelangt, aber zum Zwecke der Wahlkampf- und Parteienfinanzierung seien dann auf den hinteren Rängen Mandate an Geschäftsleute zu Preisen zwischen drei und zehn Millionen Dollar pro Abgeordnetensitz verkauft worden. Zu den nicht gerade europakompatiblen Aspekten der ukrainischen Verhältnisse zählen außerdem auch die Verbindungen zwischen rechtsextremistischen Kräften und Teilen von Politik und Militär. Auf einem anderen Blatt stehen allerdings die darauf gestützten Übertreibungen in der Propaganda russischer Medien, nach deren Weltbild der gesamte politische Umbruch in Kiew nur ein Putsch von Nationalisten, Antisemiten und Neonazis gewesen sei. Dies ist sicher Unfug, aber es

15 http://www.bpb.de/internationales/europa/ukraine/208187/analyse-schleppende-korruptionsbekaempfung-in-der-ukraine.

16 Hierzu und zum folgenden http://www.spiegel.de/wirtschaft/ukraine-investment banker-thomas-fiala-beklagt-stockende-reformen-a-1048234.html.

gibt eine Reihe brauner Flecken auf der Weste der ukrainischen Politik und auch das sollte Europa, wie ich finde, nicht übersehen.

Schwerer wiegt jedoch der Eindruck, dass innere Reformen, also eine echte Modernisierung im westlichen europäischen Sinne offenkundig nicht das Herzensanliegen der führenden ukrainischen Politiker darstellen. Insbesondere vor diesem Hintergrund erscheint deren Selbststilisierung zu Vorkämpfern europäischer bzw. westlicher Werte doch sehr zweifelhaft. Auf jeden Fall bleibt als Fazit die Feststellung: Die Ukraine ist von europäischen Verhältnissen und damit auch von den Voraussetzungen für eine EU-Mitgliedschaft noch meilenweit entfernt und zwar für eine voraussichtlich noch sehr, sehr lange Zeitstrecke. Mir ist leider nicht bekannt, ob dies seitens der Vertreter der Europäischen Union in den immer wieder geführten Gesprächen, und sei es hinter verschlossenen Türen, auch so deutlich gesagt worden ist oder auch gesagt wird. Eine gute Portion Aufrichtigkeit wäre hier nach meiner Auffassung gegenüber den Akteuren in der Ukraine sehr empfehlenswert.

II. Die Lage in der EU

Damit komme ich jetzt zum vorletzten Abschnitt des Referates, der sich – wenn auch nur kurz – mit der Europäischen Union beschäftigt. Auch hier finden wir auf der politischen Bühne nicht nur weiße Ritter, es gibt Licht und Schatten. Zum einen kann man der EU sicher vorwerfen, dass sie sich nun 2013 zu wenig Gedanken darüber gemacht hat, wie ein Assoziierungsabkommen mit der Ukraine auf Russland wirken würde. Zur Entschuldigung ließe sich allenfalls sagen, dass die jahrelange Erfahrung bis 2013/14 für die Annahme sprach, dass Moskau zwar poltert, aber doch keine aggressiven Schritte unternimmt und insofern ist Brüssel ebenso wie alle westlichen Hauptstädte von der dann tatsächlich eingetretenen Entwicklung sicherlich überrascht, gewissermaßen kalt erwischt worden. Hinzu kommt, dass Europa, wie auch der Westen insgesamt, noch mit den Nach- und Folgewirkungen seiner gründlich gescheiterten militärischen Interventionen in Afghanistan, im Irak und in Libyen zu tun hatte und bis heute zu tun hat. Unter anderem mit den dadurch direkt oder mittelbar ausgelösten Flüchtlingsströmen. Insoweit waren und sind Europa bzw. der Westen insgesamt in dieser Situation auch durch ein gewisses Maß an Rat- und Zahnlosigkeit gekennzeichnet. Inwiefern diese Umstände mit der Ukraine-Krise zusammenhängen, ist mir erst kürzlich bei einem Aufenthalt in Brüssel deutlich geworden, als ein deutscher Europa-Abgeordneter sinngemäß sagte: „Die Osteuropäer in der EU erwarten von uns (= den Deutschen) Solidarität gegenüber Russland bei der Fortsetzung der Sanktionen, gleichzeitig verweigern sie aber eine solidarische Lastenverteilung bei der Bewältigung des Flüchtlingsproblems". So wird denn die Verbindung hergestellt.

Die Europäische Union ist derzeit so harten Bewährungsproben ausgesetzt wie noch nie zuvor in ihrer Geschichte. Es stellt sich durchaus die Frage, ob Europa bei einer wünschenswerten Lösung der Ukrainekrise überhaupt noch als Dialogpartner und Mitwirkender zur Verfügung stehen wird. Andererseits sollte man immer auch die Haben-Seite nicht unterschätzen. Für Moskau war es, denke ich, eine Überraschung, dass die Europäische Union gemeinsam mit den USA in der Reaktion auf die Ukrainekrise zu gemeinsamen Antworten gefunden hat. D.h. überraschend war schon die Tatsache, dass Europa sich nicht wie ein Jahrzehnt vorher, bei der Intervention der USA im Irak auseinander dividieren ließ. Sie erinnern sich vielleicht noch an das damalige amerikanische Diktum von „altem" und „neuem" Europa. Diesen Umstand darf man schon als Pluspunkt erachten, denn nur wenn Europa geschlossen handelt, wird es in der Welt bei wichtigen Fragen Einfluss nehmen können. Auch die Mitwirkung der Europäer am Zustandekommen des 2. Minsker Abkommen wird man – bei aller Vorsicht in den Prognosen über die Tragfähigkeit und Zukunft der Minsker Vereinbarungen – auch dies als einen positiven Beitrag bezeichnen können. Ohne die konstruktive Mitwirkung der russischen und der ukrainischen Seite kann es dort freilich nicht zu einem positiven Ergebnis kommen.

III. Ausblick

Kann es aber vielleicht doch wenigstens zu einer weiteren Befriedung kommen? Gegen diese Hoffnung spricht vor allem ein wesentlicher Zündstoff, nämlich die Krim. Keine russische Führung wird die Halbinsel wieder an die Ukraine zurückgeben können, wenn sie nicht politischen Selbstmord begehen will. Andererseits wäre ein Verzicht auf die Krim für jede ukrainische Staatsführung genauso unmöglich. Auch für sie käme dies politischem Selbstmord gleich. Wie man aus dieses Dilemma herauskommen kann, ist mir derzeit schwer vorstellbar. Ob es möglich ist, das Thema zunächst mit Formelkompromissen auszuklammern – dafür gibt es in der Diplomatie zahlreiche Beispiele – und die Lösung in die Zukunft zu verschieben, lässt sich nicht abschätzen. Eine Vertagung dieses Problems wäre sicherlich die Voraussetzung für eine stabile Friedensregelung, die dann auch wirklich eine Weile hält. Von diesem Kardinalproblem einmal abgesehen, gibt es meines Erachtens aber durchaus Faktoren, die für eine wachsende Bereitschaft beider Seiten, Moskau und Kiew, zu einem Kompromiss sprechen. Für die Ukraine ist die Sache relativ klar. Den Konflikt mit Moskau kann man militärisch niemals gewinnen, und dass der Westen nicht geneigt ist, den Ukrainern militärisch zur Seite zu springen, dürfte man in Kiew inzwischen verstanden haben. In wirtschaftlicher Hinsicht ist die Lage in der Ukraine katastrophal, und auch dies spricht für Versuche, den Konflikt beizulegen. Eine Besonderheit in diesen politisch und wirtschaftlich angespannten Zeiten ist dabei die Weiterführung der Wirtschaftsbeziehungen zwischen der Ukraine und Russland, sogar unter Einschluss der Krim. Die Ukraine braucht bekanntlich russisches Erdgas, die Krim ist andererseits bei der Stromversorgung auf die Ukraine angewiesen, und daraus ergeben sich Ansatzpunkte für Vereinbarungen zum gegenseitigen Vorteil. Auch in anderen Bereichen hat die wirtschaftliche Zusammenarbeit zwischen der Ukraine und Russland, trotz teilweiser Wirtschaftsblockade der Krim, seitens der Ukraine nicht geendet. Einer der ukrainischen Oligarchen, Dmytro Firtasch, erhielt 2014 seine Titandioxidproduktion im Werk Krim-Titan auf dem Vorjahresniveau aufrecht, und zwar mithilfe von Rohstofflieferungen über eine private Bahnlinie aus der Region Cherson an seine auf der Krim belegene Titandioxidfabrik. Während in der Ostukraine Schüsse fielen, wurde also gleichzeitig auf der Krim zumindest partiell business as usual praktiziert. Ukrainischen Medienberichten zufolge haben Unternehmen aus der Ukraine zwischen September 2014 und August 2015 durch den fortdauernden Warenaustausch mit der Krim mehr als eine Mrd. US-Dollar verdient, während das öffentliche Budget der von Russland annektierten Krim-Region 2015 von Moskau mit umgerechnet 800 Millionen US-Dollar subventioniert werden muss. Das sind, wie ich finde, doch recht bemerkenswerte Fakten. Gleichzeitig ist die wirtschaftliche Entwicklung auf der russischen Seite ziemlich problematisch. Vermutlich war dies neben der unerwarteten Einigkeit der Europäer für den russischen Präsidenten die zweite unangenehme Überraschung der zurückliegenden Monate. Wahrscheinlich ging Putin Anfang 2014 davon aus, sein Land könnee sich ein kalkulierbares außenpolitisches Abenteuer angesichts üppig fließender Einnahmen aus dem Öl- und Gasgeschäft leisten. In der Folgezeit haben dann wohl weniger die westlichen Sanktionen als vielmehr der massive Verfall des Ölpreises, die Kapitalflucht aus Russland und das zerstörte Vertrauen westlicher Investoren zu einer doch erheblichen wirtschaftlichen Negativbilanz in Russland beigetragen. Für 2015 rechnet die Weltbank mit einer Schrumpfung des russischen Bruttoinlandsproduktes um 3,8 Prozent. Im September sank die Industrieproduktion um 3,7 Prozent. Die Kapitalinvestitionen gingen um 5,6 Prozent zurück. Die Realeinkommen der Russen sanken seit Jahresbeginn 2015 um rund zehn Prozent. Und die Inflationsrate in Russland ist zweistellig. Im August förderte eine Meinungsumfrage des angesehenen russischen Levada-Meinungsforschungsinstituts eine bemerkenswerte Entwicklung in der Stimmung der russischen Bevölkerung zutage. Auf die Frage, wer in Russland die Hauptverantwortung für die Probleme im Land und die steigenden Lebenshaltungskosten trägt, wiesen 44 Prozent der Befragten die Verantwortung dem Präsidenten Wladimir Putin zu. Vom August 2009 gibt es eine Vergleichs-Zahl, sie lag damals bei 17 Prozent. Dass 44 Prozent der Befragten die Verantwortung für die wirtschaftlichen und sozialen Probleme bei Putin sehen, ist schon erheblich. Sicherlich gefährdet eine solche Umfrage den russischen Präsidenten nicht unmittelbar in seiner Machtposition, aber als Problem wird man eine solche Entwicklung durchaus bezeichnen können. Eine ist jedenfalls klar: Die für Russland mittel- und langfristig lebenswichtige Modernisierungspartnerschaft mit dem Westen, vor allem mit Europa, wird man nur dann zu erreichen sein, wenn die Krise in der Ukraine beigelegt wird. Bei einer solchen Entschärfung der Krise müsste der russische Präsident natürlich in einer Heldenrolle mitwirken können. Als Friedensstifter, als derjenige, der das Ende westlicher Sanktionen herbeiführt und auch auf diese Weise Russlands Größe und die eigene Stärke demonstriert. Der große Stolperstein auf diesem Weg ist die Krim. Man könnte einwenden, dass das neuerliche außenpolitische Abenteuer Russlands, die militärische Intervention in Syrien, gegen die Annahme einer solchen Politik des Augenmaßes spricht. Vielleicht aber handelt es sich aber dabei auch um einen Versuch, mit den USA bzw. dem Westen insgesamt auf Augenhöhe zu einem neuen Arrangement zu gelangen. Ähnlich wie bei der Rolle, die Russland kürzlich bei den Verhandlungen mit dem Iran eingenommen hat. Die Fragezeichen bleiben zwar bestehen, aber ich sehe auch Lichtblicke, Ansatzpunkte für eine mögliche Verständigung und für ein neues Miteinander zwischen Russland und Europa.

Ivan Khotulev

Beziehungen Russland – Europa:

Bewertung und Perspektiven aus russischer Sicht

Der Vortrag zu diesem Thema, zumal aus der Sicht eines Vertreters der russischen Diplomatie, ist keine einfache Aufgabe. Vor allem, weil die ganze Welt aufgewühlt und unsicher geworden ist. Manchmal scheint sie aus den Fugen geraten zu sein. Viele Prozesse entwickeln sich nicht so, wie wir uns das gewünscht hätten. Wir schlittern von einer Krise zur nächsten, ohne dabei die vorangegangene vernünftig gelöst zu haben. Und eine Lösung ist eigentlich nicht in Sicht. In wenigen Tagen, vom 12. bis 14. Februar 2016, findet die 52. Münchener Sicherheitskonferenz statt. Im Mittelpunkt der Debatten wird neben dem Krieg in Syrien und der Flüchtlingskrise auch die Zukunft der europäischen Sicherheitsordnung stehen. Die russische Delegation, zu der auch Außenminister Sergej Lawrow gehört, ist bereits in München und wird von Ministerpräsident Dmitri Medwedew geleitet. Er wird dort am Sonnabend in Vertretung von Präsident Wladimir Putin eine Rede halten, und es kann gut möglich sein, dass wir am nächsten Tag einige Dinge in einem anderen Licht sehen werden. Ich bin jedenfalls sehr gespannt auf diese Rede.

Mein Thema heute lautet „Russland und Europa". Ist eine solche Formulierung eigentlich korrekt? Dies lässt doch die Vermutung aufkommen, Russland gehöre gar nicht zu Europa. Russland *und* Europa! Es klingt so, als seien das gegensätzliche Begriffe. Zumindest könnte man es so interpretieren. So sind wir bei der immer wieder auftretenden Frage. Sie wird schon seit Jahrhunderten diskutiert. Zarin Katharina II. sagte schon 1767, Russland ist eine europäische Macht. Ihr Enkel Zar Alexander I. wird ein halbes Jahrhundert später als Retter Europas gefeiert. Und Johann-Gottfried Herder antwortete auf die Frage, wohin gehört Russland, zu Europa oder Asien, mit dem Satz: „Zu beiden. Sein Herz aber liegt in Europa."

Das war 1802. Was wäre die europäische Literatur ohne russische Dichter und Schriftsteller? Was wäre die europäische Musik ohne russische Komponisten und Musiker? Die russische Malerei, das russische Theater und Ballett gehören seit jeher zu den kulturellen Schätzen Europas. Auch die Wissenschaft hat Geltung. Es gibt zahllose Beispiele dafür, dass wir miteinander untrennbar verbunden sind. Der europäische Kontinent ist ohne Russland undenkbar. Ebenso wurzelt in Russland die europäische Zivilisation. Und obwohl über die subjektive Zugehörigkeit Russlands zu Europa und über alternative Entwicklungswege des Landes gestritten wird, steht es außer Zweifel, dass die Völker des europäischen Kontinents durch die unsichtbaren Fäden der griechischen, römischen und christlichen Kultur in gemeinsamer Geschichte eng verwoben sind.

Europa sollte man also nicht nur als ein politisches Konstrukt verstehen. Wenn wir über Russland und Europa heute sprechen, so sind in erster Linie die Beziehungen zwischen Russland und der Europäischen Union gemeint. Heute, inmitten der politischen Turbulenzen in unserer direkten Nachbarschaft, finden sich Russland und die Europäische Union in einer Situation wieder, die stark an alte Zeiten erinnert. Wieder einmal ist es dringend notwendig, zu einer für beide Seiten akzeptablen Form zu kommen, die Sicherheit in der Region und zugleich Modernität und Fortschritt bringen würde. Obwohl Ihnen die derzeitige allgemeine Lage der Beziehungen zwischen der Europäischen Union und Russland sicher gut bekannt ist, möchte ich ihnen, meine Damen und Herren, dennoch empfehlen, sich zwei Reden des russischen Präsidenten Wladimir Putin noch einmal anzusehen. Am 25. September 2001 sprach zum ersten Mal in der Geschichte der deutsch-russischen Beziehungen ein russisches Staatsoberhaupt vor dem Deutschen Bundestag. Zusammengefasst war dies ein Angebot an Europa, seine eigenen Möglichkeiten mit den russischen menschlichen, territorialen und Naturressourcen sowie den Wirtschafts-, Kultur- und Verteidigungspotentialen Russlands zu verbinden und Trennungslinien zu beseitigen, Stereotypen und Klischees des Kalten Krieges endgültig zu überwinden, eine moderne, dauerhafte und feste internationale Sicherheitsarchitektur zu schaffen und so ein einheitliches Großeuropa zu ermöglichen. Am Ende des Wortprotokolls des Deutschen Bundestages ist vermerkt: anhaltender Beifall, die Abgeordneten erheben sich. So emotional war damals die Stimmung. Nach der Rede von Wladimir Putin auf der Münchener Sicherheitskonferenz am 10. Februar 2007, also vor sechs Jahren, gab es keine „standing ovations" und die Stimmung war eine ganz andere. Dabei hatte der Präsident nachdrücklich vor einer potentiellen Gefahr, einer Destabilisierung der internationalen Beziehungen gewarnt, die durch Versuche, ein monopolares Modell der Weltordnung einzuführen, durch unbegrenzte Anwendung von militärischer Gewalt in den internationalen Beziehungen, durch Abrüstungsstau, Pläne zum Abbau von Elementen eines Raketenabwehrsystems in Europa und durch die NATO-Osterweiterung eintreten könne oder sogar bereits eingetreten sei. Zu dieser Zeit war schon klar, dass wir an einem Punkt angelangt waren, an dem wir ernsthaft über die gesamte Architektur der globalen Sicherheit nachdenken sollten. Leider wurde dieser Appell überhört. Stattdessen sprach man in manchen westlichen Medien sogar von einer Erklärung eines neuen Kalten Krieges.

Seit der Wiedergewinnung der staatlichen Souveränität Russlands und der Auflösung der UdSSR im Jahr 1991 war Russland immer darum bemüht, eine für beiden Seiten vorteilhafte und wechselseitig abhängige Beziehung zu der Europäischen Union aufzubauen. Trotz vieler Rückschläge haben wir einen langen Weg zurückgelegt. Am 27. Juni 1994 wurde auf der griechischen Insel Kerkyra, die auch Korfu genannt wird, das Partnerschafts- und Kooperationsabkommen zwischen Russland und der EU unterzeichnet. Es trat drei Jahre später in Kraft und gilt heute noch. Diese Vereinbarung bildete eine stabile, vertragliche Basis für den Ausbau der Kontakte zwischen Russland und der EU in unterschiedlichsten Bereichen. Es wurde möglich, verschiedenste Fragen von der nuklearen Sicherheit bis zur Vielzahl militärischer Kontrolle gegenständlich miteinander zu besprechen. Das Abkommen hat Voraussetzungen für die Anbahnung einer Wirtschaftsbeziehung geschaffen und den Rahmen des politischen Dialogs „Russland und EU" festgelegt. Auf dieser Grundlage wurden 32 Gipfeltreffen sowie fünf Treffen im Format Regierung Russlands – EU-Kommission durchgeführt. Es wurden auch Kontakte auf Ministerebene hergestellt. Heute ist die Europäische Union Russlands größter Handelspartner. 2013, also vor Beginn der Ukraine-Krise, hatte der Anteil der EU am russischen Außenhandel fast 50 Prozent betragen. Selbst heute bleibt Russland der weltgrößte Handelspartner der EU. 2013 war der Warenumsatz zwischen Russland und der EU auf ein Rekordhoch von 326 Mrd. Euro gestiegen, d.h. ein Tagesumsatz von knapp einer Milliarde Euro täglich. In den zwanzig Jahren seit dem Abschluss des Kooperationsabkommens hat sich der Warenumsatz mehr als verzehnfacht. 41 Prozent der russischen Anleihen sind in Euro nominiert. Die Rolle Russlands als führender Energielieferant der EU-Mitgliedsstaaten kann nicht hoch genug eingeschätzt werden. Russland deckt ein Drittel des Bedarfs der EU an Erdöl und Erdgas und knapp ein Viertel des Bedarfs an Steinkohle und Mineralprodukten. In absehbarer Zukunft kann die EU keinen anderen Partner finden, der in der Lage sein würde, eine garantierte Versorgung mit Energieträgern im benötigten Umfang zu gewährleisten. Ständig ausgebaut wurden auch geschäftliche, touristische, kulturelle und wissenschaftlich-akademische Beziehungen. 2013 haben etwa knapp sieben Millionen Bürger Russlands die Grenzen der Schengener-Staaten überquert.

Und doch haben wir es nicht geschafft, den schmerzlichen Absturz in unseren Beziehungen zu verhindern. Leider müssen wir zugeben, dass im Verhältnis zwischen Russland und dem Westen in den letzten zwanzig Jahren, die voller Hoffnung waren, einiges nicht so verlaufen ist, wie wir es erhofft hatten. Wir müssen unbedingt ehrlich die Ursachen dafür ausfindig machen. Eine richtige Diagnose ist immer eine der wichtigsten Voraussetzungen für eine erfolgreiche

Behandlung. Ohne eine solche kritische Revision werden die Beziehungen zwischen der EU und Russland zu einer Geschichte der verpassten Möglichkeiten, wie einige jetzt schon behaupten. Ins Stocken geraten ist das Konzept der strategischen Partnerschaft, das dazu gedacht war, einen langfristigen Rahmen für eine gleichberechtigte und für beide Seiten vorteilhafte Zusammenarbeit zu schaffen. Wie die jüngsten Geschehnisse zeigen, hatten unsere EU-Partner diesem Konzept von Anfang an einen fehlerhaften Inhalt gegeben. Sie hatten angenommen, Russland müsse sich angeblich auch kraft des Fehlens einer Alternative früher oder später ins Fahrwasser der EU einfädeln. Folglich könnten seine Interessen von der EU im postsowjetischen Raum ignoriert werden. Russland wurde das Recht abgesprochen, auch selbst spezielle Interessenszonen zu haben. Das Konzept solcher Zonen in der modernen Welt wird als unberechtigt abgelehnt. Die Bundeskanzlerin vertritt vehement diese Position. Aber die Erweiterung der EU und insbesondere der NATO sind nichts anderes als die Erweiterung ihrer Einflusszonen. Seien wir ehrlich! Und außerdem betätigt man sich hier in der sensibelsten militärpolitischen Sphäre.

Hinter unserem Rücken betrachtete man uns als einen untüchtigen Lehrling, den man mit allen Mitteln auf die Regeln und Standards und Werte der EU befördern muss. Ein solches Modell wird in den Beziehungen zu Russland weder heute noch morgen funktionieren. Währenddessen versuchte der Westen, Russland wie ein in einem Kalten Krieg besiegtes Land zu behandeln. Die Erweiterung der NATO wurde zum Symbol für dieses Verhalten. Die NATO-Erweiterung in den Osten Europas säte Misstrauen und ist die wirkliche Ursache für die heftige Konfrontation. Einige Zeit kapitulierte Moskau vor diesen Entwicklungen. Aber als dann der Versuch unternommen wurde, bis in die Ukraine zu expandieren, ein Umstand, den ein großer Teil der russischen Bevölkerung als eine Bedrohung für Russlands wichtige Interessen interpretierte, widersprach Moskau energisch. Die Ukraine-Krise könnte man als eine Stunde der Wahrheit in unseren Beziehungen betrachten. Die Position der EU in der Krise war, offen gestanden dem Geist der Partnerschaft ziemlich fern. Es war ein grober Fehler, dieses zutiefst gespaltene Land vor eine künstliche geopolitische Wahl zwischen Russland und der EU zu stellen.

Fragen wir uns: Warum kommt die Krise in unseren Beziehungen mit der EU so unerwartet? Im Grunde genommen war das nicht der Fall. Die besorgniserregende Tendenz im Rahmen der Beziehungen zwischen der EU und Russland hatte schon lange vor der Ukraine-Krise eingesetzt. Ich möchte nur einige Beispiele anführen:

Als 2009 durch Anstrengungen von Polen und Schweden das Konzept der Östlichen Partnerschaft der EU das Licht der Welt erblickte, wurde uns ziemlich bald klar, dass dieses EU-Projekt mit einem Ausbau der partnerschaftlichen Beziehungen mit Russland nichts zu tun hat, sondern für andere Länder gedacht ist, um sie mehr an die EU heranzuführen und dauerhaft einzubinden. Unsere Befürchtungen hinsichtlich der wahren Ziele dieses Projektes wurden später leider bestätigt. Bei der Erwähnung der in unseren Beziehungen vorhandenen Reizfaktoren meine ich auch den uns beunruhigenden Trend, die Veränderungen in der Gesetzgebung der EU auf das Zusammenwirken mit Drittländern einschließlich Russlands zu projizieren. Anders gesagt, strebt man in Brüssel danach, die von Mitgliedsländern für ihre gegenseitigen Beziehungen angenommenen Regeln so auszulegen als wären sie von größerer Wirkung als die internationalen Verpflichtungen derselben Mitgliedsländer. Das erlaubt es dann, gegen zwischenstaatliche Abkommen vorzugehen, die vor dem Inkrafttreten der einheitlichen EU-Normen wirksam geschlossen wurden. Der krasseste Ausdruck dieser vielfältigen Praxis ist das sogenannte dritte Energiepaket der EU, das unter anderem eine vermögensrechtliche Aufteilung der auf dem EU-Markt handelnden vertikalen Energiegesellschaften vorsieht. Das schuf im Ergebnis ernste Probleme für die Tätigkeit russischer Gesellschaften wie z. B. GAZPROM. Obwohl Russland kein einziges Mal einen Anlass dazu gegeben hat, ihm unzuverlässiges Verhalten bei der Erfüllung seiner vertraglichen Verpflichtungen zur Belieferung der EU-Abnehmer vorzuwerfen. Von einer ganz einseitigen Auffassung der Partnerschaft EU-Russland durch die EU zeugt ferner die offensichtliche ablehnende Haltung gegenüber der Umsetzung des (übrigens auf Anregung der deutschen Bundeskanzlerin im Jahr 2010 erarbeiteten) Meseberger Memorandums über die Bildung eines EU-Russland-Komitees über Außenpolitik und Sicherheitsfragen. Die Realisierung dieser Absicht wurde durch die EU-Seite mit dem Vorankommen bei der transnistrischen Regulierung in Zusammenhang gebracht und dann überhaupt auf die lange Bank geschoben. Hätte man diesen Realismus mit einer gemeinsamen außenpolitischen Beschlussfassung rechtzeitig in die Architektur der bilateralen Kontakte integriert, wäre es möglicherweise auch gelungen, die besonders empfindlichen Auswirkungen der Ukraine-Krise zu vermindern. Ein weiterer Punkt, der die wahren Absichten der Partner in Bezug auf die Partnerschaft mit Russland zeigt, ist die Hinauszögerung der längst fälligen Aufhebung des Visum-Zwanges bei Reisen von Bürgern Russlands in die EU und umgekehrt. Der sogenannte Visa-Dialog mit Russland wurde bei dem Beschluss der bekannten Sanktionsmaßnahmen durch den Rat der Europäischen Union sofort preisgegeben. Die Meinung, die Beibehaltung des Visumzwanges zwischen Russland und der EU sei ein Anachronismus wird inzwischen seit einigen Jahrzehnten geäußert. Schon im Jahr 2003 hat der damalige Vorsitzende der EU-Kommission Barroso dazu Stellung bezogen. Er sagte, die Abschaffung des Visumzwanges für russische Staatsbürger werde innerhalb von fünf Jahren Wirklichkeit. Russland ist schon längst auf die Einführung eines visafreien Reiseverkehrs vorbereitet. Es handelt sich dabei nicht um eine Abschaffung der Grenzkontrollen, sondern nur um den Wegfall der moralisch wie finanziell beschwerlichen Visumsschranken auf dem Wege zur Gestaltung eines wahrhaft gemeinsamen Europas. Dennoch ist der Prozess ins Stocken geraten, der Dialog wurde von der EU eingefroren, und zwar keinesfalls erst im Zusammenhang mit der Ukraine-Krise. In Wirklichkeit liegt das Problem darin, dass die EU den Visadialog in verschiedenen Zusammenhängen als Druckmittel verwendet. Die Visadiskussion mit Russland erscheint mir inzwischen absolut wirklichkeitsfremd.

Viel wichtiger ist das Thema der inzwischen wieder einmal durch einen einseitigen Beschluss der EU eingefrorenen Verhandlungen über den Abschluss eines neuen Rahmenabkommens zwischen Russland und der EU. Viele Bestimmungen des alten Partnerschaftsvertrags aus dem Jahr 1994 sind überholt und widersprechen nicht mehr dem Niveau unserer Beziehungen. In den vergangenen mehr als 20 Jahren haben sich die EU und Russland gewandelt. Es sei nur an den WTO-Beitritt Russlands im Jahr 2012 und an die Entstehung der Eurasischen Integrationsmechanismen erinnert. Eben deshalb haben sich die Führungen beider Streitenden auf die Erarbeitung eines neuen rechtlich bindenden Abkommens geeinigt. Aber diese Verhandlungen hatten von Anfang an ein schwieriges Schicksal: Zuerst konnten unsere Partner sich 1,5 Jahre lang nicht über das Verhandlungsmandat einig werden, und schließlich setzten sie den Dialog zweimal aus. Schließlich versuchte die EU, die Verhandlungen dazu auszunutzen, um uns zusätzliche Zugeständnisse im Handel und der Wirtschaft abzugewinnen, die weit über unsere Verpflichtungen in der WTO hinausgehen könnten. Bezeichnend ist auch die misstrauische Haltung der EU gegenüber dem Fortschritt der Integrationsprozesse im GUS-Raum, einschließlich der Unterzeichnung durch Russland, Weißrussland und Kasachstan des Vertrages über die Eurasische Wirtschaftsunion. Dabei sind dies doch objektive Gegebenheiten. Letztlich wiederholen wir bei der Gestaltung der Strukturen der eurasischen Integration die Integrationserfahrungen der EU selbst, aber die EU-Führung lehnt die Zollunion sowie eine Zusammenarbeit mit der Eurasischen Wirtschaftskommission hartnäckig ab. Es wird von kontinentalen Ambitionen Russlands gesprochen, die auf den Wiederaufbau der Sowjetunion abzielen. Wir sind überzeugt, dass die Logik der internationalen Beziehungen früher oder später alles in das rechte Licht rücken wird und dass die

Vision eines Abkommens über Handels- und wirtschaftliche Zusammenarbeit zwischen der Eurasischen Wirtschaftsunion und der EU zur Wirklichkeit wird.

Die EU und Russland stecken ganz offensichtlich in einer tiefen Vertrauenskrise. Die gegenwärtige Entfremdung Russlands von Europa, der Wiege der russischen Zivilisation erhöht die geostrategischen Risiken in der fernen Zukunft. Die Entfremdung von Russland ist auch für Europa nicht gewinnbringend. Auch die USA profitieren nicht von dieser Entfremdung. Ohne Russland, welches ein wichtiger Akteur ist und in der übersehbaren Zukunft auch bleiben wird ist es unmöglich, auch nur ein einziges Schlüsselproblem der internationalen Sicherheit zu lösen. Es geht um die Zukunft des europäischen Kontinents, zu dem Russland und die EU gehören. Die Ukraine-Krise hat uns mit der entscheidenden Frage konfrontiert. Sind Russland und die EU wirklich fähig und willens, eine unteilbare gesamteuropäische Sicherheits- und Wirtschaftsarchitektur zu errichten? Zunächst sollten wir uns nicht vornehmen, einfach zum ursprünglichen Zustand der Dinge zurückzukehren. Ein großer Neustart wird die den Beziehungen zugrundeliegenden Systemfehler nicht beseitigen. Unsere Beziehung sollte eine echte Partnerschaft von Gleichen werden, die garantieren würde, dass Bedenken von beiden Seiten systematisch und gründlich behandelt werden. Also auf gleicher Augenhöhe.

Ich möchte Sie nicht komplett frustriert entlassen. Deshalb betone ich, dass es offensichtlich ist, dass Russland sich als eine europäische, aber auch eurasische Großmacht nicht von der EU abwenden wird. Die Europäische Union wird in abschbarer Zukunft weiterhin Russlands Schlüsselpartner bei Handel und Investitionen bleiben. Dennoch verändert sich die Welt um uns herum sehr schnell. Beim Nachdenken über die Zukunft der Beziehungen zwischen Russland und der EU und die vor uns stehenden Alternativen sollten wir strategisch denken. Mit unserem heutigen Thema setzt sich auch die Journalistin Katja Gloger in ihrem neuesten Buch mit dem Titel „Putins Welt“ auseinander. Seit über 25 Jahren beschäftigt sich die Autorin mit Russland. Sie war lange Jahre Stern-Korrespondentin in Moskau. Ich hatte noch keine Möglichkeit, das Buch zu lesen, und ich fürchte, es ist mir wahrscheinlich etwas zu kritisch. Aber auf dem Umschlag fand ich folgendes Satz: Gibt es noch Chancen, neues Vertrauen aufzubauen, gar Gemeinsamkeiten zu finden? Fragt sie. Ob dies gelingt, hängt vor allem von den Deutschen ab. Es ist eine historische Aufgabe, die Aufgabe einer ganzen Generation. Diesen Satz kann ich voll und ganz unterschreiben. Dieser könnte auch eine Überleitung zum Thema der deutsch-russischen Beziehungen werden.

Viele von uns, mich eingeschlossen, sind über den heutigen Zustand dieser Beziehungen sehr besorgt. Das gesamte Umfeld ist heute unfreundlich. Wir haben es mit einem politischen Kälteeinbruch zu tun. Dabei sind die Verbindungen zwischen Russland und Deutschland von einer unvergleichlichen historischen Tiefe und Vielfalt gekennzeichnet. Zu keinem anderen europäischen Land hatte Russland so vielfältige Kontakte wie zu Deutschland. Trotz zweier Weltkriege konnten beide Völker die Kraft aufbringen, den Weg zur Versöhnung einzuschlagen und dabei ein gutes Stück voranzukommen. Im Laufe der letzten Jahrzehnte haben wir mit viel Aufwand ein noch nie da gewesenes Niveau der Partnerschaft zwischen Russland und Deutschland erreicht. Das hat sich beispielweise am Rekordhoch im bilateralen Warenumsatz von 80 Mrd. Euro im Jahr 2012 gezeigt. Mit keinem Land der Welt ist Russland unterhalb der diplomatischen Ebene so eng vernetzt, wie mit Deutschland. Weder mit den USA noch mit Frankreich oder auch einzelnen GUS-Staaten. Eine Vielzahl bilateraler deutsch-russischer Gremien, Arbeitsgruppen, Vorlagen und Organisationen sind in den letzten Jahren ins Leben gerufen worden. Dazu zählen, um nur einige zu erwähnen, der Ostausschuss der deutschen Wirtschaft, die deutsch-russische Außenhandelskammer mit Außenstellen in St. Petersburg, Nowosibirsk und Kaliningrad, der Osteuropaverein der deutschen Wirtschaft, der deutsch-russische Wirtschaftsbund, der Bundesverband deutscher West-Ost-Gesellschaften. Gesprächsformen wie der St. Petersburger Dialog oder die Stiftung deutsch-russischer Jugendaustausch, das Deutsch-Russische Forum. Viele der bilateralen Gremien wurden aber im Rahmen der Sanktionspolitik gegen Russland im Zuge der Ukraine-Krise ausgesetzt. So fanden zum Beispiel seit 1999 jährlich abwechselnd in Russland und in Deutschland gemeinsame Regierungskonsultationen statt. An diesen Gesprächen nahmen neben dem Präsidenten Russlands und der deutschen Regierungschefin beinahe alle wichtigen Minister und Ressortchefs teil. Praktisch waren das gemeinsame Kabinettssitzungen. Am Rande der Konsultationen wurden immer Dutzende von Abkommen und Verträgen unterzeichnet, die unsere Zusammenarbeit nach vorne brachten. Solche Formen des politischen Dialogs waren lange Zeit für unsere internationale Praxis einmalig. Die Deutschen waren die ersten, mit denen wir eine solche Form des Dialogs durchgeführt haben, und wir waren sehr stolz darauf. Es fanden bereits 14 Runden dieser Gespräche statt. Im Jahr 2014 wurden die Regierungskonsultationen von der deutschen Seite ausgesetzt. Im Jahr 2000 nahm die deutsch-russische strategische Arbeitsgruppe für Wirtschaft und Finanzen die Arbeit auf. Das war ein Gremium, das der breiten Öffentlichkeit nahezu unbekannt war, aber für die Wirtschaftsbeziehungen enorme Bedeutung hatte. Im Laufe der Jahre wurden in der Gruppe mit Erfolg viele bilaterale Projekte erfolgreich auf den Weg gebracht, wie zum Beispiel die VW-Ansiedlung bei Moskau. Im Frühjahr 2014 setzte die Bundesregierung die Tätigkeit der Gruppe aus, aufgrund der aktuellen politischen

Lage, wie es hieß. Wann und ob es einen nächsten Termin gibt, ist völlig unklar. Im Oktober 2003 vereinbarten Deutschland und Russland die Gründung der deutsch-russischen Arbeitsgruppe für Sicherheitspolitik. Dort wurden Kernfragen der internationalen Agenda vertrauensvoll diskutiert. Es ging um einen sehr sensiblen Bereich der bilateralen Zusammenarbeit. Das Gremium tagt vorerst nicht mehr. Ein vergleichbares Bild beobachten wir auch im Bereich der Wirtschaft. Die Wirtschaftskooperation war immer die wichtigste und tragende Säule unserer Beziehungen. In Russland sind 6000 deutsche Unternehmen aktiv. Trotz schwieriger wirtschaftlicher Beziehungen und des deutlich abgekühlten Binnenkonsums in Russland hat sich diese Zahl aber nur geringfügig geändert, und das ist eine erfreuliche Tatsache. Rund 300.000 Jobs in Deutschland, vielleicht auch mehr, Schätzungen gehen bis zu einer halben Million, sind laut Ostausschuss der deutschen Wirtschaft von Exportaufträgen aus Russland abhängig. In Deutschland arbeiten ca. 1500 Firmen mit russischem Kapital. Vor dem Hintergrund der Sanktionen schrumpfte der Warenumsatz zwischen Russland und Deutschland. Die absteigende Tendenz setzt sich leider fort. Am schwersten betroffen sind vor allem die grundlegenden Branchen der deutschen Wirtschaft, wie der Maschinen- und Autobau. Noch kritischer ist die Situation mit der Finanzierung. Westliche Banken sind bei Russlandgeschäften sehr zögerlich geworden, während die russischen Kunden keinen Zugang mehr zum westlichen Kapitalmarkt haben und aufgrund der hohen Zinsen sich keine Kredite von ihren Heimatinstituten leisten können. Aber es gibt trotz der schwierigen Lage auch positive Beispiele. Sie werden oft genannt, z. B. VW mit ihrem Motorenwerk in Kaluga, CLAAS mit der Produktionsstätte für Landtechnik in Krasnodar und einige andere. Besonders wichtig ist, dass die russischen und die deutschen Unternehmen im Gespräch bleiben. Das war der Grund dafür, den wirtschaftlichen Kontakt im Rahmen der sogenannten Business-Plattform aufzunehmen, deren erste Sitzung im Oktober in Moskau stattfand. Mehr Gesprächsbereitschaft brauchen wir auf der politischen Ebene. Aber auch dort tut sich etwas. Der Dialog zwischen unseren Außenministerien wird auf Arbeitsebene fortgesetzt. Man bemerkt eine bestimmte Wiederbelegung der Kontakte sowohl auf parlamentarischer als auch auf gesellschaftlicher Ebene. Nach zwei Jahren Pause wurde die Tätigkeit des Petersburger Dialogs wiederaufgenommen. Natürlich müssen auch der jüngste Besuch des Vizekanzlers Gabriel in Russland und die Reise des Industrie- und Handelsminister Russlands Denis Manturow in die Bundesrepublik erwähnt werden. Die Regierungschefs einiger Bundesländer waren zu Gast in ihren jeweiligen russischen Partnerregionen. Beispielsweise war der Hamburger Erste Bürgermeister Scholz zu Besuch in St. Petersburg, der niedersächsische Ministerpräsident Stefan Beil im Gebiet

Tumen und der bayerische Regierungschef Seehofer auf Einladung des Moskauer Bürgermeisters in Moskau. Im übrigen funktioniert die Zusammenarbeit auf der Ebene der Bundesländer und der russischen Regionen ohne größere Schwierigkeiten. Mitte 2016 wollen wir ein deutsch-russisches Jugendaustauschjahr starten. Die Vorbereitungen laufen auf Hochtouren. Aber wir stehen erst am Anfang. Das Ziel müsste sein: die allumfassende Fortsetzung der deutsch-russischen Erfolgsgeschichte. Das müssen wir gemeinsam tun, und was müssen wir gemeinsam tun, um zur Normalität in den Beziehungen zurückzukommen? Die Voraussetzung für die Wiederherstellung der russisch-deutschen handelswirtschaftlichen Zusammenarbeit wäre die Aufhebung der antirussischen Sanktionen der EU. Dazu kommt als Aufgabe die Stabilisierung und Reform der russischen Wirtschaft. Man kann nur hoffen, dass auch der politische Wille besteht, einen gemeinsamen wirtschaftspolitischen Raum von Lissabon bis nach Wladiwostok zu schaffen. Es wäre im Interesse aller.

Zum Schluss möchte ich ihnen noch ein neues Buch einer der führenden Russlandexpertinnen Deutschlands, Gabriele Krone-Schmalz, sehr empfehlen. Es heißt „Russland verstehen". Lesen Sie es in aller Ruhe. Michael Gorbatschow hat darüber geschrieben: „Es lohnt sich, den Worten von Gabriele Krone-Schmalz Gehör zu schenken." Ich teile diese Meinung.

Joachim Krause

Europa und Russland: Neuauflage des Kalten Kriegs?

Spätestens seit der russischen Annexion der Krim im Februar und März 2014 und der darauf folgenden hybriden Aggression gegen die Ostukraine durch russisch-nationalistische Freischärler und reguläre Militär- und Geheimdiensteinheiten ist offenkundig geworden, dass sich die Beziehungen zwischen Russland und dem Westen in einer schweren Krise befinden und durch ein erhebliches Maß an Konfrontation (auch militärischer Natur) geprägt sind. In der politischen Diskussion sowohl in Deutschland wie in den anderen europäischen Staaten ist nach wie vor eine große Verunsicherung über die Zukunft der internationalen Beziehungen festzustellen. Während sich in den osteuropäischen Nachbarstaaten Russlands diejenigen bestätigt fühlen, die schon immer die Annahme vertraten, dass Russland kein normales Land sei und nach Überwindung einer inneren Schwächephase seine traditionelle imperiale Agenda fortführe, überwog in der deutschen Debatte zuerst die Vermutung, dass aus einer unglücklichen Verkettung von Umständen eine Konfrontation entstanden sei, die man durch konstruktive Diplomatie lösen könne. Darauf ließen Äußerungen von Bundeskanzlerin Angela Merkel und Außenminister Frank Walter Steinmeier schließen. Zudem gab es Stimmen – darunter drei Altkanzler der Bundesrepublik Deutschland – die der westlichen Politik eine Mitschuld an der Verschlechterung der Beziehungen gaben, weil „der Westen" nicht genügend auf Russlands Empfindlichkeiten Rücksicht genommen habe.

Mittlerweile ist auch von Seiten der Bundesregierung eine Einschätzung der Lage zu vernehmen, die deutlich pessimistischer ist und die davon ausgeht, dass sich in absehbarer Zeit an dem konfrontativen Kurs Russlands nichts ändern wird. Russland wird vor allem vorgeworfen, dass es systematisch daran arbeitet, europäische Staaten durch manipulatives Verhalten zielgerichtet zu schwächen und zu zersetzen.[1] Zudem wird Russland immer stärker auch als ein militärisches Risiko eingeschätzt.[2] Die deutsche Debatte ist dennoch von wenig Klarheit

1 Vgl. „Sicherheitskreise werfen Moskau systematische Schwächung der EU vor", *Frankfurter Allgemeine Zeitung (FAZ)* vom 11.3.2016, S. 1.

2 So führte Verteidigungsministerin Ursula von der Leyen aus Anlass der Anfangsveranstaltung zum neuen Weißbuchprozess aus, dass das Weißbuch sich unter anderem

gekennzeichnet. Zumeist wird beklagt, dass der Kalte Krieg wiederkehren könne und dass es irgendwie gelingen müsse mit Russland die Zusammenarbeit zu suchen, um dadurch die grundsätzlichen politischen Gegensätze abzubauen.

Sowohl die deutsche wie die westliche Debatte bezüglich Russland steht derzeit vor drei zentralen Fragen: 1) Ist die Analogie zum Kalten Krieg wirklich zielführend oder führt sie in die Irre? 2) Sollte die Analogie zum Kalten Krieg falsch sein, was hat denn Russland in die Konfrontation getrieben? Und 3) was bedeuten die Antworten auf die Fragen 1) und 2) für die Politik gegenüber Russland?

A. Die falsche Analogie

So sehr es auf den ersten Blick einleuchten mag, Ähnlichkeiten mit dem Ost-West-Konflikt (landläufig auch als „Kalter Krieg“ bezeichnet) festzustellen und diese zum Ausgangspunkt der Lagebewertung zu machen, ist diese Analogie weitgehend falsch und führt in die Irre. Dagegen sprechen die völlig unterschiedlichen historischen Umstände bei der Entstehung des Ost-West-Konfliktes ebenso wie die strukturellen Unterschiede. Bestenfalls könnte man von einem Wiederaufflackern von Elementen des alten Ost-West-Konflikts sprechen, aber auch dieses Bild führt in die Irre.

Historisch gesehen war der Ost-West-Konflikt ein Folgeproblem des Zweiten Weltkrieges. Er drehte sich vornehmlich um die Frage der politischen Neuordnung Europas. Dabei spielte die Kontrolle über Deutschland, welches nach der Kapitulation vom Mai 1945 zum Objekt der Siegerdiplomatie geworden war, eine zentrale Rolle.[3] Die USA verfolgten damals ein globales, aber auf Europa

---

mit der angemessenen Reaktion auf den Versuch Russlands befassen werde, „geostrategische Machtpolitik und militärische Gewalt als Form der Interessensdurchsetzung zu etablieren, wir müssen fast sagen zu re-etablieren“, zitiert nach „Von der Leyen definiert Verhältnis zu Russland neu“, *Handelsblatt* vom 17.2.2015; s.a. „Von der Leyen will Tausende neuer Soldaten einstellen“, *FAZ* vom 12.3.2016, sowie „Bundeswehr: von der Leyen setzt wieder auf Panzer“, *SPIEGEL Online*, 27.2.2016.

3 Vgl. u.a. Hannes Adomeit: *Imperial Overstretch: Germany in Soviet Policy from Stalin to Gorbachev. An Analysis Based on New Archival Evidence, Memoirs, and Interviews.* Baden-Baden: Nomos 1998; William R. Smyser: *From Yalta to Berlin. The Cold War Struggle over Germany*, London u.a: St. Martins Press, 1999; Wilfried Loth: *Die Teilung der Welt. Geschichte des Kalten Krieges 1941–1955.* München: DTV, 2000; Fraser J. Harbutt: The Cold War Era, Oxford: Wiley Blackwell 2002; Jost Dülffer: Europa im Ost-West-Konflikt 1945–1991 München: Oldenbourg Verlag 2004; William I. Hitchcock: The Struggle for Europe. The Turbulent History of a Divided Continent. New York: Anchor Books, 2004; John Lewis Gaddis: *Der Kalte Krieg. Eine neue Geschichte.*

fokussiertes Konzept der politischen Neuordnung, welches auf der Idee aufbaute, dass die Wiederherstellung einer funktionierenden Welthandelsordnung die wichtigste Voraussetzung für die wirtschaftliche Wiederbelebung Europas sei und dass die USA aufbauend auf multilateralen internationalen Organisationen und Verträgen die Zusammenarbeit demokratisch und marktwirtschaftlich verfasster Staaten (und anderer) organisierten. Dabei spielte Deutschland insofern eine wichtige Rolle, als für die US-Politik grundlegende Prämisse war, dass Deutschland an dem wirtschaftlichen Wiederaufschwung teilhaben und nach Möglichkeit recht bald den demokratischen Wiederaufbau beginnen sollte (was auch die Rückerlangung der Souveränität beinhalten müsse).[4] Für die Sowjetunion hingegen war klar, dass es als Siegermacht des Zweiten Weltkriegs seine politische und wirtschaftliche Ordnung dort durchsetzen wird, wo seine Truppen standen. Das sowjetisch besetzte Deutschland war erst einmal ein Gebiet, welches es auszubeuten galt, um für die erlittenen Kriegsschäden entschädigt zu werden. Zudem war für die sowjetische Führung die Ideologie des wissenschaftlichen Sozialismus maßgebend, wonach der Kapitalismus ohnehin zum Aussterben verurteilt sei und es darauf ankomme, die sich abzeichnenden Krisensymptome des Kapitalismus besonders in Westeuropa richtig zu deuten und gegebenenfalls auch revolutionären Wandel zu unterstützen.[5]

München: Siedler Verlag, 2007; Melvyn P. Leffler: *For the Soul of Mankind. The United States, the Soviet Union and the Cold War*. New York: Hill and Wang, 2007; Melvyn P. Leffler, Odd Arne Westad (Hrsg.): *The Cambridge History of the Cold War. 3 Bände*, Cambridge: Cambridge University Press, 2010; Nicolas Lewkowicz: The German Question and the International Order, 1943–48. Basingstoke / New York: Palgrave Macmillan, 2010.

4 Zu den amerikanischen Nachkriegsplänen Alan S. Milward: *The Reconstruction of Western Europe 1945–51*. Berkeley: University of California Press, 2006; Martin Schain (Hrsg.): *The Marshall Plan: Fifty Years After*. New York: Palgrave, 2001; Nicolas Lewkowicz: *The German Question and the International Order, 1943–48*. Basingstoke and New York: Palgrave Macmillan, 2010; Georg Schild: *Bretton Woods and Dumbarton Oaks: American economic and political postwar planning in the summer of 1944*. New York, St. Martin's Press, 1995; s.a. G. John Ikenberry: *After Victory. Institutions, Strategic Restraint, and the Rebuilding of Order After Major Wars*. Princeton, N.J. und Oxford 2001 und Marc Trachtenberg: *A Constructed Peace. The Making of the European Settlement 1945–1963*. Princeton: Princeton University Press, 1999.

5 Zur sowjetischen Politik im Nachkriegseuropa vgl. Vojtech Mastny: *Russia's Road to the Cold War: Diplomacy, Warfare, and the Politics of Communism, 1941–1945*. New York: Columbia University Press 1979; ders. *The Cold War and Soviet Insecurity*. Oxford: Oxford University Press, 1998; Gerhard Wettig: *Stalin and the Cold War in Europe*. Lanham: Rowman & Littlefield. 2008.

Der Ost-West-Konflikt war ursprünglich politischer und ideologischer Art und wurde auf den Feldern der Wirtschaftspolitik, der Sozialpolitik sowie der inneren politischen Ordnung (Demokratie versus Einparteienherrschaft) ausgetragen. Der Konflikt (der auch gerne als „Systemkonflikt" bezeichnet wurde) bekam erst mit dem Korea-Krieg eine militärische Komponente, die sich aus der Interaktion zweier Faktoren ergab. Zum einen hatte die Sowjetunion – anders als die USA – ihre zur Eroberung des Dritten Reiches benötigten Armeen nicht abgezogen, sondern behielt diese weitgehend in der östlichen Besatzungszone Deutschlands (der späteren DDR) stationiert und wurde damit zu einer militärische Bedrohung Westeuropas. Zum zweiten setzten die USA und das von ihr angeführte westliche Bündnis sehr früh auf nukleare Waffen, um die Sowjetunion von militärischen Abenteuern und Invasionen abzuhalten. Daraus entwickelte sich eine eigenständige Dynamik des Rüstens zwischen Ost und West, bei der Russland seine militärischen Fähigkeiten zur großangelegten Invasion gegen Westeuropa ausbaute, der Westen diese Fähigkeiten erst nur durch nukleare Abschreckung und später durch einen massiven Aufbau einer konventionellen Verteidigungsfähigkeiten ausglich. Die nukleare Abschreckung der NATO gegen eine Invasion in Europa konterte die Sowjetunion mit einer nuklearen Gegenabschreckung, die auch das Heimatterritorium der USA einbezog. Dadurch wurden die militärische Dimension und die mit ihr verbundenen existenziellen Risiken eines Kernwaffenkrieges dominant. Der Ost-West-Konflikt war seit den frühen 60er Jahren hauptsächlich unter dem Aspekt relevant, wie verhindert werden konnte, dass ein Kernwaffenkrieg ausbricht.[6]

---

6 Zur Entwicklung der Rüstungskonkurrenz generell vgl. Timothy Hoyt: The United States and the Cold War Arms Race, in: Thomas Mahnken, Joseph Maiolo und David Stevenson (Hrsg.): *Arms Races in International Politics*. Oxford: Oxford University Press 2016, S. 141–157; Sergey Radchenko: The Soviet Union and the Cold War Arms Race, ibid, S. 158–175; Vojtech Mastny: The Cold War Arms Races. Forces beyond the Superpowers, ibid, S. 176–199; zur nuklearen Rüstungsdynamik in Europa ist immer noch die beste Analyse von James J. Martin: Die nuklearen Kräfteverhältnisse in Europa 1970–1980 in Uwe Nerlich (Hrsg.) unter Mitwirkung von Falk Bomsdorf: *Sowjetische Macht und westliche Verhandlungspolitik im Wandel militärischer Kräfteverhältnisse*. Baden Baden: Nomos 1992, S. 135–183; zur konventionellen Rüstungsdynamik in Europa Phillip A. Karber: Die konventionellen Kräfteverhältnisse in Europa 1965–1980, ibid, S. 49–133. Vgl. weiterhin David Holloway:*The Soviet Union and the Arms Race*. Yale: Yale University Press, 1983; Steven L. Rearden und Samuel R. Williamson (jr.): *The origins of US nuclear strategy 1945–1953*. New York: St. Martins Press, 1993; sowie Marc Trachtenberg: A "Wasting Asset". American strategy and the shifting nuclear balance, 1949–1954, in: *International Security*, Vol. 13, No. 3 (Winter 1988/89), S. 5–49.

Die ursprünglichen Konfliktgegenstände (wer hat die bessere politische Ordnung und das besser funktionierende Wirtschaftssystem und wo geht es den Bürgern besser?) lösten sich auf ihre Weise: Das sozialistische Planwirtschaftssystem erwies sich als ineffektiv und der sozialstaatliche Anspruch des wissenschaftlichen Sozialismus verblasste angesichts des breiten Wohlstands in den westlichen Staaten. Die Systeme der Einparteienherrschaft wurden von der Bevölkerung abgelehnt und selbst die Funktionsträger ließen in den 70er und 80er Jahren zunehmend Ermüdungserscheinungen erkennen.[7] Der Ost-West-Konflikt endete, weil der Sowjetunion aufgrund ihres defizitären Wirtschaftssystems in den 80er Jahren die Kraft ausging, den militärischen und den politischen Konfliktmit dem Westen auszutragen und dabei die eigene Bevölkerung sowie die Bevölkerung der so genannten Brudervölker umfassend zu kontrollieren. Die Sowjetunion gab gegen Ende des Ost-West-Konflikts weit über 20 % ihres Bruttosozialproduktes für Militär und innere Sicherheit aus. Ihre wirtschaftliche Kraft war erschöpft, die notwendigen Wirtschaftsreformen scheiterten an ideologischen Bedenken und an Mangel an Kapital und Ideen. Der letzte Präsident der Sowjetunion, Michail Gorbatschow beendete den Ost-West-Konflikt in dem Bewusstsein, dass anderenfalls die Sowjetunion kollabieren würde.[8]

Der Ost-West-Konflikt wird sich nicht wiederholen, denn er ist nicht wiederherstellbar. Die Situation der Jahre nach 1945 ist heute nicht gegeben. Europa ist nicht zerstört, Deutschland ist kein Objekt der alliierten Politik, sondern ein zentraler europäischer Akteur. Weder sind die Träger ideologischer Positionen noch vorhanden, noch sind die riesigen militärischen Arsenale des Warschauer Paktes oder der NATO noch existent oder die politischen Systeme des realen Sozialismus wieder herstellbar. Jeglicher Versuch, Analogien mit dem Ost-West-Konflikt herzustellen, ist daher abwegig. Das einzige Element, wo Ähnlichkeiten mit den Zeiten des Ost-West-Konfliktes vermutet werden können, ist das Fortbestehen

---

Besonders erwähnenswert ist die Studie von Ernest R. May, John D. Steinbruner and Thomas W. Wolfe: *History of the Strategic Arms Competition 1945–1972, Part I und Part II.* Washington, D.C.: Office of the Secretary of Defense, Historical Office, March 1981. Diese war, ursprünglich Verschlusssache, ist aber mittlerweile teilweise zugänglich unter http://nsarchive.gwu.edu/NSAEBB/NSAEBB277/front%20matter%20chs%201-5.pdf.

7 Vgl. Peter Bender: *Das Ende des ideologischen Zeitalters. Die Europäisierung Europas.* Berlin: Severin & Siedler 1981.

8 Vgl. Michail Gorbatschow: *Erinnerungen.* Berlin: Siedler Verlag 1995, Teil II und Teil III. Ders. *Das Neue Denken. Politik im Zeitalter der Globalisierung.* München: Goldmann Taschenbuchverlag 1997.

des russischen Großmachtanspruchs und des russischen Imperialismus. Beides gab es auch schon vor der Sowjetunion, damit umzugehen bedeutet aber etwas völlig anderes als sich auf die Bedingungen des Ost-West-Konfliktes einzustellen.

Vielmehr deutet alles darauf hin, die Konfrontation mit Russland als eine strategische Gegnerschaft sui generis zu begreifen, die ihre eigenen Ursachen und ihre eigene Dynamik hat. Strategische Gegnerschaft hat es immer in der Geschichte der internationalen Beziehungen gegeben. Unter den Bedingungen wie sie nach 1990 in Europa vorherrschten, hat die deutsche Politik jedoch den Bezug und das Verständnis für den Umgang mit strategischen Gegnern und Herausforderern verloren. Die europäische Geschichte zeigt, dass strategische Gegnerschaft manchmal überwunden werden kann (wie die zwischen Deutschland und Frankreich). Dort, wo dies nicht gelingt, kann eine Gegnerschaft eingedämmt oder so kontrolliert werden, dass sie nicht in einen größeren militärischen Konflikt einmündet (das war der Kern der Bismarck'schen Außenpolitik und auch der westlichen Politik gegenüber der Sowjetunion während des Ost-West-Konflikts). Um eine strategische Gegnerschaft kontrollieren zu können, bedarf es einer Analyse der jeweiligen Ursachen, Bedingungsfaktoren sowie der damit verbundenen politischen Konstellationen und Dynamiken.

Die derzeitige strategische Gegnerschaft mit Russland ist weitgehend einseitig durch die russische Führung, insbesondere durch den russischen Präsidenten Wladimir Putin, betrieben und erklärt worden. Von daher ist es notwendig, die Ursachen dieser Richtungsentscheidung zu ergründen, die langfristig sehen für Russland keinen Sinn ergibt. Russland ist zwar von der Fläche her das größte Land der Welt, nach der Größe der Bevölkerung (mit 146 Millionen Menschen Rang 9) und dem Bruttoinlandsprodukt gerechnet rangiert es eher unter den Mittelmächten (Rang 11 was die Wirtschaftsleistung betrifft). Vor allem ist Russland ein Land mit extremen sozialen Gegensätzen und einer industriellen und technologischen Basis, die relativ schwach aufgestellt ist und nur in einigen wenigen Bereichen (Waffensysteme, Weltraumtechnologie) international konkurrenzfähig ist. Russland braucht strategisch gesehen die Kooperation mit der westlichen Welt, tatsächlich sucht es den Konflikt (vor allem auf dem militärischen Gebiet), was dazu führt, dass die wirtschaftlichen Aussichten des Landes tendenziell eher schwächer werden.

B. Was treibt Russland in den Konflikt mit dem Westen?

In der wissenschaftlichen Literatur zur Außen- und Sicherheitspolitik Putins galt für über ein Jahrzehnt die Einschätzung, dass diese pragmatisch, differenziert und zielgerichtet sei, im Wesentlichen aber auf konstruktive Beziehungen zum Westen setzen würde. Viele Autoren betonten aber auch die Ambivalenzen der russischen Politik, insbesondere seit dem Georgien-Krieg von 2008 und der erneuten Wahl Putins zum Präsidenten im März 2012.[9] Mittlerweile herrscht in der Literatur die Einschätzung vor, dass ein gravierender Politikwandel in Moskau eingesetzt habe und dass die Zeit der Ambivalenzen vorbei sei.[10]

Zur Entstehung der strategischen Gegnerschaft Russlands zum Westen gibt es in der wissenschaftlichen Literatur unterschiedliche Einschätzungen, die sich im Großen und Ganzen auf drei Denkschulen reduzieren lassen. Eine Denkschule, die vor allem von Anhängern der theoretischen Schule des politikwissenschaftlichen Realismus geprägt wird, argumentiert, dass „der Westen" (USA, EU, NATO) an der Entwicklung erheblichen Anteil trage, weil er eine naive und legalistische Politik betrieben habe, die die geopolitischen Realitäten ignoriere und auf russischer Seite zu einer Gegenbewegung geführt habe, von der man nun überrascht sei. Dem steht eine eher liberale Denkschule gegenüber, derzufolge die strategische Gegnerschaft zum Westen aus der inneren Dynamik der neuen russischen Nomenklatura und den dabei entwickelten Narrativen zu erklären sei. Der strategische Konflikt mit dem Westen stellt demnach den Versuch einer korrupten und kleptokratischen russischen Nomenklatura dar, ihre schütter gewordene innenpolitische Legitimation durch außenpolitische Konflikte, Großmachtstreben und Militarismus zu kompensieren. In einer Variante dieser Denkschule wird vor allem die prägende Rolle des russischen Präsidenten Putins betont. Eine weitere Denkschule argumentiert historisch-soziologisch und geht davon aus, dass gegenwärtig die traditionellen Widersprüche in der Haltung Russlands zum Westen eine kritische Phase erreicht haben, die die westliche Politik vor besondere Herausforderungen stellen. Hierbei wird vor allem auf das Potenzial unterschiedlicher politischer Prioritäten für das Entstehen von Konflikten in den Vordergrund gestellt. Alle drei Denkschulen präsentieren unterschiedliche Ansätze zum Verständnis russischer Politik, sie schließen sich aber nicht grundsätzlich aus. Von daher macht die Suche nach Synthesen zwischen ihnen Sinn.

Die Kritik der Vertreter der realistischen Theorie an der Politik des Westens hat zwei Varianten. Die eine – vertreten von Theoretikern des strukturellen

9 Vgl. Ingmar Oldberg, Foreign Policy Priorities under Putin. A tour d'horizon, in: Jacob Hedenskog, Vilhelm Konnander, Bertil Nygren, Ingmar Oldberg and Christer Pursiainen (Hrsg.): *Russia as a Great Power. Dimensions of Security under Putin*, Abingdon: Routledge 2005, S. 29–56; s.a. Bobo Lo: *Vladimir Putin and the Evolution of Russian Foreign Policy*. London: Blackwell Publ. 2003.

10 Samuel A. Greene: The End of Ambiguity in Russia, in: *Current History*, Vol. 114, No. 774 (2015), S. 251–258.

Realismus wie John Mearsheimer – argumentiert, dass die russische Geopolitik der Normalfall der internationalen Politik sei, den die westliche Politik konsequent ignoriere.[11] Die andere Variante – vertreten von Anhängern des klassischen, anthropologisch orientierten Realismus wie George F. Kennan – verweist auf das enorme Potenzial an nationalistischen, antidemokratischen und militaristischen Tendenzen in der russischen Gesellschaft, welches zu berücksichtigen die westlichen Staaten nie ernsthaft versucht hätten.[12] Vertreter beider Varianten sind sich darin einig, dass der Westen naiv und legalistisch gehandelt und die absehbaren Konsequenzen seiner Politik nicht antizipiert habe. Aus Anlass der Krim-Annexion und der Ukraine-Krise war diese Argumentation auch in der Öffentlichkeit zu vernehmen. So bemängelten die Altkanzler Helmut Schmidt, Helmut Kohl und Gerhard Schröder, dass diese Krise nur deshalb habe entstehen können, weil sich westliche Politik nicht genügend auf die Empfindlichkeiten der russischen Politik eingestellt hätte.[13] Sowohl die NATO-Erweiterung als auch das Angebot eines Assoziationsvertrags der EU mit der Ukraine seien schwere Fehler gewesen, weil sie in Moskau als „Versuch der strategischen Einkreisung" gesehen worden sei. Es seien „rote Linien" überschritten worden, die man dem russischen Präsidenten Putin nicht hätte zumuten dürfen, der weitgehend noch in klassischen Kategorien der internationalen Politik denke. Auch Henry Kissinger warf

---

11 John J. Mearsheimer, Why the Ukraine Crisis Is the West's Fault: The Liberal Delusions That Provoked Putin, *Foreign Affairs* (September/October 2014), https://www.foreignaffairs.com/articles/russia-fsu/2014-08-18/why-ukraine-crisis-west-s-fault.

12 George F. Kennan: A Fateful Error, in *New York Times* (op-ed) 5. 2. 1997; siehe auch Christian Hacke: Der Westen und die Ukraine-Krise. Plädoyer für Realismus in: *Aus Politik und Zeitgeschichte*, 47–48/2014 (17.11.2014), S. 40–47 oder Sebastian Mayer: Putin der getriebene?, in: *Blätter für deutsche und internationale Politik*, Vol. 60, No. 4 (2015), S. 77–83.

13 Helmut Kohl: *Aus Sorge um Europa. Ein Appel.* München: Droemer und Knaur, 2014, er schrieb: „Zum Verhalten Russlands und der Situation in der Ukraine kann der Westen natürlich nicht schweigen, aber auch der Westen hätte sich klüger verhalten können. Hier sind auf beiden Seiten Fehler gemacht und Befindlichkeiten offenkundig nicht ausreichend beachtet worden." Helmut Schmidt: „Ich teile Ihre Besorgnis" Warum Helmut Kohl recht hat, wenn er vor einem Zerwürfnis zwischen Russland und Europa warnt. Ein Brief, in: *DIE ZEIT* Nr. 50 vom 18. Dezember 2014; siehe auch das Interview mit Gerhard Schröder: „Wie man Frieden macht" in *Der SPIEGEL* Nr. 14/2015 (28.3.2015), S. xxx.

der EU einen realitätsfremden, Ansatz vor, der in Moskau die falschen Signale vermittelt habe und die Gefahr einer Neuauflage des Kalten Krieges beinhalte[14].

Die Argumentationslinie von Mearsheimer ergibt nur dann Sinn, wenn man das dahinter stehende theoretische Modell des strukturellen Realismus voll und ganz teilt – einer relativ reduktionistischen, „schlanken" Theorie der internationalen Beziehungen, die in der Wissenschaft von den internationalen Beziehungen ihre Anhänger hat, aber die nicht als allgemein gesichert gelten kann.[15] Schwerer wiegen hingegen die Argumente Kennans und anderer traditioneller Realisten, die auf besondere russische Befindlichkeiten hinweisen, die Ausdruck historischer und gesellschaftlicher Bedingungen seien, die charakteristisch für dieses Landwären.

Die von Kennan und anderen geäußerten Befürchtungen sind nicht neu und der damit einhergehende Vorwurf der Naivität und der Ignoranz gegenüber den russischen Empfindlichkeiten ist abwegig. Die Berücksichtigung russischer Empfindlichkeiten war und ist ein Thema seit den späten 80er Jahren, als sich abzeichnete, dass der sowjetische Präsident Michail Gorbatschow den Ost-West-Konflikt beenden könnte. Die westliche Politik ist zwar tatsächlich prinzipiengeleitet und legalistisch, aber in der Politik gegenüber Russland ist sie seit mehr als einem Vierteljahrhundert auch durch das Bemühen gekennzeichnet gewesen, den von Kennan und anderen erwähnten Empfindlichkeiten (Großmachtnostalgie, Einkreisungsängste) so weit wie möglich zu begegnen, ohne die eigenen Prinzipien zu verraten. Schon während der amerikanisch-sowjetischen Gipfeldiplomatie des Jahres 1989 war zu erkennen, dass auf amerikanischer Seite alles vermieden werden sollte, um machtpolitische Befindlichkeiten auf russischer Seite zu reizen.[16] Mit dem Ende des Ost-West-Konflikts wurde von westlicher Seite sorgsam

14 „Nach bestem Gewissen", Interview mit Henry Kissinger in *Der SPIEGEL* Heft 46, 10. November 2014, S. xxx. In dem Interview drückte Kissinger seine Sorge vor einer Neuauflage des Kalten Krieg aus und sagte, er glaube, dass Putin aus einer Situation der strategischen Schwäche heraus agiere. Sanktionen hielt er für Kontraproduktiv.

15 Vgl. Kenneth N. Waltz: *Theory of International Politics*. Reading, MA: Addison-Wesley, 1979; ders. The Emerging Structure of International Politics, in: *International Security*, Vol. 18, No. 2. (Autumn, 1993), S. 44–79. Siehe auch Carlo Masala: *Kenneth N. Waltz: Einführung in seine Theorie und Auseinandersetzung mit seinen Kritikern*. Baden Baden: Nomos 2005.

16 Vgl. Robert L. Hutchings: *American Diplomacy and the end of the Cold War. An insider's account of U.S. diplomacy in Europe, 1989–2002*. Washington, DC: The Woodrow Wilson Center, 1997; George Bush and Brent Scowcroft: *A World Transformed*. New York Vintage Books 1998, Kapitel 7–12; James Baker: *Drei Jahre, die die Welt veränderten. Erinnerungen*. Berlin: Siedler Verlag 1996, Hans-Dietrich Genscher: *Erinnerungen*.

darauf geachtet, nichts zu unternehmen, was russischen Sicherheitsbefürchtungen Nahrung geben könnte. Die Ergebnisse der Zwei-plus-Vier-Verhandlungen, der KSE-Vertrag von 1990, die Pariser Schlussakte vom November 1990, die das Gewaltverbot und die Unverletzbarkeit von Grenzen bekräftigte, die nuklearen Abrüstungsverträge (INF, START, SORT), die Integration Russlands in den G8 Rahmen, das Budapest-Memorandum von 1994, welches die territoriale Integrität der Ukraine im Gegenzug zu deren Verzicht auf ihr Kernwaffenarsenal festschrieb, die einseitigen Schritte der westlichen Staatengemeinschaft zur Reduzierung ihrer Streitkräfte unter die Höchstwerte des KSE Vertrages sowie des niemals in Kraft getretenen angepassten KSE-Vertrags von 1999 und der fast vollständige Abzug amerikanischer taktischer Nuklearwaffen aus Europa (trotz des Verbleibs von Tausenden derartiger Waffen auf russischer Seite) zählen dazu.

Auch das abwartende und vorsichtige Vorgehen bei der Erweiterung der NATO ist hier anzuführen. Es war nicht die NATO, die auf Erweiterung zielte, sondern die Staaten Mittelosteuropas wollten der Allianz beitreten. Tatsächlich war das Thema für viele Jahre geradezu tabu in der NATO. Der Wunsch der osteuropäischen Staaten wurde besonders angetrieben durch das Ergebnis der ersten freien Duma-Wahlen im Dezember 1993, die hauptsächlich nationalistische, kommunistische und rechtspopulistische Parteien ins Parlament beförderte und erkennen ließ, dass demokratische Parteien in Russland keine Basis hatten. Ehe sich die NATO zur Aufnahme neuer Mitglieder bereit zeigte, vergingen viele Jahre, in denen versucht wurde die Vor- und Nachteile sorgsam gegeneinander abzuwägen. Diese Abwägung führte dazu, dass die Erweiterung der Allianz zu Bedingungen stattfand, die russischen Bedenken Rechnung trugen. Dazu gehörte die Verpflichtung auf Minderheitenrechte für Russen in den baltischen Staaten ebenso wie der Verzicht auf die Stationierung von NATO Truppen in den neuen Mitgliedstaaten der Allianz. Auch wurde dafür Sorge getragen, dass nach Abschluss der NATO-Erweiterungsrunden die militärische Gesamtstärke der NATO in Europa nicht größer als vor der Erweiterung. Die integrierten NATO-Verteidigungsstrukturen in Europa wurden weitgehend abgebaut, so dass sich für Russland eine militärische Bedrohung durch die größer gewordene NATO nicht stellen konnte. Damit sollte Einkreisungsängsten entgegengewirkt werden. Dies alles waren militärisch-politisch bedeutsame vertrauensbildende Maßnahmen,

---

Berlin: Siedler Verlag 1995, insbesondere Kapitel 16 und 17. Siehe auch Michael Beschloss und Strobe Talbott: *Auf höchster Ebene. Das Ende des Kalten Krieges und die Geheimdiplomatie der Supermächte 1989–1991*. Düsseldorf: ECON Taschenbuchverlag, 1993 sowie Philip Zelikow und Condoleezza Rice: *Germany United and Europe Transformed. A Study in Statecraft*. Cambridge, Mass.: Harvard University Press 1995.

die erkennen ließen, dass russische Empfindlichkeiten im Kalkül westlicher Politik immer sehr hochrangierten.

Von Kritikern der westlichen Politik wurde heute gerne behauptet, dass das einseitige Vorgehen der westlichen Allianz in Bosnien-Herzegowina sowie beim Kosovo-Konflikt zur Bestätigung aller Befürchtungen Russlands beigetragen habe, dass es als Großmacht nicht für voll genommen wird. Damit hätte der Westen nationalistische und militaristische Tendenzen in der russischen Politik befördert. Auch diese Behauptung steht auf tönernen Füssen. Tatsächlich haben die Staaten der EU und die USA im Falle Bosnien-Herzegowinas und Kroatiens über mehrere Jahre (1992–1995) versucht, die militärischen Aggressionen serbischer Milizen und regulärer Verbände und die damit einhergehende Politik der ethnischen Säuberung im Rahmen der Vereinten Nationen unter Mitwirkung der russischen Regierung zu lösen. Dieses Vorgehen wurde eng mit Moskau abgesprochen, nicht zuletzt um Empfindlichkeiten der russischen Seite zu begegnen. Dieses Vorgehen erwies sich als unmöglich, da Russland seine Vetomachtposition im Sicherheitsrat nutzte, um jegliche Entscheidung zu blockieren, die gegen die Interessen Serbiens und seines Ministerpräsidenten Milosevic (also des Aggressors) verstieß. Dadurch wurde der Konflikt verlängert, die humanitären Kosten wurden immer höher (im Sinne von Toten, Verwundeten, Vertriebenen und Flüchtlingen). Erst die heimliche Aufrüstung Kroatiens durch die USA und die militärische Intervention der NATO vermochten den Konflikt zu ersticken, ebenso wie einige Jahre später im Kosovo.[17]

Auch Präsident Obamas Bemühungen um einen reset in den Beziehungen zu Russland oder die jahrelangen Verhandlungen über die Vorstellungen Präsident Medwedjews über eine neue Sicherheitscharta Europas waren Versuche, mit Russland in einen vernünftigen Dialog zu treten, der dortige Empfindlichkeiten berücksichtigt. All diese Bemühungen zeigten keine Erfolge, weil die russischen Ziele eher in Richtung eines traditionellen Großmachtverständnisses gingen, die in zentralen Fragen keine Kompromissmöglichkeiten boten. Die westliche Bereitschaft zum Entgegenkommen hatte und hat auch Grenzen: dann, wenn die Souveränität von unabhängigen Staaten durch Russland in Frage gestellt wurde oder wenn Russland gewaltsame Konflikte weiter anheizte.

17 Vgl. John Norris: *Collision Course: NATO, Russia, and Kosovo*. New York: Praeger, 2005. Siehe auch Reneo Lukic und Allen Lynch: Russland und der Krieg im ehemaligen Jugoslawien, in: Angelika Volle und Wolfgang Wagner (Hrsg.): Der Krieg auf dem Balkan. Die Hilflosigkeit der Staatenwelt. Bonn: Verlag für internationale Politik, 1994, S. 124–132.

All diese Beispiele zeigen, dass es nicht die angebliche Naivität oder der realitätsferne Legalismus der westlichen Politik waren, die in Russland zum Anheizen neo-imperialer Stimmungen und Kräfte geführt hat, sondern dass schon seit den 90er Jahren des 20. Jahrhunderts zu erkennen war, dass eine an kooperativen Beziehungen mit Moskau orientierte Politik der westlichen Staatenwelt auf ein prinzipielles Dilemmata stößt. Eine kooperative Beziehung „des Westens" zu Russland ist offenbar nur dann für Moskau konsensfähig, wenn die westliche Staatengruppe auf wesentliche Kernelemente ihres Selbstverständnisses verzichtet, wie z.B. die Anerkennung der Souveränität auch von kleinen Staaten sowie die Wahrung und gegebenenfalls auch die Erzwingung des Gewaltverbots.

Die liberale Denkschule geht anders als die realistische Denkschule davon aus, dass die strategische Konfrontation hauptsächlich von Moskau ausgeht. Sie begnügt sich aber nicht mit der Feststellung, dass heute wieder traditionelle nationalistische, großrussische und militaristische Kräfte die russische Außenpolitik anleiten. Vielmehr fragt sie nach den Ursachen dieser Entwicklung, die insofern erstaunlich ist, als der Umschwung zur konfrontativen Außenpolitik zu einem Zeitpunkt kam, wo die russische Wirtschaftsleistung aufgrund der hohen Ölpreise beachtliche Wachstumsraten aufwies und die Verflechtung der russischen Wirtschaft mit der globalen Wirtschaft enorme Fortschritte machte. Nicht nur war der Handel gestiegen, gerade in den Jahren vor der Krim-Annexion waren jährlich hohe Dollar ausländischer Investitionen in die russische Wirtschaft getätigt worden.

In der überwiegenden Zahl der Analysen rückt dabei das unter Wladimir Putin geformte Herrschaftssystem (das „System Putin") in den Vordergrund. Hier sind zwei unterschiedliche, allerdings sich auch nicht grundlegend widersprechende Argumentationsstränge erkennbar. Zum einen jene Analysen, die die Dynamik des durch Putin geschaffenen Systems als ausschlaggebend betrachten, und jene, die die Person Putins als wesentliche Variable zur Erklärung der Wendung der russischen Außenpolitik verstehen.

Wladimir Putin lenkt die Geschicke Russlands seit dem Beginn des Jahres 2000, meist als Präsident, einige Zeit auch als Ministerpräsident. Er hat in dieser Zeit ein eigenes Herrschaftssystem aufgebaut, das Teil des Staatsapparates der Russischen Föderation ist, teilweise aber auch eigenständig nebenher läuft. Dieses Herrschaftssystem ist im Wesentlichen eine Machtvertikale, bei der Putin es verstanden hat, Personen seines Vertrauens (meistens aus seinem Petersburger Kreis, aus dem Bereich der Geheimdienste und des Militärs sowie aus dem Kreis der Oligarchen) in zentrale Positionen zu bringen, in denen sie dafür Sorge tragen, dass wesentliche staatliche Funktionen wahrgenommen werden (insbesondere dass die innere und die äußere Sicherheit garantiert sind) und die Autorität des Staates gewahrt bleibt. Dieses gerne auch als „autoritäre Stabilisierung“ bezeichnete Herrschaftssystem wird durch ein von Putin und seinem engsten Kreis geschaffenes System der Kontrolle über die Gewinnung und die Ausbeutung der russischen Vorkommen an Erdöl, Erdgas sowie anderen Rohstoffen ergänzt, welches auch Finanzinstitutionen umfasst. Dieses zweite Herrschaftssystem ist zum einen die logische Konsequenz aus dem ersten Herrschaftssystem, es ist zu anderen aber auch die Folge der Entmachtung der mächtigen russischen Oligarchen, die sich in den 90er Jahren zeitweilig als eigenständige politische Machtfaktoren etabliert hatten. In der Kombination beider Elemente – so die meisten Beobachter – ist ein politisches System entstanden, welches nach Außen noch einen gewissen demokratischen Schein wahrt und auch durchaus noch liberale Freiräume zulässt, welches mehr und mehr aber Züge einer Diktatur der neuen Nomenklatur mit Wladimir Putin als unbestrittener Führungsfigur darstellt, der sich durchaus darauf berufen kann, demokratisch gewählt worden zu sein (dieses System wird oft auch als Demokratur bezeichnet).

In den ersten Jahren der Regentschaft Putins hatte dessen System durchaus stabilisierende Wirkung, war es Putin auch gelungen hervorragende Fachleute in wichtige Regierungspositionen zu bringen. Der Anstieg der Ölpreise in den Jahren nach 2000 hat diese Zeit zu einem Erfolg der Putinschen Politik werden lassen, die Wachstumsraten der russischen Wirtschaft lagen bis 2008 teilweise bei 7%.[18] Seitdem hat sich aber ein wesentlicher Wandel des System Putins vollzogen. Dieses hat sich immer stärker in Richtung einer Machtvertikale entwickelt, in der die Orientierung am Gemeinwohl zugunsten einer mehr oder weniger hemmungslosen Selbstbereicherung seiner Funktionsträger zurückgegangen ist. Diese findet heute auf allen Ebenen dieses Systems statt und geht mit massiver Korruption und anderen Formen des Missbrauchs staatlicher Autorität zur Hebung des Lebensstandards der neuen Nomenklatur einher. Im heutigen Russland gibt es etwa 110 Milliardäre, die weitgehend alle mehr oder weniger unter dem Schutz des Präsidenten arbeiten und die etwa ein Drittel des russischen Bruttoinlandsproduktes kontrollieren. Präsident Putin selbst soll ein Privatvermögen in der Größenordnung von 70 bis 100 Milliarden US-Dollar besitzen.[19] Dieses System entfaltet nach Ansicht kritischer (vor allem russischer) Beobachter eine innere Dynamik, die dazu führt, dass es immer stärker Ähnlichkeiten mit Strukturen

---

18 Kathryn Stoner and Michael McFaul: Who Lost Russia (This time)? Vladimir Putin, in: *The Washington Quarterly*, Vol. 38, No. 2 (2015), S. 167–187, S. 176.

19 Karen Dawisha: *Putin's Kleptocracy. Who Owns Russia?* New York: Simon & Schuster, 2015.

organisierter Kriminalität aufweist. Und nicht nur das: Laut Erkenntnissen des spanischen Sonderermittlers gegen organisierte Kriminalität, Jose Grinda Gonzales, ist die russische Machtvertikale heute mit der international organisierten Kriminalität mehr oder weniger organisch verlinkt. Ebenso ist sie eng verflochten mit den mafiös regierten Quasi-Staaten an der russischen Peripherie (wie Abchasien, Südossetien und Transnistrien aber auch das zu Russland gehörende, aber weitgehend von dem Clan der Kadyrows kontrollierte Tschetschenien). Die Partner aus dem kriminellen Milieu, so Grinda, waschen Geld, töten Kritiker und verschieben Waffen ins Ausland.[20]

Russland ist in dieser Hinsicht kein Einzelfall. Staaten, in denen bestimmte Clans, Gruppen, Oligarchen, Wirtschaftsunternehmen oder gar Kriminelle die Macht übernehmen gibt es viele, besonders unter Schwellenländern und Entwicklungsländern. Meistens beginnen sie als Garanten von Sicherheit und Ordnung, nach einigen Jahren tritt die Logik der Selbstbereicherung dieser Machtvertikalen immer deutlicher hervor. Ägypten unter Mubarak, Tunesien unter Ben Ali, Libyen unter Gaddafi, Zaire unter Mobuto, Indonesien unter Sukarno, Irak unter Saddam Hussein oder die Philippinen unter Marcos sind die bekannteren Beispiele dafür. Die Weltbank hatte im Jahre 2000 auf die Gefahren hingewiesen, die derartige Strukturen für die wirtschaftliche und politische Transformation in Schwellenländern und ehemaligen Ländern des Staatssozialismus darstellen.[21] In Russland liegt die Besonderheit darin, dass nach der Kaperung des Staates durch Oligarchen in den 90er Jahren, das System Putin (weitgehend bestehend aus Angehörigen von Sicherheitsdiensten und guten Freunden des Präsidenten) die Oligarchen entweder verdrängt oder vereinnahmt hat.

Die russische Machtvertikale führt nicht nur zu einer zunehmenden Kriminalisierung der Politik, siegefährdet auch die letzten Reste demokratischer und rechtsstaatlicher Institutionen.[22] Sie bleibt solange politisch gegenüber der Bevölkerung vertretbar, wie sie innere Stabilität garantieren kann und solange die wirtschaftliche Gesamtlage so ist, dass auch für andere etwas abfällt. Tatsächlich fand die Konsolidierung der Putinschen Machtvertikale in einer Zeit statt, in der die Wachstumsraten der russischen Wirtschaft hoch waren und sich zumindest in den Großstädten eine Mittelschicht herausbildete, die von dem System indirekt

---

20 https://wikileaks.org/plusd/cables/10MADRID154_a.html.

21 Joel S. Hellmann, Geraint Jones and Daniel Kaufmann: *„Seize the State, Seize the Day". State Capture, Corruption and Influence in Transition*. Washington, D.C. (The World Bank, Policy Research Working Paper 2444), September 2000.

22 Heinrich Vogel: Russland und der Putinismus, in: *Zeitschrift für Außen- und Sicherheitspolitik*, Vol. 8, No. 2 (2015), S. 177–183.

profitierte. Aber eine derartige Machtvertikale steht unter der Gefahr, dass sie durch eine Rebellion der Bevölkerung beseitigt wird, wie in der Ukraine Anfang 2014 geschehen. Im Dezember 2011 zeichnete sich auch in Russland eine Protestwelle gegen die Manipulationen aus Anlass der Duma-Wahlen und im März 2012 eine ähnliche Welle gegen die erneute Wahl Putins zum Präsidenten ab. Seither ist eine deutliche Verhärtung der Position der russischen Führung sowohl in der Innenpolitik wie in der Außenpolitik festzustellen. Die Furcht vor einer „bunten Revolution" in Russland oder bei russischen Verbündeten (die nur als Produkt subversiver Aktivitäten westlicher Geheimdienste vorstellbar ist) ist heute eine der Hauptantriebsfedern der russischen Politik.

Für viele Beobachter ist die Dynamik des Verfalls der Putinschen Machtvertikale die entscheidende Variable zur Erklärung der russischen Konfrontationspolitik gegenüber dem Westen. Aus dem System der autoritären Stabilisierung sei im Laufe der Jahre ein korruptes und kleptokratisches Regime erwachsen, welches seine schwächer werdende innere Legitimation durch eine Politik des kontrollierten Konfliktes mit dem Westen sowie der Instrumentalisierung von Nationalismus, Einkreisungsängsten und Fremdenhass zu lösen versucht. Die feindselige Politik Russlands gegenüber der Ukraine und gegenüber dem Westen sei verursacht durch die Absicht des Putinschen Herrschaftssystems, sich auf diese Weise innenpolitisch zu stabilisieren.[23] Da die Dynamik der Putinschen Machtvertikale sich nicht ändern werde, sei nicht absehbar, wie der Konflikt beigelegt werden könne. Es müsse vielmehr damit gerechnet werden, dass die Konfliktbereitschaft Russlands steigern werde.

Nimmt man Untersuchungen zum Meinungsbild in Russland heran, so bestätigt sich dieser Eindruck. Die Popularität des russischen Präsidenten ist nach der Krim-Annexion deutlich gestiegen. Diese Popularität wird auch dadurch nicht geschmälert, dass in Folge der Politik Putins die Versorgungslage der russischen Bevölkerung durch erhebliche Probleme gekennzeichnet ist. Das Erscheinungsbild der USA ist entsprechend negativ geworden, in der russischen Öffentlichkeit entsteht das Narrativ einer durch westliche Verschwörung gefährdeten Nation, die

---

23 Lew Gudkow: Rückfall in den Totalitarismus. das System Putin instrumentalisiert die Außenpolitik zum eigenen Erhalt, in: *Internationale Politik*, Vol. 70. No. 1 (2015), S. 22–29; ders. Antiamerikanismus in Putins Russland, in: *Osteuropa*, Vol. 64, No. 4 (2015) S. 73–97; s. a. Cameron Ross: Das Paradox: Putins populäre Autokratie Legitimitätsquellen in einem hybriden Regime, in: *Osteuropa*, Vol. 64, No. 8 (2014), S. 99–112; s.a. Kimberley Marten: Putin's Choices: Explaining Russian Foreign Policy and Intervention in Ukraine, in: *The Washington Quarterly*, Vol. 38, No. 2 (2015), S. 189–200, S. 194.

sich um ihren Führer scharen muss und die bereit ist auch Opfer aufzubringen.[24] Das ist ein gefährlicher Trend, der gewisse Ähnlichkeiten mit den politischen Mobilisierungswellen bei allen europäischen Mächten in der Vor- und Frühphase des Ersten Weltkrieges aufweist.

Diese These von der systembedingten Dynamik in Richtung Konfrontation wird unter den international anerkannten Russlandexperten aber sehr unterschiedlich gewichtet. Viele weisen darauf hin, dass die Dynamik der Putinschen Machtvertikale alleine nicht die Spezifika der russischen Konfrontationspolitik erklären kann, wie etwa die hybride Kriegführung, die offenbar gut durchdachten Bemühungen um die Beeinflussung der öffentlichen Meinungen in westlichen Staaten durch die Nutzung sozialer Medien, die Versuche eine anti-liberale Ideologie zu entwickeln, die offenbar in großen Teilen der osteuropäischen Gesellschaften sowie auch in Deutschland verfängt. Sie weisen darauf hin, dass hier ein spezifischer Putin-Effekt besteht, was bedeutet, dass bestimmte Persönlichkeitsmerkmale des russischen Präsidenten sowie dessen Verarbeitung des Endes der Sowjetunion und der Ära Jelzin zu einem Profil beigetragen haben, welches die von Putin weitgehend bestimmte russische Außen- und Sicherheitspolitik geradezu in eine Richtung treibt, die die Konfrontation mit dem Westen sucht.[25]

Gemäß dieser These kommen bei Putin zwei aus Erfahrungen gewonnene Narrative zusammen: zum einen ist das die Tendenz sich als Kämpfertyp und Unbesiegbaren darzustellen, dem es gelingt auch in aussichtslosen Situationen seine Gegner mit Witz, Energie und Entschlossenheit besiegen. Zum anderen ist es die Behauptung, dass die Jahre des Zerfalls der Sowjetunion und des wirtschaftlichen Zusammenbruchs Russlands in den 90er Jahre durch den Westen verursacht worden sei, der Russland schwächen wollte. Daher sei es geboten die alte imperiale Stärke Russlands wieder herzustellen, denn nur dann könne Russland auch wirtschaftlich stark werden. Das daraus resultierende außenpolitische Programm habe Putin bereits in der Frühphase seiner Präsidentschaft entwickelt und in pragmatischer Weise in dem Maße umgesetzt, wie die russische Wirtschaftskraft und die Fähigkeiten des Militärs dieses hergaben. Dazwischen

---

24 Vgl. Olga Oliker, Christopher S. Chivvis, Keith Crane, Olesya Tkacheva, and Scott Boston: *Russian Foreign Policy in Historical and Current Context. A Reassessment.* Santa Monica und Washington, D.C. (RAND Corporation PE 144) 2015, S. 14–21.

25 Diese Argumentation findet sich bei Fiona Hill und Clifford G. Gaddy: *Mr. Putin – Operative in the Kremlin.* Washington, DC.: Brookings Institution, expanded paperback edition 2015. Ein weiterer Versuch die russische Außenpolitik über die Persönlichkeit Putins zu bestimmen findet sich bei Stephen Lee Myers: *The new Tsar, the rise and reign of Vladimir Putin.* New York: Alfred A. Knopf 2015.

lagen Zeiten der begrenzten Kooperation mit dem Westen, die im Prinzip nur als Übergangsperiode angesehen werden müssen. Als Konsequenz dieser These wird die russische Außenpolitik für riskanter und gefährlicher eingeschätzt als es bei anderen Autoren der Fall ist, weil Putin ein Chicken-game mit dem Westen spiele und gnadenlos die Uneinigkeit und Gutgläubigkeit westlicher Politiker ausspiele.[26]

Die dritte Denkschule geht historisch-soziologisch und vor allem Policy-orientiert vor. Auch hier gibt es zwei Varianten: Die eine, die auf historische Kontinuität verweist, die andere, die vor allem auf die Dynamiken schauen, die entstehen, wenn politischen Richtungsentscheidungen inkompatibel werden.

Ausgangspunkt der ersten Variante ist die Annahme, dass die Putinsche Konfrontationspolitik ein weiteres Kapitel im jahrhundertelangen Ringen Russlands mit sich selbst und seinem Verhältnis zum Westen darstellt. Von Peter dem Großen bis Putin lasse sich das Ringen um die Rolle Russlands in Europa, in Asien und im Verhältnis zur westlichen Moderne in immer wieder neuen Zyklen beobachten. Diese bestünden aus Phasen der Annäherung und Modernisierung und aus solchen, in denen die imperiale Abgrenzung und autoritäre Herrschaftsstrukturen gesucht werden.[27] Die westliche Staatengemeinschaft müsse mit Engagement, Reziprozität sowie Geduld und Verständnis reagieren und einen langen Atem haben.[28] Sie sollte sich nicht zu voreiligen Schritten hinreißen lassen.

Die zweite Variante fragt stärker nach den leitenden politischen Richtungsentscheidungen Russlands sowie der westlichen Staaten. Die diesbezüglichen Autorenbefassen sich mit den Widersprüchen und Ambivalenzen der jeweiligen Richtungsentscheidungen sowie deren Interaktionen, insbesondere dann, wenn diese in Kollision miteinander geraten. Sie vertraten und vertreten für lange Zeit Positionen, die sich im Gegensatz zu der Einschätzung vieler Russland- und Strategieexperten befanden. Diese waren der Ansicht, dass die Widersprüche und

---

26 Hill und Gaddy, ebenda, S. 385–397.

27 Vgl. Robert Legvold, Introduction in: Robert Legvold (Hrsg.): *Russian Foreign Policy in the 21st Century and the Shadow of the Past*, New York: Columbia University Press, 2007, S. 3–34, sowie ders. Russian Foreign Policy during Periods of Great State Transformation, ibid, S. 77–144; vgl auch Alfred J. Rieber: How Persistent Are Persistent Factors?, ibid., S. 205–278. S.a "Robert Legvold on Russian Foreign Policy Decision-Making, Interview with Columbia University Professor and Leading Russia Expert Part II", Huffington Post, 11. November 2015, [http://www.huffingtonpost.com/samuel-ramani/robert-legvold-on-russian_b_8526902.html].

28 Andrei P. Tsygankov: *Russia's Foreign Policy: Change and Continuity in National Identity*. Lanham: Rowman & Littlefield 2016 (4. Auflage).

Ambivalenzen in Putins leitenden politischen Zielen keinen Anlass gäben um an der langfristig kooperativen Ausrichtung der russischen Politik gegenüber dem Westen zu zweifeln. Ihrer Einschätzung zufolge müsse man mit der Ambivalenz leben, im Großen und Ganzen werde Russland zu einer kooperativen Politik mit dem Westen tendieren, diese sei aber innenpolitisch oftmals nur zu vertreten, wenn man gleichzeitig die Wiederherstellung russischer Großmachtambitionen fordere.[29] Diese Einschätzungen – die von den meisten westlichen Regierungen geteilt wurde – hat sich im Nachhinein als fehlerhaft erwiesen.

Nur wenige Autoren hatten diese Ambivalenzen im Blick und verwiesen darauf, dass zentrale Elemente der russischen Politik unter Putin zur Kollision mit den europäischen bzw. westlichen Richtungsentscheidungen führen müssen. So argumentierte Jeffrey Mankoff bereits 2008, dass Russlands außenpolitische Leitgedanken in ihrer Konsequenz darauf abzielten, eine internationale Ordnung zu konstituieren, in der große Staaten wie Russland, China und die USA völlige Freiheit haben innerhalb ihrer regionalen Umgebung ihre Interessen wahrzunehmen, solange sie sich gegenseitig dabei nicht ins Gehege kommen.[30] Damit sei Russland ordnungspolitisch auf einem unvermeidlichen Kollisionskurs zum europäischen Verständnis internationaler Ordnung. Das russische Ordnungsverständnis, so ein anderer Autor, erinnere an Vorstellungen des deutschen Rechtswissenschaftler und Philosophen Carl Schmitt aus den 40er Jahren des 20. Jahrhunderts.[31] Die Ukraine-Krise von 2013/2014 war demnach der Katalysator, der die grundlegend

---

29 Vgl. Bobo Lo: *Vladimir Putin and the Evolution of Russian Foreign Policy*. A.a.O.; Andrei P. Tsygankov: Vladimir Putin's Vision of Russia as a Normal Great Power, in: *Post-Soviet Affairs*, Vol. 21, No. 2 (2005), S. 132–158; Angela Stent: Restoration and Revolution in Putin's Foreign Policy, in: *Europe-Asia Studies*, Vol. 66, no. 6 (2008), S. 1089–1106; Andrew Monaghan: 'An enemy at the gates' or 'from victory to victory'? Russian foreign policy, in: International Affairs, Vol. 84, No. 4 (2008), S. 717–737; Ingmar Oldberg, Foreign Policy Priorities under Putin. A tour d'horizon, a.a.O; Richard Sakwa: 'New Cold War' or twenty years' crisis? Russia and international politics, in: International Affairs, Vol. 84, No. 2 (2008), S. 241–267; Andrew Kuchins und Igor A. Zevelev: Russian Foreign Policy: Continuity in Change, in: *The Washington Quarterly*, Vol. 35, No.1 (2012), S. 147–161.

30 Jeffrey Mankoff: *Russian Foreign Policy: The Return of Great Power Politics*. Lanham: Rowman & Littlefield 2009, S. 12; ähnlich argumentierte auch Bertil Nygren: Putin's Foreign Policy towards the CIS Countries. Abingdon: Routledge 2008.

31 Stefan Auer: Carl Schmitt in the Kremlin: the Ukraine crisis and the return of geopolitics, in: *International Affairs*, Vol. 91, No. 5 (2015), S. 953–968.

unvereinbaren ordnungspolitischen Vorstellungen Russlands und der Europäer habe zu Tage treten lassen.[32]

Diese Einschätzung galt in den Jahren zwischen 2008 und 2013 im Kreis der Russlandexperten als Minderheitenmeinung, heute stellt sie den mainstream dar. Die Auffassung, wonach die Notwendigkeit der Lösung der russischen Wirtschaftsprobleme dazu führe, dass Putin letztlich doch die Kooperation mit dem Westen suche, wird nur noch von wenigen geteilt. Stattdessen setzt sich die Überzeugung durch, wonach Putins Politik die Überzeugung reflektiere, dass Russlands ökonomische Probleme nicht durch die Annäherung an den Westen und die Globalisierung gelöst werden können, sondern nur dadurch, dass die internationale Umgebung Russlands sich ändert, insbesondere die europäische Sicherheitsordnung, die auf offenen Grenzen, Gewaltverzicht und auf liberalen Gesetzen und freiem Handel basiert.[33] Damit bekommt der Konflikt zwischen Russland und dem Westen eine völlig andere Dimension – er wird zu einem ordnungspolitischen Konflikt grundsätzlicher Natur, bei dem es für die Völker Europas unter anderem auch darum geht, ob sie jene politische Ordnung verteidigen können, die ihnen mehr Wohlstand und Frieden beschert hat als es je in einer anderen Epoche der europäischen Geschichte der Fall war.

C. Politische Optionen

Stellt man die unterschiedlichen Denkschulen und ihre Varianten nebeneinander, so blickt man auf sehr unterschiedliche Empfehlungen. Zumindest einige dieser

32 Vgl. John Biersack and Shannon O'Lear: The geopolitics of Russia's annexation of Crimea: narratives, identity, silences, and energy, in: *Eurasian Geography and Economics*, Vol. 55, Nr. 3 (2014), S. 247–269; Kimberley Marten: Putin's Choices: Explaining Russian Foreign Policy and Intervention in Ukraine, a.a.O.; siehe auch Andrei P. Tsygankov: Vladimir Putin's last stand: the sources of Russia's Ukraine policy, in: *Post-Soviet Affairs*, Vol. 31, No. 4 (2015), S. 279–303; Elias Götz: It's geopolitics, stupid: explaining Russia's Ukraine policy, in: *Global Affairs*, Vol. 1, No.1, (2015), S. 3–10; Hiski Haukkala: From Cooperative to Contested Europe? The Conflict in Ukraine as a Culmination of a Long-Term Crisis in EU–Russia Relations, in: *Journal of Contemporary European Studies*, Vol. 23, No.1 (2015) S. 25–40. Siehe auch Marvin Kalb: *Imperial Gamble. Putin, Ukraine, and the New Cold War.* Washington, D.C.: Brookings, 2015.

33 Stephen R. Covington: *Putin's Choice for Russia.* Cambridge, Mass: Harvard University, Belfer Center August 2015; Vladislav L. Inozemtsev: *Russia of 1010. How to Live with It and How to Outlive It.* Berlin (DGAP, Kompakt Nr. 7) Juni 2015; Jonas Grätz: Putin's Russia: exploiting the weaknesses of liberal Europe, in: *Strategic Trends 2015*, hrsg. von Oliver Thränert und Martin Zapfe. Zürich: ETHZ 2015, S. 27–44.

Empfehlungen kann man heute entweder relativieren oder ganz verwerfen. Teilweise empfiehlt es sich aber auch, über die Denkschulen hinweg Gemeinsamkeiten in der Einschätzung und der Handlungsempfehlungen zu finden.

Die anfangs erwähnte Denkschule, wonach der Westen hauptsächlich durch eine naive und legalistische Politik die Krise in den Beziehungen mit Russland verursacht habe und es dementsprechend Sache des Westens sei auf Russland zuzugehen, kann als weitgehend widerlegt gelten. Die dahinter stehende Annahme, dass die führenden Politiker westlicher Staaten nicht genügend Rücksicht auf Empfindlichkeiten Russlands genommen haben, lässt sich relativ schnell empirisch widerlegen. Das Hauptproblem ist die Unvereinbarkeit der ordnungspolitischen Ziele des Putinschen Russlands mit denen des Westens. Hier nachzugeben würde bedeuten, die Grundprinzipien einer friedlichen und freiheitlichen politischen Ordnung aufzugeben.

Die realistische Denkschule hat allerdings durchaus mit ihrer Kritik Recht, wonach die westlichen Staaten – insbesondere die Regierungen Europas – nicht mehr in der Lage sind auf geopolitische Herausforderungen angemessen zu reagieren. Zu diesem Mangel haben auch jene Russlandexperten beigetragen, die in den vergangenen 15 Jahren die mittlerweile als falsch erwiesene Analyse vertreten haben, wonach Russlands geopolitische Rhetorik letztendlich nicht zähle, sondern dass das übergeordnete Interesse Russlands an wirtschaftlicher Reform alles wieder gut machen werde. Von daher ist es gerade für die europäischen Staatennotwendig, die strategische Gegnerschaft Russlands als geostrategische Herausforderung zu verstehen, die auf einer Reihe von militärischen und nicht-militärischen Feldern ausgetragen wird und wo es gilt ein entsprechend ausdifferenziertes Gegenkonzept zu entwickeln.

Alle Überlegungen zu einer westlichen Strategie zum Umgang mit der russischen Herausforderung müssen davon ausgehen, dass die Konfliktbereitschaft der russischen Führung eine innenpolitische Dynamik reflektiert, auf die von außen wenig Einfluss genommen werden kann. Das System Putin ist zu einer Machtvertikale verkommen, die nicht länger eine Form der autoritären Stabilisierung bewirkt, sondern in der Geldgier und Machtkonsolidierung zu entscheidenden Parametern des Verhaltens der politischen Klasse geworden sind und die eine zunehmend kriminelle Dimension besitzt. Damit steigt das Risiko, dass die Furcht vor innenpolitischer Kritik und bunten Revolutionen zu einer weiteren Verschärfung der innenpolitischen Lage ebenso beitragen wird wie zu einer verstärkten militärischen Risikobereitschaft im Ausland oder an der russischen Peripherie.

Das langfristig größte Problem wird dabei sein, wie mit einem Russland umzugehen ist, dessen ökonomische Lage sich wegen seiner Konfrontationspolitik absehbar verschlechtern wird, dessen Führung aber nicht bereit ist, diese von ihr selber zu verantwortende Konfrontation einzustellen. Eines der herausragenden Merkmale der Putinschen Politik ist, dass dieser die Politik Michail Gorbatschows ablehnt, der zu einem Zeitpunkt den Ost-West-Konflikt beendete, wo absehbar war, dass die Sowjetunion seine wirtschaftlichen Probleme bei Beibehaltung des Konfliktes nicht wird lösen können. Für Putin ist der von Gorbatschow gewählte Weg falsch gewesen, da er Russland ins Chaos gestürzt habe. In dem Maße, wo sich die wirtschaftliche Lage Russlands drastisch verschlechtern wird und Putin keine Einsicht zeigt, werden dann drei Optionen denkbar, auf die sich westliche Politik jeweils vorbereitet sein muss:

1. Die Option eines internen Putsches gegen Putin (oder dessen Tod) innerhalb der Machtvertikale mit dem Ziel Reformer an die Macht zu bringen, die dann doch eine Normalisierung der Beziehungen zum Westen in Gang bringen könnten. Dies wäre für Russland und den Westen die beste Lösung.
2. Die Option des gesteigerten militärischen Drucks, die entweder in der Ukraine oder im Baltikum passieren könnte. In der Geschichte gab es immer wieder Beispiele, wo ein Land, welches sich strategisch auf der Verliererseite sah, glaubte in einem entscheidenden Augenblick durch ein kühnes militärisches Vorgehen den Lauf der Dinge doch noch zu wenden.[34] Im Baltikum könnte Russland versuchen, NATO und EU einer existenziellen Herausforderung auszusetzen, indem es die baltischen Staaten militärisch besetzt und die westlichen Institutionen vor die Wahl stellt, entweder den Status quo zu akzeptieren oder beim Versuch der militärischen Rückeroberung russische Kernwaffeneinsätze zu riskieren. In einem solchen Fall würde nicht nur die NATO, sondern auch das gesamte westliche Bündnissystem vermutlich über der Frage auseinanderfallen, ob man einen Weltkrieg wegen der drei baltischen Staaten riskieren soll.[35]

---

34 Ein Beispiel ist die Militäroffensive Deutschlands zu Beginn des Ersten Weltkriegs. Der durch Moltke modifizierte Schlieffenplan sollte der anstehenden strategischen Einkreisung Deutschlands präventiv entgegenwirken. Vgl. Helmuth von Moltke: *1848–1916. Dokumente zu seinem Leben und Wirken. Band 1*, hrsg. von Thomas Meyer. Basel: Perseus Verlag, 1993, S. 303–308, 391–403, 462–466; zur Rolle von Moltkes beim Ausbruch des Ersten Weltkrieges vgl. Annika Mombauer, *Helmuth von Moltke and the Origins of the First World War*. Cambridge: Cambridge University Press, 2005.

35 Ausführlicher Joachim Krause: Threat Scenarios, Risk Assessments, and the Future of Nuclear Deterrence, in: Stéfanie von Hlatky und Andreas Wenger (Hrsg.): *The Future of Extended Deterrence*. Washington, D.C.: Georgetown University Press, 2105, S. 19–39.

3. Die Option des Zerfalls Russlands als Folge eines Massenaufstandes, der anfangs zwar unterdrückt wird, dann aber doch an Dynamik gewinnt und dessen Konsequenzen kaum vorhersehbar sind. Diese Option enthält so viele Unwägbarkeiten, dass keiner sie ernsthaft wird wünschen können. Aber sie ist real und könnte passieren

Alle diese Optionen sind realistisch und erfordern, dass sich westliche Politik rechtzeitig auf sie einstellt und auf alle Möglichkeiten vorbereitet ist. Das stellt insbesondere für die deutsche Politik eine Herausforderung dar, auf die diese kaum vorbereitet ist.

D. Schlussbemerkungen

Zusammenfassend lässt sich festhalten, dass sich der Westen in einer Situation der strategischen Gegnerschaft mit Russland befindet, die sich nur schwerlich mit dem Kalten Krieg oder dem Ost-West-Konflikt vergleichen lässt. Tatsächlich ist dieser strategische Konflikt ziemlich einseitig von Russland vom Zaun gebrochen worden und wird im Wesentlichen durch die innenpolitische Dynamik des von Präsident Putin geschaffenen Herrschaftssystems sowie dessen Persönlichkeit geprägt. Russland befindet sich derzeit auf einem Kurs, wo es versucht seine internen Probleme durch die Manipulation seines externen Umfelds zu lösen, in der Hauptsache durch die Schwächung der liberalen westlichen politischen Ordnung und durch eine betont militarisierte Außenpolitik, die traditionelle geostrategische Konzepte verfolgt. Die daraus folgenden Herausforderungen für die westliche Politik werden hierzulande nur unzureichend in ihren mittel- und langfristigen Folgewirkungen reflektiert.

August Pradetto

Russland und Europa vor dem Hintergrund der Ukraine-Krise

In dieser Ringvorlesung sind die Beziehungen zwischen dem politischen Europa und Russland schon von so vielen Seiten beleuchtet worden, dass ich mich in meinem Vortrag im Wesentlichen auf zwei Thesen beschränken will und mich darauf freue, Sie mit Ihnen zu diskutieren.

A. Erste These: Die Verschlechterung des Verhältnisses zwischen Russland und Europa ist im Wesentlichen die Inszenierung eines geopolitischen Konflikts um die Ukraine

Eingangs möchte ich Ihnen zunächst darin zustimmen, dass eine solide Analyse von Fragestellungen aus Bereichen der Sicherheitspolitik mit regionalen oder länderspezifischen Gegebenheiten voraussetzt, dass man als Untersuchender selbst diese Länder bereist und versucht, sich einen eigenen Eindruck über die Entwicklungen in den betreffenden Ländern oder Regionen zu verschaffen, insbesondere auch darüber, wie die einschlägigen Diskurse in diesen Ländern verlaufen. Denn vielfach ist die Berichterstattung in unseren Medien über andere Länder oder auch über Sicherheitspolitik oder Fragen regionaler Entwicklungen recht weit von den Erfahrungen entfernt, die man bei eigener Anschauung gewinnt. Nicht zuletzt aus diesem Grund bin auch ich selbst seit längerer Zeit für das Auswärtige Amt im Rahmen eines Krisenpräventions-Maßnahmepakets tätig, das unter anderem eben auch für die Ukraine, für Moldawien, für Zentralasien und den Südkaukasus geschaffen wurde. In diesem Rahmen hatte ich z.B. im September und Oktober 2015 die Möglichkeit, die Ukraine und Moldawien zu besuchen. Mein Vortrag heute stützt sich auch auf die Erfahrungen aus diesen unmittelbaren Kontakten in die betreffenden Länder.

Um meine These zu erläutern, muss ich zuerst den Entstehungshintergrund etwas beleuchten. Die Zuspitzung des Verhältnisses zwischen Russland und Europa (genauer: der Europäischen Union) lässt sich auf ein konkretes Ereignis zurückführen – die Weigerung des damaligen ukrainischen Präsidenten Janukowytsch im November 2013, das geplante Assoziierungsabkommen zwischen der Europäischen Union und der Ukraine zu unterzeichnen. Seit diesem Ereignis und mit den nachfolgenden Entwicklungen in der Ukraine haben sich die

Beziehungen zwischen der EU und Russland dramatisch verschlechtert. Diese Verschlechterung der Beziehungen ist an sich verwunderlich, denn zuvor war das Verhältnis zwischen Europa und Russland über die letzten 25 Jahre hinweg von einer im Wesentlichen positiven Natur geprägt. Es gab natürlich einige Auf und Abs, aber im Wesentlichen wurde Russland – das drückt sich auch in allen damaligen Bekundungen der deutschen Außenpolitik zu Russland aus – als strategischer Partner definiert. Das Verhältnis zu Russland wurde als einer der positiven Faktoren betrachtet, die aus dem Ende des Kalten Kriegs ergeben haben. Und nun plötzlich diese dramatische Verschlechterung, die sicher für beide Seiten überraschend war. Auch Russland hatte ja in den letzten 25 Jahren eigentlich versucht, eine Entwicklung zu nehmen, die das Land von sowjet-kommunistischen Strukturen und Entwicklungen wegführte, und dies schloss auch eine sehr prononcierte Zurücknahme internationaler Ambitionen ein. Das drückte sich in verschiedenen Kontexten aus, die ich an dieser Stelle nicht darlegen muss. Umso überraschender waren der im Zusammenhang mit der Ukraine-Krise aufgenommene Diskurs und die rapide Verschlechterung des gegenseitigen Verhältnisses. Von der westeuropäischen und der amerikanischen Seite wird geäußert, Putin versuche, durch verschiedene Aktionen eine Quasi-Sowjetunion zu restaurieren. Dies könne man eigentlich schon seit einigen Jahren beobachten – etwa am Konflikt und Krieg um Georgien, in dessen Rahmen Abchasien und Südossetien, abtrünnige Provinzen Georgiens, von Russland im August 2008 als eigene Staatsgebilde anerkannt wurden. Und nun, im Ukraine-Konflikt, seien die völkerrechtswidrige Annexion der Krim und die Unterstützung der Separatisten im Südosten der Ukraine ein deutliches Anzeichen dafür, dass sich Russland geopolitisch auf einem ganz anderen Weg befände als in den Jahren zuvor. Von der anderen Seite – Russland – werden ganz ähnliche, freilich umgekehrte Anschuldigungen erhoben, nämlich dass die NATO seit 15 Jahren versuche, sich bis an die russischen Grenzen auszudehnen, das Militärbündnis expandiere ohne Rücksicht auf Sicherheitsinteressen Russlands. Die NATO oder auch die NATO-Länder, auch in Westeuropa, bemühten sich – so die russische Wahrnehmung – intensiv-farbige Revolutionen wie die orangene Revolution in der Ukraine oder auch in südkaukasischen Ländern, zu unterstützen, und versuchten letztendlich auch, einen Regimewechsel in Moskau herbeizuführen. Das war gewissermaßen die russische Antwort auf die von westlicher Seite vorgetragene geopolitische Argumentation. Das bedeutete eine wechselseitige Neubestimmung des beiderseitigen Verhältnisses, die wesentlich von geopolitischen Kategorien determiniert war. Geopolitik in dem Sinne, dass aus russischer Perspektive der Westen versuche, seine Organisationen, insbesondere seine militärischen Organisationen, auszubauen und damit Russland noch stärker, als dies ohnehin schon ist seit der Auflösung der Sowjetunion im Jahr 1991 der Fall war, gewissermaßen in eine globale Marginalisierung zu drängen. Vor der westlichen Seite wird demgegenüber der Vorwurf erhoben, Moskau versuche, im Rahmen der Konflikte mit Georgien, der Ukraine, mittels Unterstützung der transnistrischen Separatisten in Moldawien und so weiter, seine „alte Größe“ wiederherzustellen und seine Weltmachtambitionen wieder zu restaurieren. Diese geopolitischen Kategorien kamen plötzlich mit Heftigkeit zum Tragen prägten wechselseitige Vorwürfe und dienten natürlich zugleich auch dazu, die eigene Politik zu rechtfertigen. Das aggressive und expansive Vorgehen des jeweils anderen diente der Legitimation eigener Ambitionen, gleichsam zu sagen: „Wir tun doch nichts anderes als auf die negative Politik des anderen zu reagieren“.

Aus dieser Beobachtung des Diskurses und der tatsächlichen Entwicklungen leite ich meine erste These ab: dass das Verhältnis und die Verschlechterung des Verhältnisses zwischen Russland und Europa im Wesentlichen die Inszenierung eines machtpolitischen Konflikts um die Ukraine ist, eine geopolitische Inszenierung. Ich nenne dies deswegen „Inszenierung“, weil der Kern des Problems, nämlich die katastrophale Entwicklung in der Ukraine selbst, dadurch in keiner Weise adressiert wird und auch keine Lösungsmöglichkeiten für die Krise in der Ukraine entwickelt werden. Die geopolitische Inszenierung dieses Konflikts dient im Wesentlichen – auf beiden Seiten – einer Vergewisserung der eigenen Identität als Großmacht, d.h. als jemand, der international die Regeln zu setzen hat und sich gegenüber den entsprechenden Ambitionen der anderen Seite durchsetzt.

Als geopolitische Inszenierung ist im übrigen meines Erachtens auch der begleitende Diskurs über einen „Neuen Kalten Krieg“ anzusehen, mit dem die gegenwärtigen Spannungen im Verhältnis zwischen dem Westen und Russland in die Nachfolge des Kalten Krieges nach dem 2. Weltkrieg gestellt werden. Tatsächlich fühlt man sich auf den ersten Blick, wenn man die Argumentationsmuster und die gegenseitigen Beschuldigungen betrachtet, in die Zeit des Kalten Krieges zurückversetzt. Der unmittelbar nach dem Zweiten Weltkrieg einsetzende Kalte Krieg, der seinen Höhepunkt zwischen 1948 und 1950 erreichte (danach war die Demarkation zwischen den beiden Mächten vollzogen, mit der Teilung Deutschlands als in Europa sichtbarstem Beispiel dieser Entwicklung), zielte wesentlich auf die Bildung von Blöcken ab. Mit der Gründung der NATO und des Rates für gegenseitige Wirtschaftshilfe im Jahre 1949 sowie der Militärabkommen zwischen der Sowjetunion und ihren fünf Partnerstaaten innerhalb des RGW, die im Jahr 1955 zum Warschauer Pakt führten 1955 waren die beiden Blöcke gebildet. Man konnte sagen: Von Alaska bis Westberlin bestand eine westliche Allianz mit eindeutiger Dominanz der Vereinigten Staaten. Im Osten kam es zu einer klar definierten Blockbildung von Ostberlin bis Wladiwostok und China unter der Führung Moskaus, d.h. der Sowjetunion. Diese Reminiszenz macht aber auch schon deutlich wie begrenzt der Vergleich mit der heutigen Lage ist. Heute besteht eine vollständig andere Situation. Nicht nur besteht die Sowjetunion nicht mehr und Russland musste sich auf ein erheblich kleineres Gebiet zurückziehen, Russland hat auch seinen Weltmachtstatus im Wesentlichen verloren, sein ganzes strategisches Umfeld, das auf den Warschauer Pakt gegründet war. Die Beziehungen Russlands zu den unabhängigen Nachfolgestaaten der ehemaligen Republiken der Sowjetunion unterscheiden sich grundlegend von den Beziehungen innerhalb der Sowjetunion. Auf der anderen Seite hat sich „der Westen", d.h. im Wesentlichen die Europäische Union und der europäische Teil der NATO, nach Osten ausgedehnt, und beide Organisationen, sowohl die NATO als auch die EU, umfassen heute mehr als doppelt so viele Staaten umfassen wie vor dem Umbruch von 1991. Angesichts dieser wesentlichen Kräfteverschiebungen kann man von einer Neuauflage des Kalten Krieges nicht sprechen. Die Bedingungen für die heutige Auseinandersetzung sind ganz andere als zu Zeiten des Kalten Kriegs nach dem 2. Weltkrieg. Aus diesem Grund gehört meines Erachten das Sprechen über einen neuen Kalten Krieg selbst zu den Inszenierungen, die vorgenommen werden, um ein bestimmtes Bild einer bestimmten Situation zu kreieren, die sich aber real so nicht darstellt. Aber auch dies ist sicher eine Teil meiner These, über die sich diskutieren lässt.

B. Zweite These: Die Verschlechterung des Verhältnisses zwischen Russland und Europa ist Ausdruck eines tief verwurzelten Konflikts unterschiedlicher Identitätsmuster

Um eine Antwort auf die Frage zu entwickeln, warum die oben beschriebene Inszenierung vorgenommen wird, möchte ich eine zweite These aufstellen: dass die Verschlechterung des Verhältnisses zwischen Russland und Europa Ausdruck eines tief verwurzelten Konflikts unterschiedlicher Identitätsmuster ist.

Auch hier zunächst einige Bemerkungen zur Entstehung der derzeitigen Spannungslage. Dass die (anfängliche) Nichtunterzeichnung eines Assoziierungsabkommens der EU mit der Ukraine im Jahr 2013, eines im Wesentlichen auf den Abbau von Zollschranken gerichteten, eher technischen Abkommens, einen solch fundamentalen Konflikt mit Russland auslösen konnte, ist ja eigentlich verwunderlich. Im Vergleich damit hatte die Konfrontation zwischen der Sowjetunion und dem Warschauer Pakt und der NATO, in ihrer realen Gefährlichkeit eine ganz andere Dimension sowohl für Europa als auch für andere Teile der Welt, in der an verschiedenen Orten Stellvertreterkriege mit dramatischen Dimensionen und hohem Leidenspotenzial geführt wurden, z.B. der Koreakrieg, der Vietnamkrieg und der Afghanistankrieg und andere Entwicklungen.

Meine These ist, dass zwischen Russland und Europa eine lang sozialisierte Einübung in wechselseitiger Abgrenzung existiert, sozusagen ein internalisiertes Muster von Verhalten, die viel tiefliegender ist das, was sich in den letzten 25 Jahren an positiven Entwicklungen aufbauen konnte. Vor 1917, also vor der russischen Oktoberrevolution, war Russland zwar auch schon immer ein Konkurrenzfaktor im Mächtespiel der Kräfte, allerdings nur einer von mehreren Akteuren auf der europäischen Bühne. Russland wurde damals im Rahmen normaler Großmachtwahrnehmung perzipiert. Seit 1917 änderte sich diese Wahrnehmung dramatisch. Ab diesem Zeitpunkt wurde eine ideologische, politische, wirtschaftliche, kulturelle Fundamentalabgrenzung vorgenommen, die das neue kommunistische System in Russland als diametralen Gegensatz zu dem demokratischen, marktwirtschaftlichen System im Westen wahrnahm. Diese Auseinandersetzung wurde bereits in der Zwischenkriegszeit mit Heftigkeit ausgetragen, sie verschärfte sich noch erheblich in den 1930er Jahren, Es gab zwar eine ganz kurze Phase einer partiellen Zusammenarbeit im Zweiten Weltkrieg zwischen westlichen Mächten und der Sowjetunion, um die Achsenmächte zu besiegen, und es gab ein Aufflackern von Kooperationsbereitschaft im Jahr 1945 bei der Gründung der Vereinten Nationen, als man sich darauf einigte, im Sicherheitsrat der Vereinten Nationen die Konflikte der Welt kooperativ regeln zu wollen. Aber bereits ein Jahr später, in der berühmten Rede Churchills 1946 über den Eisernen Vorhang, war diese Phase der Kooperation schon wieder mehr oder weniger beendet, und die Entwicklung ging über in eine Phase der fundamentalen Abgrenzung zwischen einer expansiven Sowjetunion (so wurde es auf der einen Seite dargestellt) und einem expansiven amerikanischen und westeuropäischen Imperialismus (so die Sicht der anderen Seite). Man kann insoweit von einer besonderen Beziehungskultur zwischen westeuropäischen Ländern und Russland sprechen, die sich von eine „normalen" oder üblichen Großmachtabgrenzungsverhalten unterscheidet, denn es handelt sich hier um eine systemische und kulturell definierte, „existenzielle Identität" unterschiedlicher Art. So sprach der amerikanische Präsident Reagan in den 80er Jahren in Bezug auf die Sowjetunion noch von einem „Reich des Bösen", d.h. er verwandte eine Metapher, die in aller Deutlichkeit zum Ausdruck brachte, wie stark die Abgrenzung ausfiel: „Wir sind die positive Zivilisation, dort ist das Reich des Bösen". Ähnlich wurde auch in Russland gegenüber dem Westen argumentiert: „Wir sind das Reich und die Zukunft des Guten, das Reich des Guten und die Zukunft der Menschheit und dort befindet sich der imperiale, kolonialistische Westen, der zum Untergang verurteilt ist." Dieses seit 1917 auftretende

Muster hat sich über fast 100 Jahre in der politischen Kultur Europas auf beiden Seiten tief eingeprägt. Meines Erachtens ist in der Ukraine-Krise der Rückgriff auf diese Muster, die nach der über Jahrzehnte geübten Praxis weiter leicht abrufbar waren, wieder „ausgegraben" worden. Freilich wird die Inszenierung auch selbst zur Politik. Eine Inszenierung wird nicht nur medial vorgetragen, sondern führt zur Verschiebung realer Kräfte – sowohl auf russischer und ukrainischer Seite als auch auf der Seite der NATO. Damit hat die Inszenierung – es handelt sich deshalb um eine Inszenierung, weil auf Muster zurückgegriffen wird, die auf die Situation nicht passen – reale und dramatische politische Auswirkungen. Russland kann diese Inszenierung heute nur beschränkt vollziehen, und auch dies wieder einen Unterschied zum realen Kalten Krieg nach 1945 deutlich. Russland kann diese beschriebene Inszenierung nur beschränkt in Politik umsetzen. Warum? Die Population Russlands beträgt (mit 140 Mio. Menschen im Vergleich zu 280 Mio. Einwohnern der UdSSR) die Hälfte der Bevölkerung der Sowjetunion. Die Wirtschaftskraft Russlands ist dramatisch gesunken, Russland verfügt gerade einmal über die Hälfte des Bruttoinlandsprodukts von Deutschland. Das beschränkt natürlich nicht nur innere Entwicklungen, sondern auch den außenpolitischen Radius eines solchen Akteurs. Vor allem hatte die Sowjetunion über Jahrzehnte hinweg einen Vorbildcharakter für eine lange Reihe von Regimen, politischen Eliten, Befreiungseliten, antiwestlichen Strömungen in der Welt. Davon hat Russland heute im Grunde genommen überhaupt nichts mehr erhalten, das gewissermaßen positive Image, auf das man international zählen konnte, ist heute weitgehend verloren. Geblieben ist das Atomwaffenarsenal, aber es hat eine mehr symbolische Bedeutung als dass man es zu einer realen Umsetzung von strategischer Politik einsetzen könnte. Russland verfügt zwar auch heute über erheblich konventionelle Streitkräfte. Diese sind aber in weiten Teilen veraltet ausgerüstet und wurden erst in den letzten Jahren in einigen Teilen modernisiert. Eine Machtprojektion auf globaler Ebene kann Russland daher bei Weitem nicht so leisten, wie das im Westen, in Westeuropa oder für die Vereinigten Staaten, der Fall ist. Die Staaten des Westen sind in der Selbstperzeption gewissermaßen als Sieger aus dem Kalten Krieg hervorgegangen und fühlen sich so stark, dass sie auch wars of choice, also gewählte Kriege führen können. Als Beispiele kann man die militärischen Engagements im on Kosovo, in Afghanistan, im Irak oder in Libyen nennen. Russland sprach sich zwar gegen alle diese Interventionen aus, hatte ihnen aber nichts entgegenzusetzen. An diesem Befund ändert auch der Sachverhalt wenig, dass russische Kampfjets jetzt das syrische Assad-Regime unterstützen. Ich würde diese russischen Bombardements so interpretieren, dass die russischen Entscheidungsträger nach dem Erfolg der Reintegration der Krim (so wird es in Russland bekanntlich gesehen) und der relativen Konsolidierung der Lage in den Separatistengebieten im Osten der Ukraine zu einem frozen conflict sich offenbar dazu verleitet fühlen, neues Selbstbewusstsein zu demonstrieren: Man ist auch militärische Macht, die die Fähigkeit hat, nicht nur in Russland und nicht nur im engsten Umkreis, sondern auch darüber hinaus tätig zu werden, und die Entsendung von Flugzeugen nach Syrien zur Unterstützung des Assad-Regimes beweist, dass man auch Weltmacht ist. Ich glaube nicht, dass diese Aktion wesentlich etwas an meinem vorherigen Befund ändert, dass Russland heute keine Kraft mehr ist, die – wie die Vereinigten Staaten – zu einer Machtprojektion im globalen Sinne über einen längeren Zeitraum, in den unterschiedlichsten Ecken der Welt in der Lage wäre.

Geht man – wie der herrschende Diskurs im Westen – von der rechtswidrigen Annexion der Krim aus und von der gleichfalls rechtswidrigen Unterstützung der Separatisten im Südosten der Ukraine, dann ist eigentlich, wenn man nur diese Gesichtspunkte betrachtet, die Schuldfrage schnell geklärt: es handelt sich um eine russische Aggression. Und daraus lässt sich auch zwanglos ableiten, dass man auf eine solche Aggression entsprechend reagieren muss, nämlich mit Sanktionen, wenn man nicht militärisch eingreifen will. Dies alles liegt in einer gewissen Eskalationslogik. Aber eine solche Argumentation ist eben auch zu kurz gegriffen, denn der Ukraine-Konflikt hat sich aus einer länger angelegten Dynamik heraus entwickelt, die das Ganze in der geopolitisch aufgeladenen Konfliktsituation des Jahres 2013/2014 hat explodieren lassen. Im Grund setzte diese Geopolitisierung hat bereits mit dem Ende des Kalten Krieges sein, sie war nur lange Zeit nicht sehr sichtbar – jedenfalls nicht im Verhältnis zwischen Europa und Russland, wohl aber schon im Verhältnis zwischen den Vereinigten Staaten und Russland. Die Geopolitisierung der beiderseitigen Beziehungen begann schon im Jahr 1992, als Polen in der Person des damaligen Staatspräsidenten Lech Walesa den Antrag auf Aufnahme in die NATO stellte. Zum damaligen Zeitpunkt reagierten die Vereinigten Staaten auf diesen Wunsch strikt ablehnend. Der erste Politiker, der nach Polen fuhr und den Wunsch Polens unterstützte – übrigens gegen den Willen seines eigenen Regierungschefs – war der deutsche Verteidigungsminister Volker Rühe. Kohl hat sich damals heftig gegen dieses Vorgehen gewehrt, aber innerhalb von zwei oder drei Jahren änderte sich die Meinung innerhalb der NATO, sichtbar im Jahr 1995 mit einer Entscheidung der amerikanischen Regierung, dieses Projekt voranzutreiben. Anders als nach der Sicht der deutschen Regierung, die den NATO-Beitritt Polens befürwortete, um eine Renationalisierung von Sicherheitspolitik und von Militärpolitik in Europa durch eine Erweiterung der NATO einzufangen, d.h. um eine Renationalisierung auf dem Kontinent zu verhindern, wurde die NATO-Erweiterung in den Vereinigten Staaten viel stärker bereits als geopolitisches Projekt gesehen, das einer Erweiterung der Machtbasis amerikanischer Weltmacht, amerikanischer Weltordnungspolitik dienen sollte. Seit diesem Zeitpunkt entwickelte sich dann so etwas wie eine geopolitische, immer stärker werdende Aufladung und Auseinandersetzung in Europa und vor allem zwischen Washington und Moskau. 1997 wurden die ersten NATO-Mitglieder aufgenommen, Polen, die Tschechische Republik und Ungarn. Als dann der amerikanische Präsident George W. Bush im Jahre 2002 verkündete, dass er in den nächsten Jahren im Grunde genommen alle außerhalb Russlands liegenden Staaten Osteuropas in die NATO integrieren möchte, war dies das letzte Zeichen für Moskau, dass es hier um eine grundsätzliche Auseinandersetzung gehe, die man nicht verhindern könne. Als dann auch die baltischen Länder in die NATO integriert wurden, konnte Moskau trotz heftiger Proteste nichts dagegen unternehmen. Zum ersten Mal bot sich Moskau eine Gelegenheit, eine weitere NATO-Erweiterung zu verhindern, im Jahre 2008 im Falle Georgiens, nachdem der georgische Präsident versucht hatte, Abchasien und Südossetien mit militärischen Mitteln wieder in georgisches Staatsgebiet zu integrieren. Damit begann er einen Krieg, der von russischer Seite zur Unterstützung Abchasiens und Südossetiens geführt wurde und zu Gunsten dieser abtrünnigen Provinzen und auch Russlands entschieden wurde. Und auch im Jahre 2014 konnte Russland einer befürchteten NATO-Erweiterung auf die Ukraine etwas entgegensetzen, als sich die Möglichkeit bot, im politischen Chaos in der Ukraine nach dem Maidan-Aufstand die Krim nach Russland „zurückzuholen". Ab diesem Punkt haben sich dann die geopolitischen Muster auf beiden Seiten in der Vorstellung der beiderseitigen Aggression verfestigt, die bis heute im Wesentlichen die Ukraine-Diskussion bestimmt.

C. Ergänzende Bemerkungen zum Ukraine-Konflikt

Die Ukraine wurde im vorausgehenden Teil des Vortrags zwar mehrfach angesprochen, aber im Wesentlichen nur als Funktion der Beziehungen zwischen dem Westen und Russland. Es wäre aber nach meiner Einschätzung nicht richtig, die Ukraine ledig als Objekt außenstehender Interessen zu betrachten. Im Gegenteil würde ich eigentlich die Entwicklung innerhalb der Ukraine selbst als das wesentliche Moment betrachten, das die oben genannte Inszenierung mit ausgelöst hat. Die Ukraine war selbst an dieser Revitalisierung von geopolitischen Mustern im Denken sowohl in Moskau als auch auf westeuropäischer und amerikanischer Seite in wesentlichem Maße beteiligt.

In aller Kürze: Sie alle wissen, wo die Ukraine liegt und welche historischen Verbindungen sie einerseits zu Russland, andererseits aber auch zu Polen und anderen westlich der Ukraine gelegenen Staaten hat. Davon abgesehen, lässt sich die Ukraine in ihrer Größe und zentralen Lage auch als so etwas wie ein strategisches Gebiet betrachten. Nach meinem Eindruck wird eine solche Betrachtung sowohl auf amerikanischer Seite als auch von russischer Seite angestellt. Unter den heutigen Gegebenheiten und bei der heutigen militär-technologischen Entwicklung hat die Ukraine wohl bei Weitem nicht mehr die gleiche Bedeutung wie noch zur Zeit des Zweiten Weltkriegs. Aber das Muster der Betrachtung dieses zentralen europäischen Gebiets, das fast doppelt so groß ist wie die Bundesrepublik Deutschland und das größte Land außerhalb Russlands in Europa darstellt, hat für beide Seiten eine gewisse Logik. Die Ukraine ist ein großes, vielfältiges Land. Wer sich mit dem Ukraine-Konflikt beschäftigt, muss sich mit den Strukturen dieses Landes genauer beschäftigt. Hierzu einige Stichpunkte. Die im Ukraine-Konflikt besonders häufig genannten selbsternannten und ausgerufenen Volksrepubliken von Donezk und Luhansk umfassen nur etwa drei Prozent des ukrainischen Territoriums, allerdings handelt es sich um relativ bevölkerungsreiche und auch relativ industriestarke Gebiete, obwohl ihre wirtschaftliche Bedeutung heute bei weitem nicht so groß ist wie noch zu Zeiten der Sowjetunion. Hier zeigt sich auch, dass das reale Faktum dieser kleinen, abtrünnigen Provinzen in einem gewissen Gegensatz zu der medialen Darstellung steht. Ein anderes besonders interessantes Gebiet ist der Oblast Odessa im äußersten Südwesten der Ukraine. Odessa ist einer der wichtigsten Bezirke der Ukraine – neben Kiew auf der einen Seite und dem Donezbecken auf der anderen Seite – und hat heute die Besonderheit, dass es von einem Gouverneur regiert wird, der der frühere Präsident von Georgien ist, nämlich Micheil Saakaschwili, einem Politiker, der zugleich eine dezidiert andere Position auch in Bezug auf Russland und den Krieg (oder frozen conflict) im Osten der Ukraine und die Krim einnimmt als die meisten Entscheidungsträger in der Hauptstadt. Wichtig ist, dass der Konflikt in der Ukraine auch sozialökonomisch und gleichzeitig innenpolitisch geprägt ist. Sprachenpolitisch ist die Ukraine im Grunde genommen zweisprachig, weil 80 Prozent der Bevölkerung oder mehr zweisprachig (Ukrainisch und Russisch) sind; man sollte daher die Bedeutung des Sprachenstreits vielleicht nicht überschätzen. Von Bedeutung ist die Unterschiedlichkeit der sozial-ökonomischen Bedingungen innerhalb der Ukraine. In vielen Ländern besteht wirtschaftliche West-Ost- oder Nord-Süd-Gefälle: der Westen stark, der Osten schwach, oder entsprechend für die Nord-Süd-Richtung. In der Ukraine steht es genau umgekehrt. Der reichste Teil der Ukraine sind nicht die landwirtschaftlich geprägten Gebiete des Westens, sondern die relativ stark industrialisierten Gebiete des Ostens um Kiew und sowie im Süden. Dies widerspiegelt sich auch in den unterschiedlichen Wahlergebnissen, die

die Parteien etwa im Jahre 2004 bei der Orangenen Revolution oder davor erzielt haben. Das ist ein interessantes Faktum, weil es der herrschenden Determination des Diskurses über eine pro-russische (im Osten) und eine pro-europäische (im Westen) Orientierung der Bevölkerung einen etwas anderen Anstrich verleiht. Die Ost-West-Teilung ist nicht so sehr eine Frage von pro-russischer und pro-europäischer Orientierung – diese Charakterisierung würde ich eher als Teil der Inszenierung ansehen –, sondern sie hat ganz andere, entwicklungspolitische, ökonomische, soziale Hintergründe, die sich über lange Zeit in der Ukraine ausgebildet haben und sich in der Zeit der Sowjetunion, der intensiven Industrialisierung noch verfestigt haben.

Diese Vorbemerkungen sollte als Einstieg in meine abschließende These dienen: dass die Ukraine als Sonderfall der Transformation in postkommunistischen Ländern in ihrer Negativentwicklung ein wesentlicher Auslöser dafür gewesen ist, dass es überhaupt zu dieser Zuspitzung zwischen Westeuropa und Russland auf der anderen Seite gekommen ist.

Die Ausgangsbedingungen für die postkommunistische Entwicklung nach 1991 waren für eine Reihe von Ländern im ostmitteleuropäischen Bereich sehr ähnlich. Die Ukraine befand sich wirtschaftlich etwa auf einem ähnlichen Stand wie Polen. Im Jahre 2013, also unmittelbar vor Ausbruch der Krise, steht Polen auf Platz 35 des Human Development Index. Das ist ein Index, der von den Vereinten Nationen für die Messung der Lebensqualität von Ländern verwendet wird. Die Ukraine stand im Jahre 2013 auf Platz 83, das ist der Platz zwischen 82 Peru und 84 Belize. Dieses Land wurde wie kein anderes europäisches Land von seinen Eliten heruntergewirtschaftet auf einen Status, der weit unter dem Durchschnitt aller anderen postkommunistischen Länder liegt. Es gibt nur zwei Länder, die ähnlich schlechte Werte vorzuweisen haben: Moldawien und Albanien. Aber die Ukraine hatte erheblich bessere Voraussetzungen als diese beiden nachgenannten Länder. Übrigens nahm Russland im Jahre 2013 Platz 57 ein und Belarus Platz 53. Platz 57 ist eine Stelle besser als das EU-Mitglied Bulgarien, und Belarus steht im HDI sogar deutlich besser da als Bulgarien. Im Jahre 2013 war die Ukraine auf Platz 83 heruntergewirtschaftet, konnte ihre Schulden nicht mehr bezahlen, und die ökonomische und soziale Unzufriedenheit waren so groß geworden, dass die Proteste angeschwollen waren – schon vor Anfang November, dem Zeitpunkt der Nichtunterzeichnung des Assoziierungsabkommens. Die Ukraine war im Jahre 2013 wirtschaftlich schlicht am Ende. Und gerade in dem Augenblick, als dieses Land am Rand eines ökonomischen und sozialen Zusammenbruchs stand, war eine große Zunahme ausländischer Aktivitäten in der Ukraine festzustellen. Auf dem Maidan erschien plötzlich eine ganze Reihe ausländischer Politiker bis hin zum amerikanischen Außenminister, unterschiedlichste Politiker aus Westeuropa, die die Opposition unterstützten. Auf der anderen Seite wurden immer stärker auch jene Kräfte unterstützt, die das bisherige Janukowytsch-Regime trugen. Der treibende Faktor für diese geopolitische Aufladung des Konflikts war die innerukrainische Opposition. Die innerukrainische Opposition um Tymoschenko und späteren Ministerpräsidenten Jazenjuk hatte im Grunde genommen wirtschaftlich ebenso versagt und die Reputation in der Bevölkerung verloren wie Janukowytsch. Der Euromaidan bot die Möglichkeit, die Proteste zu nutzen, auch finanzielle durch Einwerbung von Unterstützung aus dem Ausland. Und zwar gilt das für die eine wie für die andere Seite. Ab November traten die Oppositionskräfte auf dem Maidan auf, und da es keine ausgebildeten zivilgesellschaftlichen Organisationen in der Ukraine gibt, die eine politische Alternative zu den bisherigen politischen Eliten gewesen wären, wurden die bekannten Oppositionskräfte, die erst vor kurzem bereits völlig versagt hatten, von den westeuropäischen Hauptstädten und von Washington unterstützt, und Jazenjuk wurde Ministerpräsident.

Damit schließe ich mit der These, dass es in der Ukraine so etwas wie eine interne Geopolitisierung gab, eine Aufladung, die im Grunde genommen aus dem Zusammenbruch des Elitensystems in der Ukraine resultierte, weil dies der Strohhalm war, an den sich die Opposition klammerte, um selbst wieder an die Macht zu gelangen. Dies traf auf die Bereitschaft im Westen, hergebrachte Denkmuster über das Verhältnis zu Russland wieder aufzugreifen. In dieser Dynamik spitzte sich diese Konfrontation zwischen europäischer und pro-russischer Fraktion so zu, dass dies zu dem wesentlichen Bestandteil einer Diskussion wurde, die sowohl in der Ukraine als auch in Russland, als auch bei uns dann die Debatte über die Ukraine und über diese Krise beherrschte.

Kerstin Holm

Russland auf der Flucht:

Was die Entfremdung von Europa für die Kultur bedeutet

Ich möchte ihnen etwas erzählen über den Zustand der russischen Kultur, und ich habe meinen Vortrag „Russland auf der Flucht“ genannt, weil dieser Zustand vor allem bestimmt ist von unserem neuen kalten Krieg. Das Selbstverständnis Russlands steht heute ganz im Zeichen seines Bruchs mit dem Westen. Der Anlass war der Ukrainekonflikt, die Unterstützung Russlands für die rebellischen Volksrepubliken Donezk und Lugansk in der Ostukraine und die Annexion der Krim. Die Ukraine-Krise war allerdings nur die bisher letzte Eskalationsstufe auf dem Weg der gegenseitigen Entfremdung. Die große Freundschaft Russlands mit dem Westen inklusive Amerika nach dem Ende der Sowjetunion 1991 erkaltete Schritt für Schritt. Zuerst wurden die Nato-Bomben auf Belgrad 1999 von den Russen als Verrat empfunden. Ein weiteres Trauma, das den politischen Kurswechsel in Russland mit verursacht hat, war parallel die Nato-Osterweiterung. Aus europäischer Sicht wurde die Nato-Osterweiterung von den mitteleuropäischen Ländern erzwungen, weil diese selbst traumatisiert waren von ihrer Geschichte als Teil des sowjetrussischen Imperiums beziehungsweise als dessen Satelliten. Die Balten, die Polen, die Tschechen, die Ungarn drängten ja in die Nato, das westliche Verteidigungsbündnis hätte sie kaum zurückweisen können. Die osteuropäischen Länder sahen überhaupt in der westlichen Staatengemeinschaft mehr Entwicklungsmöglichkeiten für sich und wollten sich in sie integrieren. Russland erwog zwar noch bis nach der Jahrtausendwende, also sogar noch unter Putin selbst, eine Nato-Mitgliedschaft. Es war aber nicht bereit, sich zu integrieren, Souveränität abzugeben. Russland integriert sich nicht, es integriert nur andere Staaten. Infolgedessen kam die Nato Russland immer näher, ein wenig wie der Wald von Birnam am Ende von Shakespeares Macbeth. Außerdem beeinflussten innerhalb von Europa die neuen russlandkritischen Stimmen aus dem Baltikum und Mitteleuropa zunehmend das Klima innerhalb der Europäischen Union. Bis dann der Flirt von Georgien mit EU und Nato 2008 und schließlich der Ukraine 2014 das russische Fass zum Überlaufen brachte.

Präsident Putin hatte die Grenzen der ehemaligen Sowjetunion als rote Linien bezeichnet, die die russische Einfluss- und Sicherheitssphäre definierten und die von Nato und EU nicht überschritten werden dürften. Russland definiert sich stets territorial geostrategisch. Der Westen, wie wir wissen, definiert sich durch seine Werte. Und wie wir auch wissen, akzeptiert Bundeskanzlerin Merkel keinerlei Grenzen, weder was die Flüchtlinge betrifft noch die Ukraine als Zone von irgendjemandem, sondern sie akzeptiert nur Prinzipien wie Demokratie und Menschenrechte und die Selbstbestimmung der Völker. Unter westlichen Bedingungen jedoch sieht Russland vor allem seine Felle, Freunde und Verbündete wegschwimmen, nach den mitteleuropäischen Ländern und Georgien strebt jetzt auch die Ukraine von ihm fort. Der Vollständigkeit halber muss man an dieser Stelle anmerken, dass die westliche Ordnungsmacht, die Vereinigten Staaten, sich auch wie Russland nirgendwohin integrieren und auch niemals Souveränität abgeben. Das haben beide gemeinsam. Aber Amerika zieht Partner an, während Russland die Partner weglaufen.

A. Russland, der schlechte Schüler

Russland ist isoliert und verhält sich aggressiv wie ein rebellischer Schulabbrecher. Die politischen Eliten verdienen den Namen kaum. Soziologen sprechen von einer negativen Selektion. Politische Amtsinhaber hängen ab von Präsident Putin, indirekt zugleich auch von Korruptionsjäger Alexej Nawalnyj, der ihre Eigentumsverhältnisse und Geschäftsmethoden publik macht. Dadurch werden sie für die Machtspitze noch manipulier- und erpressbarer. Russische Gebildete verdienen in der Regel wenig, zumal im Vergleich mit ihren Verdienstmöglichkeiten im Westen. In Beamtenberufen wird Anständigkeit fast nie belohnt, sondern meistens bestraft. Das Land bringt immer wieder große Talente und Begabungen hervor, richtet sie aber auch gerne selber zugrunde. Aus diesem Grunde verlassen viele Russen ihr Land, das hat eine lange Tradition.

B. Russland laufen die Leute weg

Große Emigrationswellen wurden im vorigen Jahrhundert von der Revolution von 1905 ausgelöst, dann von der Oktoberrevolution und den Verfolgungen unter der Sowjetmacht. Nach dem Ende der Sowjetunion 1991 emigrierten in den neunziger Jahren viele Intellektuelle. Wissenschaftler, Journalisten, Musiker, bildende Künstler zogen nach Europa oder nach Amerika, um Karriere zu machen, ihre Talente besser entfalten zu können und der Armut zu entkommen. Die zu Hause Gebliebenen nannten das Wurst-Emigration, „Kolbasnaja emigrazija", weil die Landsleute vor allen Dingen in der Hoffnung auf einen höheren Lebensstandard weggingen, während sie zu Hause dringend gebraucht wurden.

Seit dem immer repressiveren Regime unter Putin emigrieren seit Beginn dieses Jahrhunderts auch immer mehr Intellektuelle aus politischen Motiven. Ein Beispiel ist der Schriftsteller Boris Akunin. Akunin ging nach Frankreich, nachdem er zu Hause mehrfach bedroht wurde. Ein anderer Schriftsteller, Vladimir Sorokin, lebt inzwischen halb in Berlin, halb in seinem Haus außerhalb von Moskau, weil er sich Zivilität und Ruhe wünscht. In seiner Datschensiedlung wurde mehrfach eingebrochen. Die immer mehr archaische und aggressive Gesellschaft, die über Jahrzehnte seine Romane inspiriert hat, löst in ihm nur noch Abscheu aus. Außerdem, sagt er, sei er auch irgendwie müde. Ein dritter Schriftsteller, Michail Schischkin lebt schon seit Mitte der neunziger Jahre in der Schweiz. Schischkin will auch in seinen Büchern die Tradition der russischen Emigranten fortsetzen wie Iwan Bunin, Vladimir Nabokov oder Sascha Sokolow. Er lehnt es kategorisch ab, mit dem Putin-Regime irgendetwas zu tun zu haben und sagt, seine literarische Welt distanziere sich von den politischen Realien. Er klinkt sich also ein bisschen heraus aus der schlimmen Geschichte. Auch ich erhalte immer wieder Facebook-Nachrichten von russischen Bekannten, die sagen „hallo, ich bin jetzt auch nach Berlin umgezogen."

C. Die Ukraine, das bessere Russland

Seit der Ukrainekrise sind viele Russen auch dorthin ausgewandert, in die Ukraine, beispielsweise die Fernsehjournalisten Jewgeni Kisseljow oder Sawwik Schuster, die heute politische Sendungen im ukrainischen Fernsehen leiten. Es gibt auf der anderen Seite fast genauso viele Ukrainer, die nach Russland geflohen sind infolge des Konfliktes, ungefähr 75.000. Aber nicht wenige russische Intellektuelle, nicht nur Deutsche, sehen jetzt in der Ukraine so etwas wie das andere, bessere, weil nicht imperiale Russland. Das vielleicht prominenteste Beispiel ist Maria Gaidar, die stellvertretende Gouverneurin von Odessa wurde. Unterdessen wird auch in traditionell russischsprachigen Regionen der Ukraine, wie zum Beispiel Odessa oder Charkow, die ukrainische Sprache heute mehr gepflegt als vorher, zumal bei den Jüngeren, vor allem aus Abscheu gegenüber der russischen Politik. Das Gleiche habe ich gerade in Weißrussland erfahren, in Minsk von der Literaturnobelpreisträgerin Swetlana Alexeijewitsch. Auch dort gibt es immer mehr, vor allem jüngere Leute, die aus Widerwillen gegen die russische Politik, die weißrussische Sprache bevorzugen, obwohl traditionell im Land fast durchgehend russisch gesprochen wird, und Literatur fast nur russisch publiziert wird, auch die Bücher von Swetlana Alexijewitsch.

Viele Russen träumen immerhin davon, auszuwandern. Beispielsweise ein bekannter Moskauer Bajan-Spieler, ein hochgebildeter, als Virtuose auch für zeitgenössische Musik im Konzertleben führender Mann, Sergej Tschirkow, der am liebsten in ein Schweizer Dorf ziehen möchte, um dort seine Ruhe zu haben. Wenn er seinen Traum verwirklichen würde, wäre das für seine Heimat ein weiterer schlimmer Verlust. Zum Glück für Russland hat er das bisher nicht getan, vielleicht nicht tun können. Auf der anderen Seite stehen die russischen Patrioten, die sich Villen im von ihnen geschmähten Westen kaufen. Eklatante Beispiele dafür sind der Generalstaatsanwalt Juri Tschaika und der Chef der Tourismusagentur Oleg Safonow. Der eine, Tschaika, lässt prowestliche Menschenrechtler und zeitgenössische Künstler verfolgen, die angeblich der religiösen Gefühle patriotischer russischer Gläubiger beleidigen, der andere, Safonow, will den Russen Auslandsreisen ausreden, weil sie jetzt nicht mehr nach Ägypten und in die Türkei fahren dürfen. „Bei uns ist es doch viel schöner", sagt Safonow, „fahrt doch im Urlaub nach Sibirien oder ans Nordmeer, da ist es so herrlich". Er selbst hat aber ein Haus auf den Seychellen, Tschaika besitzt Luxusimmobilien in Griechenland und in der Schweiz, also im bösen Westen.

D. Der Westen, das existentielle Oben

Was es heißt, in den Westen zu gehen, hat der russische Künstler Ilja Kabakow, der noch zu sowjetischen Zeiten in den Westen zog, erst nach Deutschland und dann nach Amerika, als existentielle Erfahrung beschrieben. Er sagte, als er das erste Mal von Moskau nach Berlin fuhr mit dem Zug, sei es ihm vorgekommen, als steige er senkrecht nach oben. Genau so war es, als er das erste Mal von Europa nach Amerika fuhr mit dem Flugzeug: Wieder hatte er die Empfindung, als gehe die ganze Reise steil nach oben. Es gibt unter den Emigranten bei den Russen natürlich auch Russland-Rückkehrer, zum Beispiel Wissenschaftler, die an ihre Universität, an die neue Generation ihr Wissen weitergeben wollen. In diesem Sommer erfuhr ich von einer Chemikerin, die nach mehreren Jahren in Amerika nach Moskau an die Staatsuniversität zurückgekehrt ist. Sie wollte ihrer Alma Mater etwas zurückgeben, erklärte sie. Ein anderes Beispiel ist die erwähnte Schriftstellerin Swetlana Alexijewitsch, die nach zehn Jahren in Westeuropa wieder nach Minsk zurückgezogen ist. Sie sagt, sie hätte kulturelles Heimweh, sie brauche neben der Sprache die postsowjetische Menschlichkeit.

Durch das Abfließen von ganzen Kulturschichten wird natürlich die Kulturlandschaft selber vor Ort verändert. Sie wird uriger, primitiver, nationalistischer, was wir natürlich auch merken, und was natürlich in Vielem auf die Kulturpolitik der Machthaber zurück zu führen ist, aber eben nicht nur, sondern auch mit dem Verlust dieser ganzen Heerscharen von Bildungsbürgern zu tun hat. An dieser Stelle möchte ich an eine gleichsam geologische Gesetzmäßigkeit bei der Migration erinnern: Die großen Ströme, sowohl von Menschen als auch von

Kapital, ziehen von Osten nach Westen. Wie nach der Redensart „The West is the best". Wie Sie wissen, liegen in fast allen Städten die besseren Viertel im Westen und die schlechteren im Osten. Das ist in Moskau so, in Hamburg, in München, in London und Paris. Die Osteuropäer ziehen nach Westeuropa, nach Deutschland und England, die Europäer ziehen nach Amerika, die Flüchtlinge ziehen Richtung Westen, und das Geld will auch in den Westen. Die Saudis bringen ihr Geld in den bösen Westen, die Chinesen bringen ihr Geld in den Westen, auch die Russen – und das war auch früher schon so, bereits unter Peter dem Großen, dessen Freund und Mitstreiter Alexander Menschikow bewahrte zum Entsetzen des Zaren seine Ersparnisse in Holland auf. Was gewinnen wir durch den Gang nach Westen? Man gewinnt mehr Freiheit, mehr Möglichkeiten der Selbstentfaltung, man kann historisches Gepäck abwerfen, sich von Geschichtslasten befreien.

E. Ovids „Rohe, unbearbeitet Masse"

Es gibt auch eine umgekehrte Strömung, die ist allerdings viel schwächer. Es ist jenes besondere Interesse, das manche von uns offenbar teilen, am europäischen Osten, eine Art Streben zurück zu den Wurzeln. Otto von Bismarck, der als Diplomat in Sankt Petersburg war, hat gesagt, Russland stünde dem Urchaos auf eigentümliche Weise näher, er verglich den Charakter des Landes mit dem was Ovid am Anfang seiner Metamorphosen beschreibt: „Rudis indigestaque moles" – eine rohe, unbearbeitete Masse, also das Urchaos. Wenn wir von hier in Richtung Osten reisen, kommen wir gewissermaßen aus der Kultur, die von Wein und Basilikum und Edelschimmelkäse geprägt ist, in die Kohl-, Speck- und Kartoffelzone, in die kulinarische Region unserer Vorfahren. Wie gesagt, diese Strömung ist viel kleiner, eine Gegenströmung, aber auch durch sie kann man etwas gewinnen, zum Beispiel eine höhere emotionale Temperatur, eine „östliche" Sentimentalität. Das Gewicht der Geschichte, das Gepäck des Unerledigten, vielleicht auch des Unerledigbaren wird größer, das Empfinden, als könne man die Geschichte nicht wirklich gestalten, sondern müsse sie vor allen Dingen erleiden. Es wird einem das geboten, was Friedrich von Schiller das Vergnügen an tragischen Stoffen nannte, die Erfahrung von historischer Tragik, so etwas wie die Begegnung mit dem Übermächtigen und Erhabenen. Russland ist vor allem ein wenig gestalteter Riesenraum, es ist berühmt für die schlechten Verkehrswege, die unberechenbaren Beamten, die schlechte Infrastruktur. Das heißt, wer dort lebt, lernt, zu improvisieren, sein Haus und Geräte selbst zu reparieren, selbst Pilze zu sammeln und einzulegen. Man ist auf mehr andere angewiesen, auch auf das eigene Vermögen, mit womöglich schwierigen, unglücklichen, unberechenbaren Leuten zurechtzukommen. Und alles kostet viel mehr Mühe und Zeit, im Westen kann man viel mehr erledigen, aber die besonderen Schwierigkeiten bringen auch einen starken, leidensfähigen, bescheidenen Menschentyp hervor (sofern sie den Menschen nicht brechen).

F. Bittere Vorwürfe nach der Trennung

Zurück zu unseren gestörten Beziehungen. In diesem Herbst fanden etliche deutsch-russische Konferenzen statt: der Petersburger Dialog, die deutsch-russischen Herbstgespräche, die Potsdamer Gespräche. Auf allen diesen Konferenzen erinnerte die Atmosphäre stark an ein Paar, das sich gerade getrennt hat. Beide Seiten machen dem jeweils anderen Vorwürfe, beide sind vom Anderen tief enttäuscht. Die Deutschen sagen: Ihr habt euch nicht modernisiert, seid nicht ziviler geworden, ihr Russen haltet keine Verträge ein, ihr bedroht die Nachbarn, überfallt die Nachbarn. Auf der anderen Seite sagen die Russen: Ihr seid einseitig gegen uns eingestellt, ihr nehmt keine Rücksicht auf unsere Sicherheitsinteressen, ihr tut sowieso nur das, was die Amerikaner von euch wollen. Außerdem gebt ihr euch selber auf, eure Souveränität, die Selbstbestimmung und die kulturellen Traditionen.

Europa ist ein fester Teil des westlichen Bündnisses geworden, es ist gewissermaßen die gesetzliche Ehefrau Amerikas, die verschiedenen Länder Europas sitzen gleichsam am gemeinsamen Familientisch. Sie sind angekommen im gemeinsamen Innenraum. Dieses Europa ist ein Innenraum mit offenen Zimmertüren. Alle Wohnparteien haben Anspruch auf ihren Teil vom gemeinsam verdienten Abendbrot. Für den amerikanischen Historiker Timothy Snyder ist Europa jetzt ein „Home For Small Nations", eine Heimstatt für kleine Völker. Das ist die skandinavische Utopie vom Volksheim, vom „Folkehjemmet" als Programm für einen ganzen Kontinent. Die russische Journalistin Julija Latynina hingegen bedauert eher, dass der Westen nicht mehr expandiert und seine Aufklärung und Zivilisation in andere Weltgegenden exportiert. Auf jeden Fall ist Europa heute verbürgerlicht, und zumal die Neueuropäer, die Mitteleuropäer, die Balten wollen ihre gerade erworbene Sicherheit und den bescheidenen Wohlstand nicht schon wieder teilen, beispielsweise mit Flüchtlingen aus Syrien oder dem Irak. Gleichzeitig bringt das neue Europa mit seiner Ehe für alle, gender-gerechten Sprachregelungen, der Frauenquote auch einen neuen Menschentyp hervor. Die russische Propaganda hat dafür den Spottausdruck „Gayropa" geprägt. Das Christentum hingegen, das Grundlage der gesamten europäischen Kultur ist, wird heute als identitätsstiftend für Europa nur noch von weniger als fünf Prozent der Europäer betrachtet, wie demoskopische Studien belegen.

Russland verhält sich in dieser Situation wie ein beruflich und sozial nicht erfolgreicher, allein gebliebener Mann, zornig, aggressiv, auch selbstzerstörerisch.

Durch die Jagd auf innere Feinde, nationale Verräter, „Ausländische Agenten", die Schließung der ukrainischen Bibliothek und des russisch-türkischen Kulturzentrums in Moskau, des Kulturzentrums des „British Council" und so weiter schadet es vor allem sich selbst, ebenso wie durch seine harte Sanktions- und Gegensanktionspolitik. Aber für Russland ist es am wichtigsten, wie auch jetzt in Syrien, den starken Mann abzugeben, die Initiative zu behalten. Darin wird es auch dadurch ermuntert, dass „unserer" starker Mann Amerika, im Nahen Osten bisher keine großen Erfolge erzielt, sondern vor allen Dingen viel Porzellan zerschlagen hat, wie wir an den Flüchtlingsströmen sehen, und sich deswegen zurückgezogen hat. Zugleich hat die russische Drohgebärde, die anti-amerikanische Hasspropaganda in den russischen Medien, vor allem im Fernsehen, und jetzt die anti-türkische Hasspropaganda – nachdem die Türkei und speziell Präsident Erdogan noch vor kurzem, vor dem Flugzeugabschuss in Syrien, ein enger Freund des Kremls war – etwas Hysterisches, Pathologisches, man bekommt das Gefühl, einen Patienten in einem späten Stadium einer schweren Krankheit vor sich zu haben.

G. Der Streit um die Krim

Exemplarisch für das russisch-europäische Einander-Nicht-Verstehen ist die Krim. Die Schwarzmeerhalbinsel wurde nach Stalins Tod von dem Parteichef Nikita Chruschtschow, der selbst ukrainische Wurzeln hatte, der Ukraine zugeschlagen, nicht zuletzt als symbolische Entschädigung für den Mord an ukrainischen Bauern durch die künstlich erzeugte Hungersnot des „Holodomor". Nach dem Kiewer Maidan, als die Ukraine sich von Russland abwenden und nach Westeuropa orientieren wollte, wurde die Krim voriges Jahr in einer militärischen Blitzaktion von Russland annektiert. Da das flankierende Referendum ohne internationale Sanktionen und Beobachter abgehalten wurde, war die Annexion für die meisten Europäer nur grob vertragsbrüchig und Diebstahl. Egal, dass die meisten Krimbewohner tatsächlich lieber zu Russland gehören wollten. Für unser Verständnis bezeichnend finde ich das neudeutsche Wort „krimmen". Krimmen heißt, erst schenken und dann wieder wegnehmen, das heißt das Geschenkte wiederholen, also stehlen.

Für Russland ist die Krim allerdings strategischer Flottenstützpunkt. Russland hat dieses übergroße Territorium, das es sichern muss, es stand immer vor dem Problem, zu wenig Meereszugänge zu besitzen, zumal zu den warmen Meeren im Süden. Deswegen ist auch Syrien mit seinen Stützpunkten am Mittelmeer für Russland ein strategisches Territorium. Russland ist nicht in der Nato, es kann nicht, wie unsere Verteidigungsministerin von der Leyen, mit der Stärke der Amerikaner drohen. Dieses unterentwickelte, zu dünn besiedelte Russland muss seine

Sicherheitsprobleme selber lösen, auch auf die Nato ein Gegengewicht und eine militärstrategische Antwort finden. An Russlands Südwestflanke, im Schwarzen Meer, stützt es sich auf die Krim mit ihrer tiefen und breiten Bucht vor Sewastopol, dem natürlichen Kriegsflottenhafen, sein militärisches Standbein. In Sewastopol wird schon geografisch bedingt immer eine Kriegsflotte stehen, wenn nicht die russische, so die der Nato. Die anderen russischen Schwarzmeerhäfen, etwa Noworossijsk, haben kein vergleichbares Relief zu bieten, es gibt keine wirkliche Alternative. Wenn Sie sich die Landkarte vorstellen, sehen sie am Ostufer des Schwarzen Meeres auch die Kaukasusregion, Russlands empfindlichen, unruhigen „Unterbauch". Wer immer Russland regiert, braucht diesen Stützpunkt, braucht Sewastopol und die Krim, ganz abgesehen davon, dass die Halbinsel für das russische Geschichtsverständnis wichtig ist – und dass tatsächlich die meisten Krimbewohner zu Russland gehören wollten, auch wenn sie von dem russischen politischen Regime nicht begeistert sind.

Die Ukraine hat amerikanische Berater im Land, was wahrscheinlich gut ist, denn so wird die ukrainische Armee gestärkt und die Lage in Donezk und Lugansk stabilisiert. Das heißt aber auch, Nato-Kräfte stehen nur Tausend Kilometer von Moskau entfernt. Auf der Krim stand sogar bis 2014 die ukrainische Flotte, das heißt auch dort amerikanische Berater, die Lage war potentiell explosiv. Dabei wollen wir nicht vergessen, dass die Ukraine zuvor, im Jahr 2003, sich mit zweitausend Mann am amerikanischen Irak-Feldzug beteiligt hat, Polen tat das Gleiche. Das heißt, aus russischer Sicht waren die Signale deutlich, zumal schon der ukrainische Präsident Juschtschenko Putin angedroht hatte, die Pacht des Hafens von Sewastopol zu kündigen. Ich würde sogar sagen, Russland hatte eigentlich keine andere Wahl als die Krim zu besetzen. Deren Verlust hätten die Nachfahren niemals verziehen. Und da in Sewastopol und einigen anderen Militärbasen auf der Halbinsel russische und ukrainische Streitkräfte in unmittelbarer Nähe zueinander stationiert waren, wurde durch die militärische Blitzaktion möglicherweise sogar ein echter heißer Bürgerkrieg zwischen russischen und ukrainischen Truppen verhindert.

H. Russisches Christentum

Mit dem Christentum ist es in Russland umgekehrt wie in Europa. Während in Europa vom Christentum vor allem die Werte Demokratie, und Menschenrechte übrig geblieben sind, gibt es in Russland keine Demokratie, und den Menschenrechten geht es schlecht. Dafür ist die Institution der Kirche durch ihre „Symphonie" mit der Staatsmacht immer mächtiger geworden. Die Kirchenführung beansprucht politische Mitsprache in öffentlichen Belangen. Dabei tritt sie vor allem für Gehorsam, Unterordnung, Staatstreue ein. Hirtenworte gegen die Unrechtsjustiz, den Sozial- und Bildungsabbau hört man nicht. Die Kirche initiiert Gesetze zum angeblichen Schutz der Gefühle Gläubiger, und wer diese Gefühle verletzt, wie die Punkerinnen Pussy Riot oder die Inszenierung von Wagners „Tannhäuser" in Nowosibirsk, kommt hinter Gitter, beziehungsweise das hochgelobte Stück wird absetzt. Kleriker und organisierte Glaubensfanatiker machen mobil gegen Ausstellungen zeitgenössischer Kunst, die ihren Frömmigkeitsvorstellungen widerspricht. Patriarch Kyrill hat sogar Stalin ein insgesamt positives Zeugnis ausgestellt, wegen seiner Industrialisierung und dem Sieg im Zweiten Weltkrieg. Das wiege schwerer, so das Kirchenoberhaupt, als seine Massenmorde und sogar die Kirchenverfolgung. In Moskauer Randgebieten werden neue Kirchen gebaut, oftmals gegen den Willen der Anwohner, die ihren Park zum Spazierengehen unversehrt erhalten möchten. Das wirtschaftliche und Machtmodell, das der russisch-orthodoxen Kirche vorschwebt, erinnert an den Iran. Obendrein erklären Kleriker im Patriarchat offen, was Ethik und Moral betrifft, stimmten sie vollkommen mit dem Islam überein, im Gegensatz zu den viel zu liberalen westlichen Kirchen, vor allen Dingen natürlich den protestantischen. Und ähnlich wie im Iran hört man von russischen Klerikern auch, dass die Kirche innerlich völlig ausgehöhlt sei und eher ein Geschäftsmodell darstelle, eine Art Franchise-Unternehmen zur Vermarktung der Marke Christentum.

Russlands und Europas Kinder

Es stellt sich die Frage, was von der zerbrochenen Beziehung zwischen Russland und Europa übrig bleibt. Das gemeinsame Kind, der in Europa erdachte und in Russland vor hundert Jahren real in Angriff genommene Sozialismus, ist gestorben. Er war wahrscheinlich auf die Dauer nicht lebensfähig. Durch seinen Tod wurde allerdings auch, wie wir wissen, der Kapitalismus entfesselt. Außerdem verloren die ärmeren Länder die Perspektive einer innenweltlichen Utopie, die der Sozialismus bot, und dadurch wiederum erhielt der religiöse Extremismus Auftrieb, das Streben in ein besseres Jenseits, wenn es schon keine Perspektive auf ein gutes Diesseits gibt.

Es gibt aber noch ein ganz anderes „Kind" mit vor allem deutschen und russischen Genen, die legendäre russische Musikausbildung. Es ist eine sehr intensive Schulung mit hochanspruchsvoller Gehörbildung, Instrumentenstudium und einem enzyklopädischen musikalischen und musikhistorischen Wissen. Das System basiert auf der deutschen Musikerziehung, insbesondere des 19. und des frühen 20. Jahrhunderts, wurde aber dann in den dreißiger Jahren – unter Stalin! – auf eine Grundlage von vorbereitenden Musikspezialschulen für begabte

Arbeiter- und Bauernkinder gestellt. Diese musikalischen Mittelschulen haben ein sehr intensives, altmodisches Lernprogramm, nicht ganz ohne Drill, aber dank ihnen ist das Niveau der Konservatoriumsstudenten insgesamt immer noch beeindruckend hoch, vor allem in Moskau, aber auch in Petersburg, selbst in Kasan, Jekaterinburg, Nischni Nowgorod oder Nowosibirsk. Mittlerweile sind viele russische Musiklehrer im Westen, in Köln, in Madrid, in New York, in Südafrika. Doch das Modell dieser Musikausbildung wird von der aufstrebenden Musiknation China kopiert.

I. Unmögliche (Kultur-)Gütertrennung

Es bleibt, da die Trennung der Partner vollzogen ist, das Problem der Gütertrennung. Die ist zwischen Deutschland und Russland in einer besonders empfindlichen Frage unmöglich, und zwar in der Frage der kriegsbedingt verlagerten Kulturschätze, der Beutekunst. Es befinden sich noch immer schätzungsweise anderthalb Millionen Kunstwerke aus deutschen Museen oder deutschen Privatsammlungen in russischen Museen, aber auch in russischen Privatsammlungen. Es sind Kunstobjekte, die im Zweiten Weltkrieg von den Trophäenbrigaden der Roten Armee, aber auch von einzelnen sowjetischen Militärs aus Deutschland mitgenommen wurden, nachdem unsere Vorfahren als Invasoren in der Sowjetunion – in Russland, Weißrussland und der Ukraine – im großen Stil Kunstwerke zerstörten oder raubten. Russland und Deutschland vertreten in dieser Frage unterschiedliche Rechtsstandpunkte. Deutschland geht davon aus, dass die Kunstbeute in jedem Fall illegal war, und dass alle verschleppten Kulturgüter zurückgeführt werden müssen. Russland hingegen betrachtet seine Kunstbeute aus Deutschland als rechtmäßige Selbstentschädigung, abgesehen von wenigen Ausnahmen, wie dem Besitz religiöser Vereinigungen oder dem früheren Eigentum von Widerstandskämpfern gegen das Naziregime, die zurückgegeben werden können, was teilweise geschehen ist. Die Beutekunst kettet Deutsche und Russen aneinander. „Wir können einfach nicht ohne einander", sagte der Präsident der Stiftung Preußischer Kulturbesitz, Hermann Parzinger, beim deutsch-russischen Museumsdialog in Berlin vor einem Jahr. Die Beutekunstbestände, Schätze aus Berliner und vor allem ostdeutschen Museen, werden seit mittlerweile 25 Jahren von russischen und deutschen Museumsleuten gemeinsam erforscht. Es wurden Ausstellungen ausgerichtet, mit Antiken, mit Ausgrabungen der Bronzezeit, dem Schatz von Eberswalde, französischen Impressionisten, zuletzt die Cranach-Ausstellung im Moskauer Puschkin-Museum und in der Petersburger Eremitage, wo der größte Teil der Gothaer Cranach-Bestände aus der Vorkriegszeit erstmals wieder zusammen zu sehen waren. Eine Eisenzeit-Ausstellung ist in Vorbereitung.

Wegen des Rechtsstreits können die Schauen nur auf russischem Territorium stattfinden, sollten Beutekunstwerke die Landesgrenzen passieren, würde der deutsche Staat sie beschlagnahmen lassen. Man kann dem auch etwas Positives abgewinnen: Man hat so einen Grund mehr, nach Russland zu fahren, das ist immer sehr lehrreich. Und dialektischerweise wurde, während die politischen Beziehungen unserer beiden Länder sich immer weiter verschlechterten, das Verhältnis zwischen deutschen und russischen Museumsexperten immer enger und vertrauensvoller. Während zu Beginn der neunziger Jahre, der Zeit der Flitterwochen im Verhältnis Russlands zum Westen, zwischen den russischen und deutschen Museumsleuten, die damals gerade erst anfingen, sich mit den lange geheim gehaltenen Beutekunstwerken zu befassen, großes Misstrauen herrschte, bestehen heute zwischen beiden Seiten echte Freundschaften, und die gemeinsam erarbeiteten Publikationen und Ausstellungen reißen nicht ab.

Andrey Gurkov

Die Beziehungen EU-Russland zwischen Pipelines, Sanktionen und christlichen Werten:

Ein journalistischer Blick auf die zunehmende gegenseitige Entfremdung

Entfremdung. Dies ist für mich leider das Schlüsselwort bei der Beschreibung der heutigen Beziehungen zwischen Russland und Europa, zwischen Russland und Deutschland. Die Zeiten der großen Annäherung sind vorbei, das Pendel ist umgeschlagen, ein „so wie früher" wird es nicht mehr geben – weder politisch, noch wirtschaftlich. Kulturell und zwischenmenschlich wohl auch nicht.

Natürlich werden all diese Beziehungen in der einen oder anderen Form weiterexistieren, aber eben nicht so, wie es noch vor wenigen Jahren möglich schien: Es wird keine „strategische Partnerschaft" EU-Russland, keine Freihandelszone zwischen Lissabon und Wladiwostok, kein „gemeinsames Haus Europa" geben. Höchstwahrscheinlich werden wir zu Beziehungsmustern zurückkehren, wie sie seinerzeit zwischen der Sowjetunion und dem damaligen Westeuropa existierten. Also zu einem Balancieren zwischen „friedlicher Koexistenz" und Kaltem Krieg. Zum gegenwärtigen Zustand passt am ehesten die Beschreibung Kalter Krieg.

A. Wie groß ist die Mitschuld des Westens?

Für mich ist solch eine Entwicklung eine Art persönliches Drama. Denn ich habe mich, einer Familientradition folgend, immer als Brückenbauer verstanden, der versucht, den Deutschen Russland, meine Heimat, und den Russen Deutschland, die Heimat meiner Kinder, zu erklären und näher zu bringen. Und ich kann Ihnen versichern: Es hat mir all die Jahre journalistisch und menschlich viel Freude bereitet!

Heute jedoch sehe ich als verantwortungsvoller „publizistischer Bauarbeiter" und überzeugter russischer Europäer (eine mittlerweile selten gewordene Spezies) meine Pflicht darin, zu warnen: Viele Brücken, an deren Errichtung ich mehr als drei Jahrzehnte lang nach Kräften mitgewirkt habe, sind nun einsturzgefährdet und nicht mehr befahrbar. Bei aller Sympathie für die großartige russische Kultur – wir alle sollten den Mut aufbringen, uns selber einzugestehen: Wir erleben gegenwärtig eine nicht für möglich gehaltene Abkehr Russlands von Europa, von seinen Bestrebungen, Grundprinzipien und Werten.

Gibt es eine Mitschuld des Westens an dieser Entwicklung? Sicherlich. Das ist allerdings nicht die NATO-Osterweiterung, die von Moskau im Nachhinein immer wieder als Grund für die Verschlechterung der Beziehungen vorgeschoben wurde. Denn unmittelbar auf die Aufnahme in die Allianz 2004 der meisten neuen Mitglieder, auch der baltischen Staaten, die einst zur Sowjetunion gehörten, folgten die besten Jahre in den Beziehungen EU-Russland, Deutschland-Russland: 2005 bis 2007. Die falschen westlichen Entscheidungen mit der größten Langzeitwirkung waren wohl die Bombardierung Belgrads, Kosovo, Irakkrieg, Sturz von Gaddafi, möglicherweise das Hinauszögern der Visafreiheit für Russen. Doch nicht sie sind hier das Thema. Der Westen mag Fehler begangen haben. Aber Russland betreibt eine gezielte Politik der Abgrenzung, Abschottung, Anfeindung. Und genau darin liegt das eigentliche Problem!

B. Die Krim-Annexion als Point of no Return

Diese Politik zeichnete sich spätestens seit der Wiederkehr Wladimir Putins ins Präsidentenamt 2012 ab, aber zum endgültigen Wendepunkt und gleichzeitig zum Point of no Return wurde die Einverleibung der Krim im März 2014. Russland hat damit ein Grundprinzip der europäischen Friedensordnung gebrochen – die bedingungslose Anerkennung existierender Grenzen.

Diese Annexion hat eine jahrzehntelang aufgebaute Sicherheitsstruktur ins Wanken gebracht. Das heutige Russland hat zwar schon früher bewaffneten Separatismus in Moldawien und Georgien unterstützt, aber noch nie wurden Territorien eines Nachbarlandes nach einer militärischen Aktion zum russischen Staatsgebiet erklärt. Das ist eine völlig neue Ausgangslage. Russland hat sich schlagartig aus einem Partner und teilweise sogar Verbündeten des Westens (Mitgliedschaft in der G8) in eine potentielle Bedrohung verwandelt. Das Gefühl dieser Bedrohung wurde durch die von Moskau zynisch geleugnete militärische Expansion in der Ostukraine und den Abschuss der malaysischen Passagiermaschine massiv verstärkt.

Machen wir uns nichts vor: Russland wird von zahlreichen westlichen Regierungen, politischen Entscheidungsträgern und Institutionen mittlerweile wieder als Gegner gesehen – und der Westen ist, umgekehrt, für die Russen wieder das Feindbild Nr. 1. Laut einer Umfrage des Lewada-Zentrums vom Herbst 2015 betrachten 75 Prozent (!) der Russen die größten Länder des Westens, namentlich USA, Deutschland, Japan, Großbritannien, als „Gegner Russlands".

Antiwestliche und vor allem antiamerikanische Stimmungen waren in der russischen Gesellschaft stets latent vorhanden und wurden unter Putin auch immer wieder gezielt geschürt. Aber jene Mischung aus demonstrativer Arroganz, Verachtung und offenem Hass gegenüber dem Westen, die seit 2012 von den staatlich gelenkten Medien zubereitet und erstaunlich erfolgreich flächendeckend verbreitet wird, ist im 21. Jahrhundert beispiellos, erinnert an die schlimmsten Zeiten der kommunistischen Sowjetunion und nimmt teilweise bereits nordkoreanische Züge an.

C. Das große Problem vieler „Russland-Versteher"

Das will so mancher im Westen, gerade in Deutschland, immer noch nicht wahrhaben. Aber das große Problem vieler deutscher „Russland-Versteher" besteht darin, dass sie nicht Russisch verstehen. Das erschwert natürlich ungemein das Verständnis für die komplizierten und nicht selten irrationalen Prozesse in der sehr widersprüchlichen Gesellschaft dieses Riesenreiches, in den Köpfen seiner Menschen und in der vielbeschworenen geheimnisvollen russischen Seele.

Zumal diese Köpfe und diese Seele von einer perfiden Propagandamaschine beeinflusst und gelenkt werden, deren Methoden, Wirkungsweise und außerordentliche Effizienz es erst einmal zu durchschauen gilt, was nicht selten ausreichende Sprach- und Landeskenntnisse nötig macht. Es ist augenfällig, dass in Expertenkreisen – unter Osteuropaforschern, in Denkfabriken, unter in dieser Region tätigen Journalisten und NGOs – weitgehender Konsens darüber herrscht, was heute in Russland passiert und warum. In den Reihen der prominenten „Russland-Versteher" findet man dagegen auffallend oft ehemalige Politiker, Geschäftsleute, Leitartikler, Künstler und andere „Personen des öffentlichen Lebens", die es wohl ehrlich meinen, aber nicht selten fundierte Kenntnisse über die aktuellen Entwicklungen und ihre Hintergründe vermissen lassen.

Von einer grundanständigen Naivität ist auch die Wahrnehmung Russlands in breiten Teilen der Bevölkerung gekennzeichnet. Viele Deutsche können einfach nicht daran glauben, dass ein Land, das einst Gorbatschow hervorgebracht hat und vielen Mauern in Europa zum Einsturz verhalf, auf einmal wieder in den Modus des Kalten Krieges umgeschaltet haben soll. Daher ist die These von einer gezielten „Dämonisierung Putins" ziemlich populär. Auch ist nicht selten zu hören, die russische Propaganda könne gar nicht so schlimm sein, schließlich betrieben die deutschen Medien ebenfalls Propaganda. Derartige Aussagen sind für mich Zeugen einer erschreckenden Ahnungslosigkeit.

Die, die sich mit dem Thema fachkundig befassen, wissen, welch verzerrtes Weltbild der Kreml dank seiner hochdotierten und hochprofessionellen

Propagandamaschine bei der russischen Bevölkerung erzeugt. Es sieht in etwa so aus: Russland ist von Feinden umgeben, die danach trachten, sich seines Territoriums und seiner Bodenschätze zu bemächtigen und ihm seinen Weltmachtstatus und seine historischen Siege streitig zu machen; der Hauptfeind sind die USA und ihre willfährigen NATO-Vasalen, die Europäer; die allerdings siechen wirtschaftlich und moralisch dahin, zersetzt durch Homo-Ehen und überrannt von Horden muslimischer Flüchtlinge.

D. Winter 2011–2012: Höhepunkt und Ende der Modernisierung

Das Kultivieren einer solchen Wagenburgmentalität durch den Kreml ist Programm. Das Ziel ist der Machterhalt. Diese Macht wurde im Winter 2011–2012 erstmals ernsthaft in Frage gestellt, als zehntausende Moskauer zu den größten Protestkundgebungen seit dem Zerfall der Sowjetunion strömten.

Die damalige Eruption zivilgesellschaftlicher Aktivitäten ist für mich der eindeutige Höhepunkt und gleichzeitig auch das Ende jener Modernisierungsphase, die mit Michail Gorbatschows Machtantritt 1985 begann und Russland unvergleichbar mehr brachte als die anfangs beabsichtigte „Erneuerung des Sozialismus", nämlich viele Freiheiten, den Übergang zur Marktwirtschaft und einen Wirtschaftsboom in den ersten beiden Amtszeiten von Präsident Wladimir Putin (2000–2008).

Im Zuge dieses Aufschwungs entstand in Moskau und einigen russischen Großstädten eine moderne Mittelschicht. Selbstbewusst geworden durch den schnell erlangten Wohlstand, beeinflusst durch die immer enger werdenden Kontakte zu Europa und inspiriert von den liberalen rhetorischen Signalen aus dem Kreml unter Präsident Dmitri Medwedew (2008–2012), ging diese neue gesellschaftliche Kraft nach offensichtlichen Manipulationen bei der Parlamentswahl im Dezember 2011 auf die Straße, um faire Wahlen und somit eines der grundlegenden westlichen, europäischen Werte einzufordern.

Das war der Moment, wo eine in Gang gekommene wirtschaftliche Modernisierung durch eine politische Modernisierung, eine grundlegende Demokratisierung der Institutionen und Strukturen, ergänzt und erweitert werden konnte. Russland stand am historischen Scheideweg. Der aktivste und gebildetste Teil der Bevölkerung war zu einem neuen großen Schritt in Richtung „Leben wie in Europa" bereit, wobei nun nicht äußerliche, sondern inhaltliche, substantielle Aspekte in den Vordergrund rückten. Wäre ein politischer Wille vorhanden gewesen, hätte der Kreml diesen starken Impuls für einen Reform- und Demokratisierungsschub nutzen können.

Stattdessen wurde der Elan einer im Entstehen begriffen Zivilgesellschaft diffamiert und abgewürgt. Schon die mit imperialem Pomp inszenierte Amtseinführung des neu gewählten alten Präsidenten im Mai 2012 mit der majestätischen Autofahrt durch die abgeriegelten menschenleeren Straßen der Hauptstand ließ nicht den geringsten Zweifel daran, dass es Wladimir Putin um den Ausbau und das Zelebrieren seiner persönlichen Macht und nicht um Demokratisierung gehen wird.

Gleich darauf begann das, was man unwissenschaftlich als Zurückrudern und in den Begriffen des 19. Jahrhunderts als Reaktion oder gar Restauration bezeichnen könnte. Das Wort Modernisierung verschwand aus dem offiziellen Sprachgebrauch, die offene und unterschwellige Sowjetisierung zahlreicher Bereiche des russischen Lebens gewann dagegen atemberaubend schnell an Fahrt.

E. Eine neue Dimension der Propaganda

Putin hatte die Gegenoffensive zur Festigung seiner Macht in den Wochen vor seiner Amtseinführung generalstabsmäßig geplant, sie startete sogleich in drei Stoßrichtungen. Zum einen gab es elf Präsidentenerlasse, die (oft nicht gegenfinanzierte) soziale Wohltaten versprachen und Wahlgeschenke an loyale Wählergruppen verteilten (z.B. Gehaltserhöhungen im öffentlichen Dienst, Wohnungsbauprogramm, Stärkung der Armee). Zum anderen begann die Ausarbeitung und Verabschiedung von Gesetzen, die demokratische Freiheiten, freie Willensäußerung und politische Tätigkeit erheblich einschränkten (z.B. Verschärfung des Presse- und Demonstrationsrechts, Qualifizierung von international finanzierten NGOs als „ausländische Agenten").

Die dritte Stoßrichtung war ein Hochfahren der antiamerikanischen und antieuropäischen Propaganda mit dem Ziel, die Politik, die Werte und generell das Gesellschafts- und Entwicklungskonzept des Westens zu diskreditieren und somit die Alternativlosigkeit des eigenen Machtmodells zu unterstreichen. Ein besonders schnell wirkendes Mittel war dabei die überdimensionierte Berichterstattung über gleichgeschlechtliche Ehen in Europa. Durch die Fokussierung auf dieses Thema schaffte es die russische Propaganda sehr geschickt, das komplexe Wertesystem des modernen Westens auf jenen einen Aspekt zu reduzieren, der bei der extrem homophoben Bevölkerung Russlands auf maximale Ablehnung stößt. Seither findet man in Internetforen und Sozialen Medien ständig das neue russische Synonym für Europa: Gayropa.

Doch die Höhepunkte der antieuropäischen Propaganda sollten noch kommen. Das, was nach dem Ausbruch der proeuropäischen Maidan-Revolution in der Ukraine im Dezember 2013 folgte, war nicht einfach eine Steigerung – es war eine neue Dimension. Das Kronjuwel im postsowjetischen Einflussgebiet Russlands versuchte einer schleichenden „Putinisierung“ des Landes unter Präsident Viktor Janukowitsch durch einen Ausbruch Richtung EU zu entfliehen. Die mediale Antwort aus Moskau war nicht nur eine regelrechte Hasskampagne gegen die „ukrainischen Faschisten“ (Begriffe und Denkmuster aus Zeiten des Großen Vaterländischen Krieges wurden virtuos instrumentalisiert), sondern auch direkte Anfeindungen gegenüber dem Westen, der sich mit dieser Revolution solidarisierte.

Die Aufgabe der Propaganda bestand jetzt nicht mehr nur darin, die europäischen Werte, die eine so große Anziehungskraft auf einen beachtlichen Teil der ukrainischen Gesellschaft ausübten, zu diffamieren. Nun galt es auch, den Westen direkt als Brandstifter und unmittelbare Bedrohung für Russland darzustellen. Das war auch der Moment, als eine lange Zeit eher positive Grundstimmung in der Berichterstattung über Deutschland endgültig kippte.

Die darauffolgende Annexion der Krim im März 2014 löste eine in der jüngsten Geschichte Russlands beispiellose Euphorie aus. Sie erfasste auch erstaunlich viele Vertreter jener gutsituierten und gebildeten Mittelschicht, die erst zwei Jahre zuvor für faire Wahlen auf die Straße gegangen war. Dieser Ausbruch imperialer Großmannssucht und revanchistischer Genugtuung darüber, dass man es dem Westen endlich mal wieder gezeigt hatte (das war neben der Freude über das „Heimholen“ der Halbinsel der zweite Hauptgrund für den Gefühlsausbruch), sollte uns allen sehr zu denken geben, sagt er doch außerordentlich viel über die wahre Gemütslage einer ganzen Nation aus. Daher auch meine These, die Annexion der Krim sei ein Point of no Return in der gegenseitigen Entfremdung zwischen Russland und Europa. Ich meine dabei nicht nur die völkerrechtlichen und sicherheitspolitischen Aspekte, sondern auch die atmosphärischen, mentalen, weltanschaulichen.

Ein weiterer Höhepunkt der antieuropäischen und in diesem Fall auch explizit antideutschen Propaganda war die Berichterstattung über die Flüchtlingskrise, die zum Vorboten des endgültigen Untergangs des Abendlandes hochstilisiert wurde, das genüssliche Ausschlachten der Silvesternacht in Köln und schließlich der Frontalangriff im Falle des angeblich in Berlin von Flüchtlingen vergewaltigten „russischen Mädchens“ Lisa.

F. Wenig Interesse an europäischen Werten

Das Ergebnis all dieser medialen Großoffensiven konnte nichts anderes als jene Entfremdung sein, die das Hauptthema meiner Darlegungen ist. Ich befürchte, dass die atmosphärischen, mentalen, weltanschaulichen Langzeitschäden der hier nur kurz skizzierten jahrelangen Propaganda, die ja weitergeht und weitergehen wird, zu stark sein werden – besonders in den Köpfen jener jungen Russen, die in ihrem bewussten Leben nichts anderes als Putin erlebt haben. Die vom Kreml absichtlich zwecks Machterhalt gezogenen Gräben wird man in absehbarer historischer Perspektive wohl nicht mehr überwinden können. Russen und Europäer, Russen und Deutsche werden bei Wertvorstellungen und Lebensprioritäten eher weiter auseinanderdriften.

Wie weit dieser Prozess schon fortgeschritten ist, zeugt beispielsweise eine im Dezember 2015 veröffentlichte Studie des Moskauer Büros der Friedrich Naumann Stiftung und des Levada-Zentrums darüber, „wie die russische Bevölkerung zu Deutschland und Europa steht". Sie trägt bemerkenswerterweise den Titel „Gemeinsame Werte oder fremde Zivilisation?". Die Autoren stellen eine „Negativexplosion der Stimmung gegenüber Europa und dem Westen" und „eine deutliche Neuorientierung der Russen in Richtung der Isolation des Landes von der europäischen Welt" fest. „Wenn 2008 unter der Präsidentschaft von Medvedev 56% der russischen Bürger Russland für ein europäisches Land hielten, so sind es im Oktober 2015 nur 32%", heißt es in der Studie. Fast 40 Prozent der Befragten seien der Meinung, dass es sich bei Europa um eine „andere Zivilisation" handele, um „andere Menschen", die in einer „anderen Welt" lebten.

Was mich persönlich in dieser Studie besonders deprimierte und in meiner pessimistischen Prognose einer grundlegenden Entfremdung bekräftigte, war die Erkenntnis, dass mehr als die Hälfte der Befragten, 56 Prozent, erklärten, für sie hätten „europäische politische Werte wie Freiheit, Demokratie, Gleichberechtigung, Rechtstaatlichkeit und Menschenrechte" keine besondere Bedeutung. Lediglich für 8 Prozent (!) der Bürger Russlands waren diese Werte besonders wichtig.

In Februar 2016 sagten in einer weiteren Levada-Umfrage nur 13 Prozent der Befragten, sie würden gerne in einer Demokratie nach dem Beispiel westlicher Länder leben wollen. 2012 waren immerhin noch 29 Prozent dieser Meinung.

Es geht ja nicht darum, dass alle Länder dieser Welt eine Demokratie nach westlichem Vorbild sein müssen. Europa kann (und sollte) gute und intensive Beziehungen sowohl zu einem kommunistischen China als auch zu einem absolutistischen Emirat unterhalten. Im Falle Russlands gab es jedoch die weit verbreitete und durch die Entwicklungen der letzten drei Jahrhunderte begründete Vorstellung, dass dieses Riesenreich nicht nur geographisch ein Teil von Europa ist, sondern dass es auch, trotz aller historischen Besonderheiten, die wesentlichsten Grundprinzipien und Werte des modernen Europas teilt oder zumindest teilen möchte. Das erweist sich nun zusehends als Wunschvorstellung, als Illusion.

G. Eine eigenständige orthodoxe Welt

Diese zunehmend sichtbar werdende Abkehr Russlands von Europa und somit vom Westen kann jedoch nicht nur ein Ergebnis der aktuellen Propaganda sein, wie mächtig die auch sein mag. Die erstaunliche Empfänglichkeit der russischen Bevölkerung für eine antiwestliche Sicht der Dinge muss auch tiefere mentale, kulturelle, historische Gründe haben. Die hier zitierten Umfragen, die exemplarisch für zahlreiche andere Studien mit ähnlichen Ergebnissen stehen, zeugen von einem eindeutigen und sich beschleunigenden Trend in eine Richtung, die schon vor 20 Jahren der amerikanische Politikwissenschaftler Samuel P. Huntington in seinem visionären Standardwerk über Weltpolitik im 21. Jahrhundert „Kampf der Kulturen" („The Clash of Civilisations") skizzierte.

Die Hauptthese dieses (wegen seines etwas martialisch klingenden Titels oft missverstandenen) Plädoyers für Realpolitik lautet: Die moderne Welt ist eine multipolare Welt, denn sie besteht aus mehreren großen Kulturkreisen (Zivilisationen), und die treibende Kraft für Entwicklungen und auch Konflikte im 21. Jahrhunderten sind verschiedene kulturelle und religiöse Identitäten. Aus dieser These resultiert eine für amerikanische und europäische zivilisatorische Expansionisten und Idealisten bittere Schlussfolgerung des Harvard-Professors: Die westliche Kultur mit ihren Werten und Vorstellungen (auch über Menschenrechte) hat keinen universellen Charakter und wird in anderen Kulturkreisen als fremd wahrgenommen.

Eine weitere Schlussfolgerung Huntingtons lautet: Russland ist der Kernstaat eines eigenständigen orthodoxen Kulturkreises und gehört somit historisch nicht zur westlichen Zivilisation, auch wenn es manche ihrer Elemente eingeführt hat. „Sieben von acht typischen Wesensmarkmalen der westlichen Zivilisation – Religion, Sprachen, Trennung von Kirche und Staat, Rechtsstaatlichkeit (rule of law), sozialer Pluralismus, Repräsentativkörperschaften, Individualismus – waren der russischen Erfahrung fast völlig fremd", konstatiert der Politologe. Und sind wohl weitestgehend fremd geblieben, was die hier zitierten Umfragen aus dem heutigen Russland überdeutlich belegen.

Daher eine weitere auch für mich als überzeugten russischen Europäer bittere Schlussfolgerung Huntingtons: „Ein kultureller Ansatz liefert eine klare und eindeutige Antwort auf die Frage, die Westeuropäer bewegt: Wo hört Europa auf? Es hört dort auf, wo das westliche Christentum aufhört und Orthodoxie und Islam beginnen". Besonders deprimierend ist, dass dies die Überzeugung nicht nur eines verstorbenen amerikanischen Professors, sondern auch die des heutigen Kremls, seiner Ideologen, der Russisch-Orthodoxen Kirche und ihrer immer größer werdenden Gemeinde ist.

Es war Wladimir Putin selbst, der 2014, nach der Krim-Annektierung und dem Ausbruch der Kämpfe in der Ostukraine, aktiv von einer „Russischen Welt" zu sprechen begann. Spätestens seit dieser Zeit haben die slawophilen und somit antiwestlichen Philosophen des 19. und 20. Jahrhunderts Hochkonjunktur, ist die „Russische Zivilisation" mit ihrem Wesensmarkmal, dem rechtgläubigen, orthodoxen Christentum, ständiges Gesprächsthema in den Medien, in Internetforen, auf wissenschaftlichen Konferenzen und natürlich auch in Predigten.

So wird selbst der christliche Glaube paradoxerweise zu einem Faktor, der Russland von Europa eher abgrenzt, obwohl er eigentlich eher einen sollte. Zumal die Russisch-Orthodoxe Kirche, getreu ihrem traditionellen Selbstverständnis als Staatskirche, sich aktiv auch in die tagesaktuelle antiwestliche, antieuropäische Propaganda einbringt. Man braucht keine theologischen Kenntnisse zu haben, um festzustellen, wie stark sich die gegenwärtigen russischen Vorstellungen über christliche Werte von denen unterscheiden, die im modernen (West)Europa vorherrschen. Das Wort Toleranz beispielsweise ist im heutigen Russland regelrecht ein Schimpfwort, Barmherzigkeit und Nächstenliebe scheinen keinen hohen Stellenwert zu genießen, was auch die offen feindselige Reaktion auf die Aufnahme von Kriegsflüchtlingen in der EU belegt.

H. Das Wirtschaftsprogramm heißt Importsubstitution

Eine Abgrenzung, ja Abschottung vom Westen betreibt der Kreml auch auf dem Gebiet der Wirtschaft. Der Fachbegriff dafür lautet Protektionismus, das aktuelle wirtschaftspolitische Programm heißt Importsubstitution. Auf das Konzept einer nachhaltigen Modernisierung der rohstoffabhängigen russischen Wirtschaft mithilfe von westlichen Investitionen und Technologien folgt nun der Versuch, ein modernes verarbeitendes Gewerbe weitestgehend im Alleingang und im Schnellverfahren aus dem Boden zu stampfen. Als ein Vorbild scheint die Industrialisierung unter Stalin in den 1930er Jahren zu dienen, für die Wladimir Putin lobende Worte findet. Also auch hier: Statt einer beschleunigten Integration in die Weltwirtschaft und Annäherung an Europa, dem wichtigsten Absatzmarkt, vollzieht sich eine ganz bewusste Rückkehr zu sowjetischen Verhaltensmustern.

Die Politik der Importsubstitution ist hauptsächlich eine Reaktion auf den weitgehenden Abbruch der Wirtschaftsbeziehungen zu der Ukraine, besonders in der Rüstungsindustrie, und die Sanktionen des Westens. Die protektionistische Welle dagegen setzte schon früher ein, praktisch gleich nach der offiziellen Aufnahme Russlands in die WTO 2012. Wieder scheinbar ein Paradox, tritt man der Welthandelsorganisation doch eigentlich mit dem Ziel bei, Barrieren und Hemmnisse abzubauen.

Russland hatte sich 18 Jahre lang um eine Mitgliedschaft bemüht, und zwar nicht nur aus Prestigegründen, sondern auch aus dem völlig legitimen Wunsch, bei der Ausarbeitung von Regeln und Standards im Welthandel mitbestimmen zu können. Doch Moskau, das wurde ziemlich schnell klar, hatte überhaupt nicht vor, eine konsequente Öffnung des russischen Marktes, wie bei dem WTO-Beitritt vereinbart, voranzutreiben, vor allem in der selbst nach zwei Jahrzehnten postsowjetischer Entwicklung wegen fehlender Reformen immer noch nicht ausreichend konkurrenzfähigen Landwirtschaft.

Und so begann die Regierung zwar vertragsgemäß mit dem Abbau von Zöllen, gleichzeitig aber wurden neue, außertarifliche Barrieren hochgezogen, die nicht unter die WTO-Regeln fallen, etwa sanitäre und epidemiologische Anforderungen. In den Vordergrund rückte wieder einmal der staatliche Verbraucherschutz, der schon bei Konflikten mit Moldawien oder Georgien immer wieder plötzlich schwerwiegende Makel bei landwirtschaftlichen Produkten aus diesen Ländern entdeckte und ihren Import verbot.

Der Paukenschlag in den Wirtschaftsbeziehungen zur EU erfolgte Ende Januar 2014, also noch vor der Annexion der Krim und ein halbes Jahr vor der Verhängung des Lebensmittelembargos als Antwort auf europäische Sanktionen. Die Entdeckung einiger an Afrikanischer Schweinepest erkrankter Wildschweine im Osten Polens und im Baltikum wurde zum Anlass genommen, um den gesamten Import von Schweinefleisch aus allen 28 Staaten der EU (!) zu verbieten, selbst aus einem weit entfernten Spanien. Angesichts der offensichtlichen Unverhältnismäßigkeit dieser angeblich sanitären Schutzmaßnahme war schon damals klar: Es handelt sich lediglich um einen zynisch vorgeschobenen Vorwand, in Wirklichkeit schottet Russland aus protektionistischen Motiven seinen Markt ab. Bald darauf begann die zuständige russische Behörde die Qualität von polnischem Obst und vor allem von Äpfeln öffentlich zu beanstandet.

I. Was die Sanktionen bewirkt haben

Die schrittweise Schließung des russischen Agrarmarktes für europäische Lebensmittel war also bereits im vollen Gange, als die am 1. August 2014 in Kraft getretenen Wirtschaftssanktionen der EU dem Kreml die willkommene Gelegenheit gaben, im Gegenzug die ganze Angelegenheit mit einem Schlag zu erledigen. Daher ist es ziemlich müßig, den Schaden der europäischen Sanktionen und der russischen Gegenaktionen (Lebensmittelembargo) beziffern zu wollen. Tatsache ist, das es seit 2014 einen starken Rückgang des russisch-europäischen Handels und vor allem einen Einbruch der EU-Exporte gibt (bei deutschen Lieferungen mittlerweile etwa eine Halbierung seit dem Rekordjahr 2012). Aber woran genau das liegt, wird man wohl kaum ausrechnen können.

Denn bei Agrarprodukten ist es teilweise die Folge des Importstopps für Schweinefleisch, das ein gewichtiger Posten bei den EU-Lieferungen nach Russland war. Bei den Investitionsgütern ist es oft die Folge der Importsubstitution, denn den staatlichen Firmen und Institutionen wurde weitestgehend verboten, ausländische Erzeugnisse zu bestellen. Vor allem aber ist der Rückgang europäischer Exporte ein Ergebnis des drastischen Ölpreisverfalls, der die russischen Deviseneinnahmen schmelzen und den Rubelkurs abstürzen ließ, was zu einem massiven Kaufkraftverlust bei russischen Unternehmen und Verbrauchern führte.

Die Behauptung, die europäisch-russischen Wirtschaftsbeziehungen würden wegen den Sanktionen leiden, muss daher relativiert werden. Die westlichen Strafmaßnahmen sind lediglich ein Faktor unter mehreren. Schlichtweg falsch ist dagegen die Behauptung, die Sanktionen hätten nichts bewirkt. Das haben sie sehr wohl! Aber eben nicht auf ökonomischem Gebiet.

Die wirtschaftlichen Sanktionen des Westens hatten ein politisches Ziel: sie sollten dazu beitragen, die russische Expansion in der Ostukraine zu stoppen. Die ideologische Legitimierung dieser verdeckten Expansion lieferte Moskau in Form der Idee eines „Neurusslands", also dem angeblichen Willen der Bevölkerung mehrerer großer Gebiete der heutigen Ukraine, auf ihrem Territorium einen neuen russisch geprägten Staat Novorossija zu errichten. Dazu ist es aber nicht gekommen.

Das „Projekt Novorossija" scheiterte aus mehreren Gründen. So leistete die ukrainische Armee in der Ostukraine einen viel größeren Widerstand, als nach der praktisch kampflosen Eroberung der Krim in Moskau erwartet wurde, und die Bevölkerung der entsprechenden Gebiete ließ sich für diese Idee trotz aller Propaganda nicht begeistern, zumindest blieben die Menschen weitestgehend passiv. Doch auch die Sanktionen des Westens haben zum Scheitern dieses Projektes erheblich beigetragen. Dabei ging es gar nicht mal um die konkret getroffenen Maßnahmen, deren kurzfristige Wirkung für Russland gar nicht mal so schmerzlich war. Aber die EU zeigte Moskau, das sie handlungswillig und handlungsfähig ist, und das machte die Androhung deutlich härterer Sanktionen im Falle einer weiteren russischen Expansion glaubhaft.

Das alles trieb den möglichen politischen, militärischen und wirtschaftlichen Preis für die Schaffung eines „Neurusslands" dermaßen in die Höhe, dass der Kreml dieses Projekt letztendlich fallen ließ und dem Minsk-2-Abkommen zustimmte, dessen Kernstück eine relativ stabile Waffenruhe ist. Die Sanktionen waren also durchaus hilfreich. Die spannende Frage ist jetzt, ob sie es nach wie vor sind.

Für ein Ende der Sanktionen (die Rede ist lediglich von jenen Maßnahmen im Bereich der Wirtschaft, die wegen der Eskalation in der Ostukraine ergriffen wurden; die Sanktionen unmittelbar wegen der Krim-Annexion stehen gar nicht zur Disposition) sprechen wirtschaftliche Überlegungen und der Wunsch nach einer Entspannung in den Beziehungen. Dagegen spricht die durchaus begründete Vermutung, ein solcher Schritt seitens der EU (die USA werden nicht mitziehen) würde wohl nicht nur von der russischen Propaganda als weiterer großer Sieg über den Westen gefeiert werden. Auch der Kreml selbst könne das als Zeichen der Schwäche der Europäer interpretieren. Und da angesichts des jetzigen zerstrittenen Zustandes der EU und erfolgreicher diplomatischer Vorarbeit Moskaus eine erneute einstimmige Einführung von Sanktionen im Falle einer erneuten Zuspitzung der Lage völlig unrealistisch erscheint, würde Brüssel faktisch ein gewichtiges Instrument der Einflussnahme aus der Hand geben.

Wie dem auch sei, rein wirtschaftlich wird ein Ende der Sanktionen der EU nicht viel bringen. Russland verharrt in der Rezession. Die Aussichten für ein künftiges BIP-Wachstum sind selbst nach offiziellen Prognosen sehr bescheiden. Der Ölpreis, der Rubelkurs und die Kaufkraft sind nach wie vor niedrig. Die Importsubstitution ist immer noch Staatsdoktrin. Und das Lebensmittelembargo ist bei den russischen Agrariern (einer wichtigen Wählergruppe Putins) dermaßen populär, dass ihre Lobbyisten bereits jetzt mit aller Kraft für einen möglichst langen Fortbestand des Einfuhrverbots werben.

J. Was uns trotz allem aneinander bindet

Spanische Schweinezüchter, französische Milchbauern, deutsche Maschinen- und Anlagenbauer sollten sich also keine falschen Hoffnungen machen. Einen Boom auf dem russischen Markt wie vor zehn Jahren oder wie 2011–2012 wird es in absehbarer historischer Perspektive nicht mehr geben. Dieser Exportmarkt bleibt zwar relativ groß, besonders für einzelne Firmen, aber seine gesamtökonomische Bedeutung für die EU schwindet. Auch für Deutschland, den wichtigsten russischen Handelspartner in Europa.

So nahm Russland 2015 nur noch Platz 16 in der Liste der wichtigsten deutschen Absatzmärkte ein. Mittlerweile gehen weniger als 2 Prozent der hiesigen Ausfuhren in dieses Riesenreich, selbst verhältnismäßig kleine Staaten wie Belgien, Tschechien oder Schweden kaufen erheblich mehr Waren Made in Germany. Auch die Attraktivität Russlands als Investitionsstandort hat stark gelitten, und zwar weit weniger unter den Sanktionen als unter der strukturellen Krise eines auf Öl aufgebauten, von Korruption durchdrungenen und von Bürokratie gehemmten Wirtschaftssystems. Also auch hier beobachten wir etwas, was man letztendlich als Entfremdung bezeichnen könnte.

Trotzdem: Es ist gerade die Wirtschaft, die Russland und Europa zusammenhält. Vor allem aber sind es die Öl- und Gaspipelines, die diese immer unterschiedlicher werden Welten fest aneinander binden.

Natürlich kann man Energielieferungen als politisches Druckmittel einsetzen, und der Kreml hat das gegenüber osteuropäischen Staaten oft genug getan. Deshalb sollte der Westen unter den neuen geopolitischen Gegebenheiten auch auf diesem Gebiet auf der Hut sein, und die Hartnäckigkeit, mit der Russland um jeden Preis die Ukraine als Transitland bei Gaslieferungen umgehen will, sollte unbedingt nachdenklich stimmen. Denn solange Gas für viele Milliarden harter Devisen über ukrainisches Territorium in die EU fließt, kann Moskau an einer totalen Destabilisierung seines praktisch zum Feind gewordenen Nachbarlandes, das man noch vor kurzem zweiteilen wollte („Projekt Novorossija“), nicht interessiert sein. Das würde sich aber schlagartig ändern, sollte eine große Umgehungspipeline in Betrieb gehen. Daher ist Vorsicht beispielsweise bei dem Nord-Stream-2-Projekt geboten.

Aber generell braucht sich Europa als Ganzes um die Versorgung aus Russland keine Sorgen zu machen, davon zeugen auch die Erfahrungen aus der Sowjetzeit: geliefert wurde immer, selbst in Zeiten außenpolitischer Konfrontation. Es gibt eine starke gegenseitige Abhängigkeit des großen Energielieferanten und seines kaufkräftigen Kunden, und das ist eine solide Grundlage für ein vernünftiges Nebeneinander, vielleicht auch ein Miteinander. Hoffentlich werden die Beziehungen umfangreicher und intensiver sein als mit einem kommunistischen China oder einem absolutistischen Emirat, und da verbinde ich große Hoffnungen mit dem ausgeprägten gegenseitigen kulturellen Interesse. Aber es wird eben ein anderes Russland sein, das viel mehr an die Sowjetunion erinnert als an jenen Staat, der seinerzeit aus der Perestroika hervorging und sich Europa öffnete.

Gabriele Kötschau

Die wirtschaftliche Entwicklung zwischen Russland und Deutschland:

Ein Beispiel zu der Beziehung zwischen Europa und Russland

Eine der zahlreichen Facetten der Beziehung zwischen Russland und Europa ist natürlich die Wirtschaft. Ich werde mich in diesem Vortrag auf die deutsch-russischen Wirtschaftsbeziehungen als Beispiel für die russisch-europäischen Beziehungen konzentrieren, aber gelegentlich auch Bezüge zu anderen EU-Staaten einflechten. Ich werde dabei keine historische Untersuchung anstellen, sondern betrachte den heutigen Stand der Beziehungen, vielleicht mit einem kleinen Blick auf weitere Perspektiven. Und natürlich sind Aussagen zur Wirtschaft nur sinnvoll, wenn man auch den politischen Gesamtrahmen im Blick behält. Deshalb werden in meinem Vortrag auch die derzeitigen Sanktionen und Gegensanktionen beider Seiten, der EU und Russlands, aufgrund der Ukraine-Krise eine Rolle spielen, denn diese beeinflussen selbstverständlich auch die wirtschaftliche Zusammenarbeit zwischen Russland und Deutschland.

Vielleicht kann ich mit einem kleinen persönlichen Einstieg beginnen: Vor kurzem habe ich mit meinem Mann einen Urlaub auf der Halbinsel Kamtschatka im äußersten Osten Russlands verbracht. Dabei werden einem doch sehr deutlich die Dimensionen dieses Landes vor Augen geführt. Russland ist im Grunde kein Land, sondern ein Kontinent. Wir sind von St. Petersburg aus 13 Stunden geflogen und haben dabei elf Zeitzonen hinter uns gebracht. Dass es schwierig ist, ein solches Land zu verwalten, leuchtet ein. Wenn man auf der einen Seite des Landes am Morgen aufsteht, legt man sich auf der anderen Seite bereits schlafen. Das macht natürlich auch die Zusammenarbeit in einem solchen Riesenland nicht ganz einfach.

A. Russland im Ostseeraum

Kehren wir zurück zu meinem derzeitigen Arbeitsort St. Petersburg. Obwohl nur ein kleiner Teil Russlands an der Ostsee gelegen ist – die Stadt Sankt Petersburg und die Oblaste Leningrad und Kaliningrad –, zählt Russland damit doch zu den Ostseeanrainerstaaten, einer Region, die der frühere EU-Kommissionspräsident,

José Manuel Barroso, einmal als die „dynamischste Region Europas" bezeichnete. Russland ist inzwischen der einzige der neun direkten Ostseeanrainer, der nicht der EU angehört. Wenn man manchmal hört, die Ostsee sei ein EU-Binnenmeer, so ist dies mitnichten zutreffend. Die Beteiligung Russlands an den verschiedenen im Ostseeraum tätigen internationalen Organisationen ist aus meiner Sicht ein ausgesprochenes Asset, sowohl für die Organisationen als auch für die Zusammenarbeit und die Entwicklung des Ostseeraums. Fünf Jahre lang habe ich das Sekretariat des Ostseerats in Stockholm geleitet. Auch im Ostseerat ist Russland ein volles Mitglied, ebenso wie in der Ostseeparlamentarierkonferenz, der Union der Ostseestädte und weiterer Organisationen. Obwohl nur etwa acht der 146 Millionen Einwohner Russlands unmittelbar an der Ostsee wohnen, spielt Russland als Staat eine große Rolle in diesem Raum. Ohne russische Beteiligung kann man weder die Ostsee säubern und reinhalten; mögliche Schiffsunfälle können nur in gemeinsamen Anstrengungen bekämpft werden, und der Abbau von Handelsbarrieren erfordert ebenfalls die Einigung zwischen den EU- und Nicht-EU-Staaten. Das funktioniert nur, wenn alle Ostseeanrainerstaaten einschließlich Russlands zusammenarbeiten. Übrigens bieten gerade die russischen Ostseeregionen, also Sankt Petersburg, die Oblaste Leningrad und Kaliningrad, einen guten Einstieg in den großen, wenn auch gerade jetzt nicht einfachen russischen Markt.

B. Handelspartner Russlands

Die wichtigsten Handelspartner Russlands sind – wenn auch seit der Verhängung der Sanktionen in verringertem Umfang – China, die Niederlande und Deutschland an dritter Stelle. China, ein Riesenreich, das eben jetzt, nach der Verhängung der Sanktionen durch den Westen, umso mehr versucht, an Russland heranzurücken und intensiver mit Russland zusammenzuarbeiten. Auch die Niederlande waren und sind ein sehr enger Handelspartner Russlands. Warum? Vor allem wegen der Rohstofflieferungen aus Russland, d.h. natürlich Öl und Gas, besonders Rohöl, das in den Niederlanden raffiniert wird. Deutschland ist als Wirtschaftspartner Russlands inzwischen vom zweiten auf den dritten Platz abgerutscht. Das wichtigste Importland Russlands im Jahr 2014 war China mit 17,8 Prozent an den Importen, gefolgt von Deutschland mit 11,5 Prozent und den USA mit 6,6 Prozent. Und die wichtigsten Exportländer Russlands im letzten Jahr waren die Niederlande mit einem Anteil von 13,7 Prozent, gefolgt von China und Deutschland mit jeweils 7,5 Prozent.

C. Deutsch-russische Wirtschaftsstatistik und wirtschaftliche Grundgegebenheiten Russlands

Was Deutschland betrifft, so war der wichtigste Handelspartner Deutschlands auch im letzten Jahr wieder Frankreich mit einem Warenwert in Höhe von ungefähr 170 Milliarden Euro, Im- und Exporte zusammengerechnet. Auf den Rängen zwei und drei folgten dann die Niederlande und die Volksrepublik China. Der Warenverkehr Deutschlands mit der Russischen Föderation ist im letzten Jahr erheblich zurückgegangen, exportseitig um über 18 Prozent, und importseitig um etwa 7 Prozent. Russland belegt in der Reihenfolge der wichtigsten deutschen Handelspartner bei den Exporten mit ungefähr 30 Milliarden Euro nur den Rang 13, bei den Importen im letzten Jahr den Rang 10. Im Vorjahr sah es noch ganz anders aus, damals belegte Russland exportseitig noch den 11. Platz (nicht den 13.) und importseitig Platz 7 (nicht 10). Man sieht daran schon recht deutlich Verschiebungen in den wirtschaftlichen Strukturen. Sicher sind diese Entwicklungen nicht allein die Folge der Sanktionen, sondern auch der derzeitigen russischen Wirtschaftsschwäche: Worin liegen deren Ursachen? Zum einen ist Russland ein Land, das überwiegend Rohstoffe exportiert; genauer gesagt: bis vor kurzer Zeit exportiert hat. Seit drei Jahren etwa hören wir von Präsident Putin Aufforderungen, das Land solle mehr selbst produzieren, mehr „lokalisieren". Aber das ist lange weitgehend ungehört verhallt. In das gleiche Horn stößt im Übrigen der russische Wirtschaftsminister, der vor ein paar Monaten sagte: „Wir haben 20 Jahre lang geschlafen. Wir haben Rohstoffe exportiert, anstatt unsere Wirtschaft zu diversifizieren und selbst zu produzieren."

D. Umorientierung der russischen Wirtschaftspolitik?

Durch die EU-Sanktionen und die russischen Gegensanktionen scheint jetzt in Russland ein Umdenkungsprozess eingesetzt zu haben. Man könnte fast sagen, dass jedes Schlechte auch ein Gutes hat. Mir scheint, dass Russland jetzt aufgewacht ist und sich dessen bewusst geworden ist, dass es im Land selbst Änderungen vornehmen muss. Russland sieht sich durch den derzeitigen Ölpreisverfall großen Problemen gegenüber, die zu der allgemeinen Wirtschaftsschwäche hinzukommen. Russland braucht ungefähr einen Preis von 80 Dollar pro Barrel, um gute Gewinne zu machen, und wir stehen heute bei ungefähr 44,45 Dollar pro Barrel. Man kann sich vorstellen, was das bedeutet: das ist etwa die Hälfte des Betrages, den das Land eigentlich benötigt. Das nächste Problem ist die Wechselkursentwicklung. Ich habe vor vier Jahren angefangen, in Russland zu arbeiten. Damals stand der Kurs bei 1 Euro zu 38 Rubel. Heute steht er bei 1 zu 70, und

Ende 2014 lag der Kurs sogar bei weit über 1 zu 80. Zur Zeit weiß niemand, wo der Kurs letztlich stabil wird; Beobachter gehen davon aus, dass er sich zwischen 60 und 70 Rubel pro Euro einpendeln wird. Aber das hängt natürlich von vielen Momenten ab, die sich schwer voraussagen lassen.

E. Makroökonomische Indikatoren

In diesem Zusammenhang lohnt sich ein Blick auf die makroökonomischen Indikatoren: Das Bruttoinlandsprodukt Russlands ist in letzter Zeit erheblich gesunken. Man geht heute (zum Ende des Jahres 2015) von einem Minus von 2,7 bis 3,4 Prozent aus, je nachdem, wessen Prognosen man folgt. Im nächsten Jahr soll es nach den Prognosen aber wieder bergauf gehen. Die Inflation steigt, die Arbeitslosigkeit lässt sich schwer bemessen. Man liest jetzt, es gebe in Russland 15 Prozent Arbeitslosigkeit. Dabei ist zu berücksichtigen: Wenn wir in Deutschland arbeitslos sind, erhalten wir Arbeitslosengeld, von dem wir einigermaßen leben können. Die Russen bekommen in der gleichen Situation nur sehr geringe Mittel, was dazu führt, dass sie sich selten arbeitslos melden. Deshalb zeigt die offizielle Arbeitslosenstatistik nicht unbedingt den tatsächlichen Stand der Arbeitslosigkeit an.

Die derzeitige Inflationsrate in Russland liegt bei 15 Prozent. Das Problem für die Unternehmen ist: sie können nicht 15 Prozent mehr an Gehältern zahlen, weil ihnen die Gewinne keinen Ausgleich hierfür bieten. Das bedeutet, dass die Mitarbeiter der Unternehmen inflationsbedingt wachsende Einkommensverluste hinnehmen müssen. Das ist ein großes Problem. Die Kaufkraft wird geringer, und die Preise steigen weiter. Alle hoffen, dass es im nächsten Jahr besser wird. Der Leitzins war auf 17 Prozent angehoben worden; jetzt ist wieder auf 11 Prozent gesunken. Es ist generell in Russland äußerst teuer und auch schwierig, Kredite aufzunehmen. Der Kreditzins liegt zwischen 15 und 25 Prozent.

F. Finanzsanktionen und andere Erschwernisse

Und hier kommen auch die europäischen Finanzsanktionen gegen Russland ins Spiel. Sie bereiten dem Land erhebliche Probleme. Die Sanktionen der EU gegenüber Russland beziehen sich zum einen auf sogenannte „Dual Use"-Güter, d.h. Güter, die sowohl zivil als auch militärisch genutzt werden können. Gibt es Unsicherheit darüber, ob ein bestimmtes Produkt, das ich als deutscher Unternehmer nach Russland verkaufen will, in Russland möglicherweise auch militärisch genutzt werden kann, so bin ich verpflichtet, die Bundesanstalt für Ausfuhrkontrolle (BAFA) zu kontaktieren, die dann entscheidet, ob das der Fall und damit der

Export verboten ist. Die BAFA war der Fülle von Anfragen anfangs nur schwer gewachsen, und es dauert sechs Monate und mehr, bis der Unternehmer eine Antwort erhielt. In der Zwischenzeit wurde der Auftrag häufig aber schon anderweitig vergeben, selbst wenn die Bundesanstalt im Ergebnis die Unbedenklichkeit bescheinigt hat. Wir haben in St. Petersburg häufig festgestellt, dass deutsche Unternehmen ihre Bewerbungen für Aufträge aus solchen Gründen zurückziehen mussten – und dass die Aufträge dann beispielsweise an die Tochtergesellschaft eines amerikanischen Unternehmens in der Schweiz gegangen sind. Dabei ging es zum Teil um sehr hohe Summen.

Zum zweiten geht es um die Finanzsanktionen, die ich bereits erwähnt habe. Finanzsanktionen bedeuten, dass viele große russische Banken sich nicht mehr im Westen refinanzieren können. Sie erhalten keine Kredite aus Ländern, die Russland mit Sanktionen belegt haben, d.h. insbesondere aus der EU und den USA. Welche Auswirkungen hat das für uns in Deutschland bzw. in Europa? Deutsche Unternehmen, die russische Partner oder auch eigene Filialen oder Tochtergesellschaften in Russland haben, können natürlich nur exportieren, wenn die russischen Partner die erworbenen Güter auch abnehmen und bezahlen können. Gibt es in Russland keine Kredite zu tragbaren Bedingungen – und die Kosten für Kredite haben sich durch die Sanktionen weiter verteuert –, dann kann im Umkehrschluss von deutscher Seite auch nicht exportiert werden. Viele europäische Firmen sind unter diesen Umständen dazu übergegangen, langfristige Zahlungsziele zu vereinbaren, um ihren russischen Abnehmern zu helfen und natürlich zugleich auch, um selbst weiter exportieren zu können. Bereits erwähnt habe ich auch die massive Rubelabwertung in den letzten Monaten. Das ist ein ganz großes Problem, nicht nur für Russland, sondern auch für unsere Exportwirtschaft. Im ersten Jahr, in dem der Rubel stark gefallen ist, konnte nur noch etwa die Hälfte des bisherigen Volumens eingekauft werden. Der Haushalt wird im Herbst für das Folgejahr beschlossen, und wenn dann auf einmal der Rubel massiv verfällt, kann eben nur noch entsprechend weniger eingekauft werden. Aber auch heutzutage, wo der Rubelkurs zum Euro sich etwa zwischen 60 und 75 hält, ist dies immer noch nur etwa die Hälfte des früheren Rubelwertes. Deutschland als Exportnation ist davon natürlich ganz besonders betroffen. Und dann antwortete Russland mit Gegensanktionen, einem Einfuhrverbot für Lebensmittel aus der EU. Sicher gibt es Ausnahmen wie zum Beispiel Babynahrung, Diabetikernahrung oder einige später hinzugefügte Ausnahmen, zum Beispiel für Fischbrut aus Norwegen. Die Ausnahmen betreffen Güter, die Russland selbst nicht produziert, die das Land aber dringend benötigt. Diese Gegensanktionen bekommen auch wir in Schleswig-Holstein zu spüren. Ich denke dabei an die Situation der

Milchbauern, die bisher in erheblichem Maß Milch und Milchprodukte nach Russland exportiert haben. Ein anderes Beispiel ist der nun gestoppte Export von Kohl aus Dithmarschen. Das sind zwei konkrete Beispiele für die Auswirkungen der russischen Gegensanktionen auf Schleswig-Holstein. Welche Auswirkungen hat das auf unsere deutschen Firmen? Etwa 6.000 deutsche Unternehmen sind in Russland tätig, ungefähr 500.000 Arbeitsplätze in Deutschland hängen ab vom Handel mit Russland ab. Man geht davon aus, dass als Auswirkung der Sanktionen bis zum Jahresende 2015 über 50.000 Arbeitsplätze schon verloren gegangen sein werden. Ein konkretes Beispiel hierfür ist auch der Hamburger Hafen. Er ist traditionell für Russland und für Deutschland als wirtschaftliches Bindeglied von großer Bedeutung. Neben den Häfen in Kiel und Lübeck ist auch der Hamburger Hafen für Schleswig-Holstein wichtig, als das „Tor nach Russland" und weiter nach Asien, so wie umgekehrt für die Häfen in Russland Hamburg das „Tor nach Europa" ist. Hamburg arbeitet mit dem Petersburger Hafen und den Häfen in der Oblast Leningrad zusammen, so mit dem neuen Containerterminal in Ust-Luga, 100 km westlich von St. Petersburg entfernt. Die nicht zuletzt aufgrund des Sanktionsregimes schwierige wirtschaftliche Situation in den Beziehungen macht sich seit 2014 auch bei den Hamburger Umschlagszahlen stark bemerkbar. Der Containerumschlag des Hamburger Hafens mit Russland ist im letzten Jahr gegenüber dem Vorjahr um acht Prozent zurückgegangen; im ersten Halbjahr diesen Jahres gab es nochmals einen Rückgang um weitere 36 Prozent.

Ein weiteres Problem ist der Investitionsstopp, denn zur Zeit halten sich sowohl die ausländischen als auch die russischen Investoren mit Investitionen zurück, weil sie schlichtweg nicht wissen, wie es weiter geht. Sie wissen nicht, ob sich die Lage stabilisieren wird oder welche Auswirkungen es auf ihre Investitionen haben wird. Sind die Investitionen sicher oder nicht? Eine solche Unsicherheit führt zu Zurückhaltung auf fast allen Gebieten. Als größtes Problem wird von beiden Seiten aber der eingetretene Vertrauensverlust genannt. Über Jahrzehnte sind im Wirtschaftsbereich gute Beziehungen zueinander aufgebaut worden; natürlich nicht nur im Wirtschaftsbereich. Der Aufbau gegenseitigen Vertrauens ist ein langer Prozess; gute Beziehungen können allerdings in ziemlich kurzer Zeit stark beeinträchtigt werden. Ich selbst prognostiziere jetzt einmal – das ist meine persönliche Meinung –, dass deutsche Unternehmen in Russland dann, wenn die Sanktionen binnen kurzem enden würden, noch eine sehr gute, solide Basis haben. Das Vertrauen zwischen beiden Seiten ist zwar durchaus beeinträchtigt worden, ist aber noch nicht verloren gegangen. Man kann sicherlich nicht mehr dort anknüpfen, wo man aufgehört hatte, aber die Schäden wären in den meisten Fällen in überschaubarer Zeit wieder zu reparieren. Wenn die Sanktionen jedoch länger fortgesetzt werden, müssen wir mit großen Wettbewerbsverlusten rechnen, denn natürlich orientiert sich Russland dann um, und das wird langfristige Auswirkungen haben. Sicher ist auch eine Umorientierung nach Asien, etwa nach China, für Russland nicht ohne Probleme. China strebt sehr stark auf den russischen Markt, auf vielen Gebieten, auch im Bereich des Finanzmarktes. Aber von russischer Seite höre ich oft: „Mit den Deutschen haben wir so viel Gemeinsames, auch, was die Mentalität angeht, und wir würden sehr gern mit Euch weiterarbeiten." Doch die Kooperation mit China und auch mit Indien und den anderen BRICS-Staaten geht voran, tendenziell zu Lasten europäischer Partner. Es wird sogar schon diskutiert, zwischen Russland und den fünf BRICS-Ländern einen visafreien Verkehr zu errichten.

G. Importsubstitution

Ein anderes Thema in diesem Zusammenhang sind auch die von der russischen Regierung angestrebten Importsubstitutionen. Was versteht man unter Importsubstitution? Zum einen den Einkauf von Waren aus Ländern, die sich nicht den Sanktionen angeschlossen haben. So findet man in den großen Supermärkten eine große Auswahl von Käse aus der Schweiz. Natürlich sind diese Produkte teuer als russische, aber es gibt genügend Russen, die westlichen Käse lieben und die bereit sind, hierfür mehr zu bezahlen.

Die zweite Säule der Importsubventionen ist die „Lokalisierung", die Erhöhung der eigenen, der russischen Produktion. Der russische Industrieminister hat vor kurzem verlautbaren lassen, bis 2020 sollten in Russland für die Importsubstitution 2.000 neue Einzelprojekte in 18 Industriezweigen eingerichtet werden, z.B. in den Bereichen Energieanlagen, Chemieindustrie, Schiffbau, Pharmaindustrie und Medizintechnik. In diesem Bereich ist traditionell auch Deutschland sehr stark vertreten, nicht zuletzt auch Norddeutschland, und eine verstärkte Produktion in Russland wird natürlich auch Auswirkungen auf die deutschen Medizintechnikunternehmen haben. Die Alternative wird sein, dass deutsche Unternehmen ebenfalls vor Ort produzieren oder sich an russischen Projekten beteiligen. Wo es reale Möglichkeiten gibt, berate ich unsere Unternehmen dahingehend: „Wenn ihr mit Russland langfristig arbeiten wollt, geht ins Land und produziert dort selbst. Das bedeutet nicht, hier in Norddeutschland Betriebe zu schließen, sondern für den gigantischen russischen Markt auch dort zu produzieren. Dabei geht es natürlich auch um Technologietransfer. In vielen Regionen Russlands, nicht nur in Moskau und St. Petersburg, sondern z.B. auch in Ekaterinburg, Nowosibirsk und weiter im Osten, werden heute durchaus attraktive Bedingungen geboten. Er gibt Clusterbildungen und Sonderwirtschaftszonen, doch sind die Rahmenbedingungen zu beachten. Dazu zählen der Abbau bürokratischer Hemmnisse sowie administrative und logistische Unterstützung für Investoren. Russland wirbt natürlich auch mit dem derzeit sehr geringen Rubelkurs; das heißt, dass ausländische Investoren in Russland kostengünstig produzieren können und kostengünstige Fachkräfte finden. Freilich steht es mit den Fachkräften im Grunde ähnlich wie bei uns. Gerade im technischen und handwerklichen Bereich fehlen sie überall.

H. Die Handelskammer Hamburg und ihre Aktivitäten in St. Petersburg

Zum Schluss möchte ich gern darauf zu sprechen kommen, welche Aktivitäten beispielsweise die Handelskammer Hamburg mit ihrer Vertretung in St. Petersburg für die deutsch-russischen Wirtschaftsbeziehungen durchführt. Sie unterstützt Hamburger Unternehmen, die sich nach St. Petersburg, in den Nordwesten Russlands oder weiter nach Russland hinein orientieren wollen oder dort Geschäftspartner suchen. Umgekehrt berät sie auch russische Unternehmen, die sich in Hamburg und Umgebung niederlassen wollen oder ihrerseits Partner in Hamburg suchen.

Die Vertretung der Handelskammer Hamburg in St. Petersburg besteht seit 22 Jahren. Von Anfang an hat sich die Kammer auch im Bereich der Fachkräfteausbildung engagiert, etwa mit einem Praktikantenprogramm, das viele Jahre lang gemeinsam mit dem Hamburger Senat durchgeführt wurde. Junge Russinnen und Russen mit guten Deutschkenntnissen und erster Berufserfahrung können in Hamburg ein dreimonatiges Praktikum in einem Unternehmen absolvieren und sich so fortbilden als künftige Fachkräfte für deutsch-russische Wirtschaftsbeziehungen. Sie bringen ihre Arbeitserfahrungen in das Unternehmen ein und nehmen ihrerseits neue Kenntnisse und Erfahrungen mit nach Russland in „ihr" Unternehmen. Nicht selten entstehen hierdurch konkrete Kooperationen zwischen den Unternehmen in Deutschland und Russland. Die Hamburger Unternehmen werden handverlesen ausgesucht. Sie müssen fachlich zu den Praktikanten passen, die in Hamburg in Familien wohnen, damit sie deutsch sprechen und das deutsche Leben kennenlernen. Und sie sollen natürlich auch sehen: wie arbeitet man in Deutschland?

Darüber hinaus organisiert die Handelskammer seit 14 Jahren einen Studiengang „Internationales Wirtschaftsrecht", ebenfalls in deutscher Sprache, in Zusammenarbeit mit der St. Petersburger Staatlichen Universität und mit Unterstützung des DAAD. In den Räumen der St. Petersburger Staatlichen Universität lehren Hamburger Professoren und Rechtspraktiker deutsches und internationales Wirtschaftsrecht, Donnerstag und Freitagabend sowie am Sonnabend und Sonntag tagsüber. Die Teilnehmer sind junge Leute, die gut deutsch sprechen und neben ihrem Studium oder neben ihrer Arbeit weiterlernen wollen. Die Juristen, die in St. Petersburg bereits auf Masterebene studieren, können dann ein Studiensemester in Hamburg anschließen und erhalten dann ihren deutschen Master of Laws, neben ihrem russischen Abschluss, sie sprechen beide Sprachen und kennen beide Rechtssysteme. Das sind unschätzbare Voraussetzungen für ihre spätere Karriere, für ihre Arbeit. Die Absolventen dieser Programme sind mittlerweile in vielen internationalen und in russischen Unternehmen tätig, haben gute Funktionen in russischen Behörden oder sind Dozenten in verschiedenen Universitäten, und sie stehen uns bei Veranstaltungen als Experten zur Verfügung. Ich habe selbst zwei Mitarbeiterinnen eingestellt, die eines der beiden Programme absolviert haben. Sie sind fachlich versiert und sprechen hervorragend deutsch, haben Verständnis für beide Seiten, kennen auch unser Rechtssystem und sind exzellente Brücken zwischen unseren Ländern. So gibt es einen guten Pool junger Leute, den auch unsere Unternehmen gern nutzen, wenn sie Arbeitskräfte einstellen. Alle Bildungsprogramme der Kammer werden bewusst in der deutschen Sprache abgehalten, da die Handelskammer gerade junge Leute ausbilden möchte, die Brücken bauen zwischen Russland und Deutschland, zwischen Hamburg und St. Petersburg. Die Hamburger Handelskammer hat seither etwa 1.200 junge Leute fortgebildet.

I. Ausblick

Im Gesamtergebnis ist also vielleicht doch nicht alles so negativ, wie es die gesamtpolitischen Entwicklungen und auch die Statistiken auf den ersten Blick vermuten lassen könnten. Zwischen Russland und Europa bestehen auch weiterhin enge Verbindungen, man sollte sie wieder stärker entwickeln.

Michael Düring

Schwarz-Weiß-Malerei und Differenzierung:
Wie interpretieren russische Schriftsteller*innen politisches Handeln?

A. Einführung

Seit V.V. Putins Außenpolitik, die in den ersten Jahren seiner Regierung ja durchaus Ausgleich, Austausch und Annäherung in den Mittelpunkt gerückt hatte[1], auf einen Kurs der Konfrontation umgestellt wurde[2], sehen sich russische Intellektuelle, vor allem Schriftsteller, einem Dilemma ausgesetzt. Stellt man sich eindeutig auf die Seite der Macht, dann verschafft man sich in Russland zwar eine gesicherte, vielleicht auch durch den Staat „versüßte“ Existenz mit zahlreichen Privilegien, verscherzt es sich aber mit der restlichen, demokratisch orientierten intellektuellen Welt, die jedwede Anbiederung an politische Führungen grundsätzlich als verwerflich abtut. Dies hat dann die Konsequenz, dass an Veröffentlichungen, Lesereisen oder Auftritte in westlichen Fernsehprogrammen nicht mehr

1 Vgl. exemplarisch Mommsen, Margareta/Nußberger, Angelika, Das System Putin, München 2007, S. 24–25; zum „Putinismus“, der bereits auf Russlands Abwendung vom Westen verweist, vgl. Laqueur, Walter, Putinismus. Wohin treibt Russland. Aus dem Englischen von Klaus-Dieter Schmidt, Berlin 2015, S. 88–90, 127–131, 225–234; vgl. auch Erler, Gernot/Schulze, Peter W. (Hrsg.), Die Europäisierung Russlands. Moskau zwischen Modernisierungspartnerschaft und Großmachtrolle, Frankfurt a.M. 2012, S. 150–162.

2 Beginnend eigentlich schon mit einem Satz über Terroristen, geäußert 1999 (!) auf einer Pressekonferenz („Мы будем преследовать террористов везде. В аэропорту — в аэропорту. Значит, вы уж меня извините, в туалете поймаем, мы в сортире их замочим, в конце концов. Всё, вопрос закрыт окончательно“), so Gorham, Michael S., After Newspeak. Language Culture and Politics in Russia from Gorbachev to Putin, Ithaca and London 2014, S. 131–165, hier S. 131–135; vgl. auch Geworkjan, Natalija, Aus erster Hand. Gespräche mit Wladimir Putin. Aus dem Russischen von Eva Henkensiefken, München 2000, S. 194: „Ich kann es nur noch einmal wiederholen: Die Banditen werden vernichtet. Wer eine Waffe in die Hand nimmt, wird vernichtet.“ Zum so genannten „Great Turn“ in der Politik Putins im Jahr 2003 vgl. ausführlich Judah, Ben, Fragile Empire. How Russia Fell In and Out of Love with Vladimir Putin, Newhaven and London 2013, S. 55–90; vgl. dazu auch Erler/Schulze, Die Europäisierung Russlands, S. 25–32.

zu denken ist. Stellt man sich allerdings eindeutig auf die Seite der demokratischen Welt, dann gerät man in Russland schnell in den Verdacht, ein Lakai des Westens zu sein, der sich von dort aushalten lässt und getreu der Devise verfährt, dessen Brot zu essen, wessen Lied man singt…

Grundsätzlich verbirgt sich hinter dieser Situation nun ein kulturgeschichtliches Phänomen, das seinen Ursprung im 19. Jahrhundert in der Kontroverse zwischen den sogenannten „Zapadniki", also „Westlern", und den „Slavophilen" hat[3]. Greift man in der russischen Kulturgeschichte diesbezüglich so weit wie möglich (oder wie nötig) zurück, dann lässt sich der Beginn dieser Kontroverse auf einem Gebiet verorten, das auf den ersten Blick eigentlich gar nicht politisch-militärisch, sondern eher literarisch-ästhetisch dominiert ist. So hatte sich in der Romantik, in der Dichter und Kritiker sich ja unter anderem kritisch mit der Gallomanie des russischen Adels auseinandersetzten, der russische Nationaldichter Aleksandr S. Puškin als Mitglied der literarischen Vereinigung „Arzamas"[4] für einen sprachkreativen Ansatz ausgesprochen, der die russische Sprache im Konzert der europäischen Sprachen sah.[5] In einer anderen Gruppierung, der sogenannten „Gesprächsrunde"/ „Beseda ljubitelej russkogo slova" („Gesprächskreis der Freunde des russischen Wortes" [1811])[6], sinnigerweise geleitet von einem Admiral[7], freilich vertrat man den Ansatz, das Russische könne sich auch ohne weitergehenden Einfluss anderer Sprachen entwickeln.

Bewegt sich diese Kontroverse also noch auf „ungefährlichem", weil unpolitischem Terrain, so gewinnt die Debatte an Brisanz, als Pëtr Čaadaev 1836 in seinem ersten Philosophischen Brief eine Passage niederlegt, die auf höchster Ebene, also im Zarenhaus, für Unruhe sorgt:

3 Ähnlich auch in einem Beitrag von Ulrich M. Schmid in der „Neuen Zürcher Zeitung" (vgl. dazu Schmid, Ulrich M., Der russische Staat als Krebsgeschwür, in: NZZ, 06.09.2014, S. 55); vgl. auch Laqueur, Putinismus, S. 145–158.

4 Vgl. Majofis, Marija, Vozzvanie k Evrope: literaturnoe obščestvo 'Arzamas' i rossjskoij modernizacionnyj proėkt, Moskva 2008 (=Novoe literaturnoe obozrenie), S. 731–737.

5 Noch in seinem Hauptwerk „Evgenij Onegin" klagte Puškin darüber, dass man für den ‚Fensterladen' im Russischen kein eigenes Wort besitze („Wasistdas"?): So heißt es in der 35. Strophe des ersten Buches von „Evgenij Onegin": „И хлебник, немец аккуратный, / В бумажном колпаке, нераз / Уж отворял свой вас ис дас" (http://www.lib.ru/litra/pushkin/p4.txt, aufgerufen am 24.03.2016).

6 Vgl. dazu Lauer, Reinhard, Geschichte der russischen Literatur, München 2000, S. 103–105.

7 Vgl. Lauer, Geschichte, S. 104.

> Betrachtet man uns, so könnte man sagen, das allgemeine Gesetz der Menschheit gelte für uns nicht. Vereinsamt in der Welt, haben wir der Welt nichts gegeben, haben sie nichts gelehrt; wir haben keinen Gedanken in die Masse der menschlichen Idee hineingetragen, in keinerlei Weise an dem Fortschritt der menschlichen Vernunft mitgewirkt und alles, was zu uns von diesem Fortschritt gelangt ist, entstellt. Von dem ersten Augenblick unseres sozialen Daseins an haben wir nichts für das Allgemeinwohl getan; kein einziger nützlicher Gedanke erwuchs auf dem unfruchtbaren Boden unserer Heimat; keine große Wahrheit ging aus unserer Mitte hervor; wir gaben uns keine Mühe, etwas selber auszudenken, und von dem, was andere ausgedacht, nahmen wir nur die trügende Oberfläche und den unnützen Tand herüber.[8]

Čaadaev legt den Finger in eine Wunde, die auch dem Zarenhaus weh zu tun scheint, denn wie anders ist seine geistige Entmündigung inklusive Schreibverbot zu erklären?[9] Zudem drängt sich der Eindruck auf, dass seine Diagnose gar nicht so weit von der heutigen politischen Realität entfernt zu sein scheint – und damit wären wir bei der Relevanz der Debatten des 19. Jahrhunderts für unser 21. Jahrhundert.

Die Aufgeregtheit der Diskussion um Čaadaevs Philosophische Briefe im 19. Jahrhundert macht überdies klar, warum die Debatte um das Verhältnis Russlands zum Westen sich fortsetzte, denn alle Intellektuellen der folgenden Jahrzehnte und Jahrhunderte mussten sich, man möchte fast sagen zwangsläufig, dazu äußern. Stellvertretend zu nennen sind hier sicher F.M. Dostoevskij, dessen Erfahrungen mit der Weltausstellung in London in einer Polemik gegen

---

8 Tschaadajew, Peter, Philosophische Briefe, 1. Brief, S. 17; vgl. auch:Lehmann, Ulf/ Lehmann-Carli, Gabriele, Nachwort, in: Tschaadajew, Peter, Apologie eines Wahnsinnigen. Geschichtsphilosophische Schriften, Leipzig 1992, S. 229–30; vgl. Auch Čaadaev, Piotr Ja., Filosofičeskie pis'ma i Apologia sumasšedšego, Ann Arbor 1978, S. 16–17 (Orthographie an den heutigen Stand angeglichen): „Глядя на нас, можно сказать, что по отношению к нам всеобщий закон человечества сведен на нет. Одинокие в мире, мы миру ничего не дали, ничего у мира не взяли, мы не внесли в массу человеческих идей ни одной мысли, мы ни в чем не содействовали движению вперед человеческого разума, а все, что досталось нам от этого движения, мы исказили. Начиная с самых первых мгновений нашего социального существования, от нас не вышло ничего пригодного для общего блага людей, ни одна полезная мысль не дала ростка на бесплодной почве нашей родины, ни одна великая истина не была выдвинута из нашей среды; мы не дали себе труда ничего создать в области воображения и из того, что создано воображением других, мы заимствовали одну лишь обманчивую внешность и бесполезную роскошь".

9 Vgl. zu den Reaktionen auf die Veröffentlichung des Briefes auch Falk, Heinrich, Das Weltbild Peter J. Tschaadajews nach seinen acht „Philosophischen Briefen", München 1954, S. 15–17 (=Veröffentlichungen des Osteuropa-Instituts München, Band IX).

den „verfaulten Westen“ gipfelten[10], exemplarisch sind aber auch die Erfahrungen anderer russischer Realisten wie I.S. Turgenev[11], einem Westler, oder L.N. Tolstoj[12], ganz zu schweigen von den Äußerungen sowjetischer Dissidenten wie A.I. Solženicyn[13], die immer irgendwie zwischen den Welten standen.

Bemerkenswert ist in diesem Zusammenhang nun, dass es in Russland stets Epochen gegeben hat, in denen eindeutige Grenzziehungen, in gewisser Weise eine offizielle Schwarz-Weiß-Malerei, zum Repertoire auch der Literatur gehörten. Zu einer solchen Epoche müssen wir in seiner Grundausrichtung wohl den kritischen Realismus des 19. Jahrhunderts, in verschärfter Weise aber natürlich den sozialistischen Realismus zählen, dessen ästhetische und inhaltliche Vorgaben sich nicht von politisch-ideologischer Einflussnahme trennen lassen. Zwischen diesen Epochen, und das sei hier nicht verschwiegen, gab es aber immer auch Zeiten, in denen Gegenentwicklungen möglich waren. Für die russische Literatur und Kultur insgesamt war das die Zeit der Jahrhundertwende vom 19. und 20. Jahrhundert, der so genannte Symbolismus, der gefolgt wurde von einer noch heute wirkmächtigen Avantgarde mit Künstlern und Autorenwie K. Malevič, V.V. Majakovskij oder D. Burljuk.[14] Dazu gehört aber auch die Wende vom 20. zum 21. Jahrhundert, also die so genannte russische Postmoderne, die auch in Deutschland bekannte Namen wie Viktor Erofeev, Vladimir Sorokin oder Viktor Pelevin hervorgebracht hat. Folglich könnte man im frühen Stadium dieses Beitrags also darüber nachdenken, warum die Phasen der Gegentendenzen, also des Verschwimmens der Grenzen, immer kürzer waren als die Epochen der klaren Grenzziehungen; doch dazu später mehr.

---

10 Vgl. dazu Dostoevskij, Fjodor M., Winteraufzeichnungen über Sommereindrücke (1863), in: ders.: Aufzeichnungen aus einem Totenhaus, München und Zürich, S. 735–833.

11 Vgl. Lauer, Geschichte, S. 336.

12 Vgl. Lauer, Geschichte, S. 403.

13 Solženicyn war als Dissident gegen das Sowjetregime aufgetreten, war dadurch aber nicht automatisch zum Verfechter westlicher (Demokratie)-Werte geworden. Nach seiner Rückkehr in das postsowjetische Russland 1994 wurde er zu einem vehementen Streiter für die Orthodoxie und den starken Staat, der sich dem Westen gegenüberzustellen hatte – 2007 wurde er von V. Putin mit dem Staatspreis der Russischen Föderation ausgezeichnet; vgl. dazu Kriza, Elisa, Alexander Solzhenitsyn: Cold War Icon, Gulag Author, Russian Nationalist? A Study of the Western Reception of his Literary Writings, Historical Interpretations, and Political Ideas, Stuttgart 2014, S. 241–258.

14 Vgl. dazu Zelinsky, Bodo, Der Primitivismus und die Anfänge der Avantgardistischen Malerei und Literatur in Russlands, in: Ders. (Hrsg.), Russische Avantgarde 1907–1921: Vom Primitivismus zum Konstruktivismus, Bonn 1983, S. 5–25, hier S. 24–25.

Denn viel spannender scheint zu diesem Zeitpunkt die Frage, was nach der Postmoderne der Wende vom 20. zum 21. Jahrhundert nun jetzt eigentlich kommen muss? Um diese Frage zu beantworten, ist ein wenig auszuholen. Vor etwa einem Jahr begann in der deutschen Wochenzeitung „Die Zeit" eine Serie mit Beiträgen deutscher Philosophen und Kulturwissenschaftler zum so genannten „Neuen Realismus".[15] Auf eine der zentralen Aussagen zugespitzt ließe sich vielleicht sagen, dass es in dieser Denkrichtung darum geht, nach der behaupteten Beliebigkeit der Postmoderne nun wieder auf klare, einfache Paradigmen zurückzugreifen und mit ihnen zu argumentieren. Greifen wir auf die Begrifflichkeiten der Postmoderne und auf den berühmten Terminus Lyotards zurück, wäre es demnach also wieder an der Zeit für eine neue „große Erzählung", in den Worten des italienischen Philosophen Maurizio Ferraris geht es ganz offenbar um die „Rückkehr starken Denkens".[16] Und genau an dieser Stelle wird es nun interessant. In Russland, respektive im gesamten postsowjetischen Raum gelten die 1990-er und beginnenden Nullerjahre des 21. Jahrhunderts als eine Zeit der Experimente, der kreativ-kritischen, vielleicht auch chaotischen Auseinandersetzung mit einer durch die Oktoberrevolution 1917 in die Welt gesetzten „Großen Erzählung". Die Schwarz-Weiß-Malerei der Ideologie wird in gewisser Weise also durch die Farbpaletten postmoderner Intellektueller ersetzt. Doch diese Farbpalette scheint einem ganz bestimmten Politiker nicht geheuer, und so beginnt spätestens gegen Ende des ersten Jahrzehnts des 21. Jahrhunderts in Russland ein Projekt, das man die bewusste Verdrängung der Postmoderne und die bewusste Einsetzung eines „neuen Realismus" nennen kann. Doch dieser „neue Realismus" unterscheidet sich von dem in Der Zeit beschriebenen grundsätzlich, ist er in Russland doch ein „von oben" eingesetztes Projekt.

Warum aber wird der neue Realismus „von oben" initiiert? In gewisser Weise schließt sich hier der Kreis zum Beginn vorliegender Ausführungen, denn man kann ohne weiteres zurückkehren zum kulturhistorischen Kontext der „Westler- und Slavophilenkontroverse" des 19. Jahrhunderts. V.V. Putin hat in den letzten Jahren in zahlreichen Reden immer wieder die moralische Korrumpierung des Westens angeprangert, spätestens jedoch seit Ende der Olympiade in Sotschi und dem Beginn einer ökonomischen Krise, die die Verwundbarkeit Russlands als eine Großmacht offenbarte, die ihren Wohlstand vor allem Primärrohstoffen verdankt. Ganz abgesehen davon, dass man als amerikanischer Präsident

15 Vgl. exemplarisch http://www.zeit.de/2014/15/neuer-realismus (aufgerufen am 17.03.2016).

16 So in dessen Schrift „Realismo positivo" von 2013 (vgl. dazu http://www.zeit.de/2014/15/neuer-realismus).

Russland natürlich nicht ungestraft als nur noch „regionale Großmacht" einschätzen sollte….[17] Bevorzugte Angriffsziele in diesen Reden Putins waren nun stets der westliche Pluralismus, exemplarisch etwa dessen Gesetzgebung gegenüber Gleichgeschlechtlichen, oder die Demokratie als Staatsmodell insgesamt.[18] Demgegenüber stehen als Vorbild ein zentralistisch-autokratisch regierter Staat, die Orthodoxie und ein Geschichtsverständnis, in dem sich sowjetische, zaristische und andere Mythen zu einer kruden, aber offensichtlich doch die Masse der Bevölkerung überzeugenden Mischung verbinden. Damit aber wird eine neue, auf Denkmodelle des 19. Jahrhunderts verweisende „Große Erzählung" initiiert, in der nun auch die Ukraine-Politik V. Putins einen Platz findet, denn in dieser als „krude" bezeichneten Mischung gehören Teile der Ukraine als „Malorossija" oder „Novorossija" eben zu Russland.[19] Zugleich allerdings kann man die Ukrainepolitik Russlands seit Frühjahr 2014 auch als Beleg dafür sehen, mit welchen Schachzügen Vladimir Putin die westliche Welt mit allen Konsequenzen in so genannte „Putin-Versteher"[20] und „Demokraten" spaltet – wobei wir wieder bei der Schwarz-Weiß-Malerei wären…

B. Zum Diskurs der Intellektuellen

Wie nicht anders zu erwarten hat sich seit Beginn der Kriegs in der Ostukraine unter russischen Intellektuellen eine veritable Kontroverse entwickelt. Ziel des vorliegenden Beitrags wird es nun aber nicht sein, Pro- und Kontra-Positionen gegeneinander aufzuwiegen. Ziel ist vielmehr, ausgewählte Stellungnahmen gewichtiger, in Deutschland bekannter Intellektueller/Schriftsteller zu analysieren, das heißt zu untersuchen, welche Argumente in dieser Kontroverse ins Feld geführt werden und wie dies geschieht. Die Einschränkung „in Deutschland bekannte Intellektuelle/Schriftstelle" macht vorab deutlich, dass es zumeist um Anti-Putin-Positionen gehen wird, die – literatursoziologisch gedacht – wohl auch für einen

---

17 Vgl. dazu http://www.spiegel.de/politik/ausland/ukraine-krise-obama-verspottet-russland-als-regionalmacht-a-960715.html (aufgerufen am 17.03.2016).

18 Vgl. dazu exemplarisch den Artikel „Putin unterzeichnet Anti-Homosexuellengesetz", nachzulesen auf: http://www.spiegel.de/politik/ausland/russland-putin-segnet-gesetz-gegen-homosexualitaet-ab-a-908624.html (aufgerufen am 17.03.2016).

19 In dieser Hinsicht empfiehlt sich, weil schnell aktualisierbar, ein Blick auf die Seiten zu „Novorossija" in Wikipedia, auf denen die Donecker und Luhansker-Republiken als selbständige Staaten aufgeführt werden (vgl. dazu https://de.wikipedia.org/wiki/Föderativer_Staat_Neurussland; aufgerufen am 17.03.2016).

20 Exemplarisch in Bröcker, Mathias/Schreyer, Paul, Wir sind die Guten. Ansichten eines Putin-Verstehers oder wie uns die Medien manipulieren, Frankfurt/M. 2014.

ganz bestimmten „Meinungsmarkt“ verfasst wurden, sich aber dennoch durch den Versuch auszeichnen, einen differenzierten Blick auf eine Situation zu werfen, der in vielen Diskussionen der letzten zwei Jahre nicht immer erkennbar war.

I. Jüngere Generation

Beginnen wir mit einem Interview, das die 1981 geborene russische Schriftstellerin Natal'ja Ključarëva dem Magazin der Bundeszentrale für Politische Bildung, „Fluter“, gegeben hat.[21] Zentrale Themen darin sind die Spaltung der russischen Gesellschaft in Putin-Anhänger und Putin-Gegner, der Anfang der 1990-er Jahre, die seit Kurzem zunehmenden Versuche des Staates, Privatpersonen von Kontakten mit dem Westen abzuraten, die aktuelle Medienlandschaft sowie der „Neo-Stalinismus“ und die allgegenwärtige Propaganda. Damit werden zentrale Positionen der Kontroverse benannt, dank derer zugleich ein düsteres Bild Russlands entworfen wird. Dennoch hat Natal'ja Ključarëvaeine zentrale Hoffnung, die, dass Europa seine Beziehungen zu Russland aufrechterhält.[22] Was an diesem Interview nun besonders auffällt ist, dass die Ključarëvasich nicht als ausdrückliche Gegnerin Putins inszeniert, unterschwellig wird vielmehr deutlich, dass eine gewisse Spannung entstanden ist, die den Intellektuellen Zurückhaltung nahelegt: „Als ich 20 Jahre alt war [2001; M.D.], bin ich auch mit der Fahne auf die Straße gegangen. Heute mache ich das nicht mehr“[23], so antwortet die Autorin auf die Frage, ob Repressionen die Menschen in Russland mundtot machen sollen. Darauf angesprochen, ob sie Angst vor staatlicher Verfolgung habe, sagt sie: „Eigentlich nicht. Ich persönlich bin noch nicht Ziel von Repressionen geworden. Aber es stimmt schon, die Bedrohung erscheint unmittelbarer – […]“.[24] In diesem Zusammenhang ist nun auf ein weiteres Interview zu verweisen, das Natal'ja Ključarëvaein Jahr zuvor der Tageszeitung „Die Welt“ gegeben hatte.[25] Darin versuchte sie als Schriftstellerin und mit dem Instrumentarium der Psychoanalyse, den Entwicklungen in Russland auf den Grund zu gehen. Hauptthese dieses Beitrags ist, das die Bürger Russlands ihr ganzes Leben in Demütigung verbrächten – wie die Figuren aus den Romanen Dostoevskijs – und daher nur eines kennten, Rache. Diese Extreme, also Demütigung und der Wunsch nach Ausgleich durch Rache, führten

21 http://www.fluter.de/de/144/thema/13420/ (aufgerufen am 17.03.2016).

22 Vgl. http://www.fluter.de/de/144/thema/13420/.

23 http://www.fluter.de/de/144/thema/13420/.

24 http://www.fluter.de/de/144/thema/13420/.

25 http://www.welt.de/kultur/literarischewelt/article126743544/Der-russische-Patriotismus-ist-eine-Krankheit.html (aufgerufen am 17.03.2016).

nun, so die Ključarëva, zur Störung des inneren Gleichgewichts des Individuums, das zu dessen Wiederherstellung Stolz benötige. Demütigung, Rache und Stolz aber ergäben eine gefährliche Mischung, vor allem wenn Stolz, so Ključarëva, etwa über die Inszenierung pompöser Olympischer Spiele durch den Staat generiert werde. Vom so „gesundeten" Bürger könne schließlich Rache geübt werden, indem man ihm zusätzlich ein Feindbild präsentiere, an dem abzuarbeiten es sich lohne. Und diese Feinde seien weder die Liberalen im eigenen Land noch tschetschenische Terroristen, sondern der Westen und insbesondere Amerika…

Eine weitere Vertreterin der jüngeren Schriftstellerinnengeneration ist die 1985 geborene Alisa Ganieva, die in Deutschland mit ihrem Roman „Die russische Mauer"[26] bekannt geworden ist. Auch sie hat sich seit Beginn der Ukraine-Krise mehrfach ausnehmend kritisch zur Politik Putins geäußert. In einem Beitrag für „Die Welt" vom 1. April 2014, übertitelt als „Gefangen in der russischen Zeitmaschine"[27], greift sie einen Topos auf, den ein Jahr später übrigens auch Vladimir Sorokin für einen Artikel in der „Zeit" verwendet („Putins Zeitmaschine"[28]). Ganieva greift, anders als Ključarëva, nun nicht auf psychoanalytische Denkmodelle zurück, sondern auf ästhetische Kategorien, denn sie sieht ihr Land als „absurdes Theater", als „lächerliche Farce", in dem vor allem die Massenmedien den „blanken Irrsinn" als „surrealistischen Albtraum" verkauften.[29] Zwecks Illustration dieser These führt sie Beispiele aus dem Alltag einfacher Menschen an, der sich blitzartig verändert zu haben scheint. So zeigt sich Ganieva erstaunt darüber, dass „eine […] absurde Parodie sowjetischer Rhetorik"[30] tatsächlich ernst genommen werde. Konzentrieren wir uns aus diesem Zitat nun auf den Begriff der ‚Parodie', der ja auch in diesem Zusammenhang voraussetzt, dass man den Schrecken des Originals noch kennt. Nun ist das Originalganz sicher noch bekannt, aber offensichtlich nicht mehr dessen Schrecken (oder wird er verdrängt?), sodass die aktuelle Propagandaschlacht eben doch Erfolg hat, wie folgendes Beispiel zeigt, das Ganieva zitiert: „Ich habe gehört, wie eine alte Frau im Geschäft einen Kunden anbrüllte, der Speck kaufte: ‚Wieso kaufen Sie

26 Vgl. dazu Ganijewa, Alissa, Die russische Mauer, Berlin 2014.

27 http://www.welt.de/kultur/literarischewelt/article126419546/Gefangen-in-der-russischen-Zeitmaschine.html (aufgerufen am 17.03.2016).

28 http://www.zeit.de/2015/10/russland-wladimir-putin-ohne-fortschritt (aufgerufen am 17.03.2016).

29 http://www.welt.de/kultur/literarischewelt/article126419546/Gefangen-in-der-russischen-Zeitmaschine.html (aufgerufen am 24.03.2016).

30 http://www.welt.de/kultur/literarischewelt/article126419546/Gefangen-in-der-russischen-Zeitmaschine.html.

ukrainische Ware? Die sind im Krieg mit uns'!"[31] Oder ein zweites Zitat: „Die russisch-orthodoxe Website ‚Russische Volkslinie' ruft die Gläubigen dazu auf, ein halbes Jahr auf den Kauf von Waren aus den USA und der EU zu verzichten. Das Motto: ‚Keinen Cent den Homos'!"[32] Alisa Ganieva verschweigt aber auch nicht, dass sich bereits zu Beginn der Ukraine-Krise mehr als 500 Intellektuelle, also Musiker, Filmschaffende, Theaterleute und Autor*innen) mit einem Brief auf die Seite Russlands in der Krim-Frage gestellt haben.[33] Zu den Unterstützern Putins gehören etwa die einflussreichen Söhne Sergej Michalkovs, des Verfassers des Textes der sowjetischen und der russischen Nationalhymne, Nikita Michalkov und Andrej-Michalkov-Končalovskij, die im Frühjahr 2015 einen Kredit der russischen Regierung erhielten, um eine einheimische Fast-Food-Kette zu etablieren – Putins Bürger planen Putin-Burger, so titelte „Der Spiegel".[34] Bedrückend ist allerdings wirklich die Information, dass sich in den Schulen Russlands „die Mehrheit der Lehrer daran [macht], den Schülern, nach alter Gewohnheit oder Kraft der eigenen Gehirnwäsche, Stolz auf den Sieg über die Marionetten des Kapitalismus einzuimpfen"[35] – damit aber greift die Ganieva ein Argument Ključarëvas auf. Dieser Gehirnwäsche nun scheint Alisa Ganieva entkommen zu sein, sieht sie sich selbst inzwischen doch als „Kollaborateurin", als Mitglied einer „fünften Kolonne", nur weil sie „Russlands verfassungswidrige Intervention auf ukrainischem Staatsgebiet verurteil[t]"[36].

Ein knappes Jahr später meldet sich die Ganieva dann wieder zu Wort, wieder in der „Welt", diesmal nach dem Mord an Boris Nemcov.[37] Auch in diesem Beitrag verwendet sie Begriffe wie „absurd" und „irreal" um die Situation Russlands zu charakterisieren, dassich inzwischen wieder zu einem Land entwickelt habe, in dem die Idee mehr zähle als der Mensch, sodass man sich eher islamistischen Staaten

31 http://www.welt.de/kultur/literarischewelt/article126419546/Gefangen-in-der-russischen-Zeitmaschine.html.

32 http://www.welt.de/kultur/literarischewelt/article126419546/Gefangen-in-der-russischen-Zeitmaschine.html.

33 http://www.welt.de/kultur/literarischewelt/article126419546/Gefangen-in-der-russischen-Zeitmaschine.html.

34 http://www.spiegel.de/wirtschaft/unternehmen/russische-regisseure-machen-mcdonald-s-konkurrenz-a-1028025.html (aufgerufen am 17.03.2016).

35 http://www.welt.de/kultur/literarischewelt/article126419546/Gefangen-in-der-russischen-Zeitmaschine.html.

36 http://www.welt.de/kultur/literarischewelt/article126419546/Gefangen-in-der-russischen-Zeitmaschine.html.

37 http://www.welt.de/kultur/literarischewelt/article138692724/Russlands-Alltag-erscheint-absurd-und-irreal.html (aufgerufen am 17.03.2016).

oder Nordkorea annähere.[38] Und wie im Beitrag zuvor stellt Alisa Ganieva abermals Beispiele aus dem russischen Alltag vor: Etwa die Forderung nach Absetzung eines Theaterstücks nach einer Novelle Puschkins, den Protest gegen eine Inszenierung des „Tannhäuser", die Zensur eines Kinderbuchs, das westliche Toleranz verbreite – die Ganieva fasst dies unter dem Begriff „antihumanistische Propaganda" zusammen, womit wir wieder bei einem Schlüsselwort der Debatte wären. Teil dieser Propaganda ist dann wohl auch, „soziale Absicherungen für solche Schriftsteller zu verankern, deren Werk dazu geeignet sei, ‚unsere Bürger geistig und moralisch zu erziehen'."[39] Diese Aussage erinnert doch sehr an alte Sowjetzeiten, in denen man systemhörigen Autoren gern besondere Datschen und andere Annehmlichkeiten zukommen ließ. Doch die Liste negativer Entwicklungen ließe sich verlängern: Sie enthält Hinweise auf die Schließung von Museen, die an den GULag erinnern, auf die unterschwellige Rehabilitierung Stalins, verweist auf die Wiedereinführung der Todesstrafe bei gleichzeitigem Austritt aus dem Europarat und, und, und… Wie andere Intellektuelle auch verwendet die Ganieva für diese Entwicklungen dann wieder den Begriff der ‚Gehirnwäsche', systematisch betrieben von so genannten „Kreml-Bots", jungen Leuten, die Auftragsarbeiten im Sinne der Machthaber ins Netz stellen, um die Regierung Putin im besten Licht, die Gegner im Zwielicht erscheinen zu lassen. Alisa Ganieva beendet mit einem Absatz zur Intention ihres Beitrags:

> Da ich die Verhältnisse in meinem Land kenne, erkläre ich hiermit, dass sämtliche Fakten und Gerüchte, von denen ich in diesem Text berichte, aus öffentlich zugänglichen Quellen stammen und also keineswegs als Geheiminformationen anzusehen sind. Der Text ist keine Denunziation, kein Hassausbruch gegen Russland. Er ist schlicht der Ausdruck aufrichtiger Besorgnis.[40]

Natal'ja Ključarëva und Alisa Ganieva gehören nun zu einer neuen Generation von Schriftstellerinnen. Beide haben die Sowjetunion nur in ihrer Kindheit wahrgenommen, sindaber mit einem ausgeprägten Bewusstsein für Vergangenes ausgestattet, das wiederum eine differenzierte Auseinandersetzung mit der Gegenwart und entsprechenden Aussagen für eine Zukunft Russlands ermöglicht. Und so ist

---

38 http://www.welt.de/kultur/literarischewelt/article138692724/Russlands-Alltag-erscheint-absurd-und-irreal.html.

39 http://www.welt.de/kultur/literarischewelt/article138692724/Russlands-Alltag-erscheint-absurd-und-irreal.html.

40 http://www.welt.de/kultur/literarischewelt/article138692724/Russlands-Alltag-erscheint-absurd-und-irreal.html.

die Besorgnis der Ganieva mehr als ernst zu nehmen, aber ausdrücklich nicht als Diffamierung Russlands oder gar Lakaiendienst für den Westen zu disqualifizieren.

II. Ältere Generation

Kommen wir nun zu Autor*innen, deren Sozialisation in „tiefster“ Sowjetzeit beginnt, nämlich zu Vladimir Sorokin, Viktor Erofeev, Boris Akunin und Ljudmila Ulickaja. In diesem Zusammenhang ist nun kurz auf den Anfang vorliegenden Beitrags zu rekurrieren, denn die genannten Autor*innen schreiben ausdrücklich für den deutschen Meinungsmarkt, weil sie in ihn als kritische Intellektuelle integriert sind. Vor allem Viktor Erofeev hat mit seiner Übersetzerin Beate Rausch eine Verbindungsperson zur deutschen überregionalen Presse, Vladimir Sorokin lebt inzwischen einen größeren Teil des Jahres in Berlin, Boris Akunin und Ljudmila Ulickaja sind durch ihre Übersetzungen ebenfalls einem breiteren deutschen Publikum bekannt. So verwundert es nicht, dass sie seit Beginn der Ukraine-Krise überdurchschnittlich häufig zur Frage „Russland und der Westen“ Stellung bezogen haben. Und obgleichalle einer älteren Generation angehören, offenbaren ihre Stellungnahmen doch immer wieder Parallelen zu den Formulierungen der zuvor zitierten jüngeren Autorinnen.

Dies gilt etwa für ein Interview, das Vladimir Sorokin[41], der 1955 in Moskau geborene Schriftsteller, dem Deutschlandfunk gab. Es zeigt durchaus Übereinstimmungen zwischen seinen und Natal'ja Ključarëvas Aussagen, denn auch Sorokin bezeichnet die 1990-er Jahre als Jahre des Aufbruchs und der Hoffnung:

> Ich erinnere mich an den Anfang der 90-er Jahre, an das Interesse Europas für Russland, an die Hoffnung, dass Russland jetzt den Weg Richtung Westen nimmt. Wie wunderbar man damals mit uns Russen umging![42]

Diese Zuversicht kommt uns inzwischen vor wie ein schöner Traum, und es drängt sich die Frage auf, warum ein solcher hoffnungsvoller Prozess dieses abrupte Ende finden musste.... Ähnlich wie Ključarëvaist für Sorokin aber auch das Fernsehen mit verantwortlich für die Veränderungen in der russischen Gesellschaft. Er wählt dafür aber andere Worte:

41 Im Westen bekannt geworden mit dem postmodernen Roman „Očered'“ (Paris 1985), in dem der Autor eine zentrale Existenzform des Sowjetbürgers satirisch zuspitzt, und seitdem mit zahlreichen provokanten Texten zu einem der wichtigsten Kritiker des Kreml' geworden.

42 http://www.deutschlandfunk.de/kritik-am-kreml-russen-sind-gehorsame-biomasse.694.de.html?dram:article_id=308626 (aufgerufen am 17.03.2016).

> Zusätzlich macht das russische Fernsehen aus den Bürgern Zombies. Eine derart … zynische Propaganda gab es nicht einmal zu Breschnews Zeiten. Das Fernsehen feuert wie eine Kanone. Verstrahlt wie mit Radioaktivität die Massen.[43]

Zudem formuliert Sorokin die These von der Konfrontation Europas mit dem Mittelalter und weitet damit den Kontext – vermutlich unbewusst – in die Debatte um den Islam, den zahlreiche Kommentatoren seit dem Auftreten von Boko Haram und IS ja auch auf dem direkten Weg in das Mittelalter vermuten.[44] Sorokin sagt dazu:

> Europa wird konfrontiert mit einer neuen Art Mittelalter. Europa weiß, dass es, wenn es darauf antworten soll, hart zuschlagen und nach den Regeln wie im Mittelalter vorgehen müsste. Dazu ist Europa aber nicht bereit. Die Ereignisse in der Ostukraine haben gezeigt, dass die Europäer unter keinen Umständen kämpfen werden, und das macht Putin sich zunutze.[45]

An dieses Zitat anknüpfend lässt sich die zuvor nachgezeichnete Debatte um den „verfaulten Westen" wieder aufgreifen, von dem Putin eben genau weiß, dass er in keinen Krieg um die Ostukraine ziehen wird. So steht der Westen vor einem wirklichen Dilemma, denn das gegen Anfang der 1990-er Jahre so vollmundig verkündete Ende der Geschichte[46] hat sich auf diese Weise wohl endgültig erledigt…

Für Russland selbst ist die Ukraine, so Sorokin in einem Gastbeitrag für die „FAZ" aus dem Sommer 2014[47], vergleichbar mit einer ungewollten Schwangerschaft:

> In Russlands riesigem Leib regt sich neues Leben: die freie Ukraine. Was macht das Reich nun mit dieser ungewollten Schwangerschaft? […] Die Machthaber wurden von Entsetzen ergriffen, die Liberalen von Neid, die Nationalisten von Hass.[48]

---

43 http://www.deutschlandfunk.de/kritik-am-kreml-russen-sind-gehorsame-biomasse.694.de.html?dram:article_id=308626.

44 Etwa der syrische Dichter Adonis (d.i. Ali Ahmed Said Esber) in einem Gespräch mit der Zeit: ‚Das ist alles nur Theater' (11. Dezember 2014, S. 49).

45 http://www.deutschlandfunk.de/kritik-am-kreml-russen-sind-gehorsame-biomasse.694.de.html?dram: article_ id=308626.

46 Vgl. dazu das Interview mit Francis Fukuyama in der Zeit, 17.03.2016, S. 35–36.

47 http://www.faz.net/aktuell/feuilleton/die-ukraine-ist-in-uns-eingedrungen-gastbeitrag-von-wladimir-sorokin-13057234.html (aufgerufen am 17.03.2016).

48 http://www.faz.net/aktuell/feuilleton/die-ukraine-ist-in-uns-eingedrungen-gastbeitrag-von-wladimir-sorokin-13057234.html.

Damit sind drei Gruppen der russischen Gesellschaft angesprochen, die ganz unterschiedlich auf die Ukraine-Krise reagieren; anregend ist nun allemal, wie Sorokin die Metapher von der Schwangerschaft Russlands entfaltet:

> Es ist bekannt, dass Schwangere manchmal Heißhunger auf rohes Fleisch haben. Und siehe da, mal eben wird ein lebendes Fleischstück abgebissen, die Krim. Die abgeschliffenen postimperialen Zähne haben es herausreißen können, doch zum Verschlingen reicht die Kraft nicht. Es ist Russland im Hals stecken geblieben. Wirtschaftsexperten versichern, in jedem Fall bleibe die Krim eine Problem- und Dotationsregion. Wie ist sie zu verdauen!? Wie viele Milliarden benötigt sie jedes Jahr? Sie ist ja jetzt eine Insel. Eine Glücksspielzone daraus machen! Chinesische Hände eine Große Russische Brücke bauen lassen? Alle Beamten zwingen, dort Urlaub zu machen! Wie Stalin vorgehen! Die Krim in einen Militärstützpunkt verwandeln! Und was ist mit den illoyalen Krimtataren? Etwa wieder deportieren!? Es dreht sich einem der Kopf. Wie will man überhaupt weiterleben, wenn im eigenen Innern dieser ukrainische Alien herumboxt?[49]

Der Stil dieses Gastbeitrags ist gewohnt polemisch, Sorokin gefällt sich als Provokateur, der die Faktenlage auf eine bestimmte Weise zuspitzt, wohl auch, weil Argumente in der Diskussion zunehmend nicht mehr gehört werden ([s]wollen). Und so ist der Schlusssatz als Teil der Metapher eine Prophezeiung, die uns wohl noch länger begleiten wird: „Russland geht mit der Ukraine schwanger. […] Aber was wird mit der Mama? Es steht eine schwere Geburt mit Komplikationen bevor. Wird ihr Organismus damit fertig?“[50] Das Ende des Beitrags zeigt Sorokin mithin als Intellektuellen, der jenseits plumper Schwarz-Weiß-Malerei bemüht ist, einen durchaus differenzierten Blick auf die Ukraine-Problematik zu werfen, dabei aber auf eine drastische Bildsprache nicht verzichtet.

Kommen wir nun zu einem weiteren Vertreter der russischen Intellektuellen, der aufgrund seiner Wortmächtigkeit in Deutschland auch einen gewissen Bekanntheitsgrad genießt, zu Viktor Erofeev. Erofeev, dessen Vater Französisch-Dolmetscher Stalins war, ist mit seinem Geburtsdatum 1948 ein in der Sowjetunion sozialisierter Autor, seine Herkunft zeigt ihn als Menschen, der in spätstalinistischer Privilegiertheit aufwuchs, sich, wohl auch aufgrund seiner Kenntnis der westlichen Welt, dann aber am Ende der 1970-er Jahre der Dissidentenbewegung anschloss und spätestens mit seinem Werk „Chorošij Stalin“ (2004) von dieser Zeit befreite. Sein Blick auf die Ukraine-Krise ist daher nachvollziehbar noch intensiver mit Sowjetmythen verbunden und scharfsinnig in seiner kulturhistorischen

49 http://www.faz.net/aktuell/feuilleton/die-ukraine-ist-in-uns-eingedrungen-gastbeitrag-von-wladimir-sorokin-13057234.html.

50 http://www.faz.net/aktuell/feuilleton/die-ukraine-ist-in-uns-eingedrungen-gastbeitrag-von-wladimir-sorokin-13057234.html.

Breite. Für den vorliegenden Artikelwurde sechs Beiträge Erofeevs für westliche Medien ausgewählt (19. März 2014, 10. August 2014, 06. Dezember 2014, 09. März 2015, 31. März 2015 sowie 09. Mai 2015), sie stammen aus dem Feuilleton der „FAZ“[51], aus der „Neuen Zürcher Zeitung“[52] sowie aus „Der Presse“[53] (Österreich). Hinzu kommt noch ein Interview des „ÖRF“[54].

Vergleicht man die Beiträge Erofeevs mit den anderenbereits vorgestellten, dann wird darin eine weiter zugespitzte politische Haltung erkennbar. Aber natürlich werden Teilaspekte des Konflikts auch von Erofeev fokussiert, etwa die derzeitige Propaganda, die er für schlimmer hält als die Sowjetpropaganda zu Zeiten der Kuba-Krise oder des Prager-Frühlings.[55] Bemerkenswert ist nun die polemische Frage Erofeevs, ob das Verhalten der russischen Bürger die Folge dieser Propaganda sei oder ob man Propaganda eigentlich gar nicht brauche, weil, so Erofeev, „die meisten meiner Landsleute anthropologisch im zwanzigsten, neunzehnten oder gar noch früheren Jahrhunderten“ leben und „die Hälfte von Ihnen Stalin gut“ findet.[56] Demnach aber wäre anzuzweifeln, dass nur die Propaganda verantwortlich für den Konflikt zwischen Ost und West ist. Daher stellt Erofeev nun die Frage, wo sonst die Ursachen für den aktuellen Bruch zwischen Russland und dem Westen liegen könnten? Erofeev ist, wie andere Intellektuelle auch, der Meinung, dieser habe mit dem Verlust des Imperiums zu tun, er spricht in diesem Zusammenhang vom „Virus des russischen imperialen Traums“.[57] So sei es nicht allzu schwer, dank der Idee „die verlorenen Länder der Sowjetunion in einem neuen imperialen Staat wieder zusammenzufassen“ russische Staatsmacht und russisches Volk zu

51 Vgl. dazu http://www.faz.net/aktuell/feuilleton/buecher/themen/viktor-jerofejew-zur-krim-krise-12852779. html; vgl. ebenfalls http://www.faz.net/aktuell/feuilleton/debatten/viktor-jerofejew-ueber-den-mord-an-boris-nemzow-13471167.html; vgl. ebenfalls http://www.faz.net/aktuell/feuilleton/debatten/feierlichkeiten-zum-tag-des-sieges-in-russland-13582619.html (aufgerufen am 17.03.2016).

52 Vgl. dazu http://webpaper.nzz.ch/2014/08/10/hintergrund/LFUVQ/krieg-der-werte?guest_pass=2d7d95bc03 %3ALFUVQ%3A57dc97cbcf5ddd07a7a51fed9a1f9da23a7ddf2d (aufgerufen am 17.03.2016).

53 Vgl. dazu http://diepresse.com/home/leben/mensch/4613703/Viktor-Jerofejew_Wissen-Sie_Ich-bin-zu-100-Prozent-Russe (aufgerufen am 17.03.2016).

54 Vgl. dazu http://oe1.orf.at/artikel/403209 (aufgerufen am 24.03.2016).

55 http://www.faz.net/aktuell/feuilleton/buecher/themen/viktor-jerofejew-zur-krim-krise-12852779.html (aufgerufen am 17.03.2016).

56 http://www.faz.net/aktuell/feuilleton/buecher/themen/viktor-jerofejew-zur-krim-krise-12852779.html.

57 http://webpaper.nzz.ch/2014/08/10/hintergrund/LFUVQ/krieg-der-werte?guest_pass=2d7d95bc03%3ALFU VQ % 3A57dc 97cbcf5ddd07a7a51fed9a1f9da23a7ddf2d.

vereinen.[58] Und hier liegt vermutlich eines der ganz großen Wahrnehmungsprobleme oder Erkenntnishindernisse des Konflikts: Ganz offenbar kann sich der Westen einfach nicht vorstellen, dass der Großteil der Bevölkerung Russlands sich ehrlich für die Putin-Politik begeistert. Und wenn das tatsächlich so ist, dann wären die kritischen Intellektuellen in Russland eine verschwindende Minderheit, die sich bei uns Gehör verschafft, weil sie sich bei uns Gehör verschaffen kann oder weil sie – zumindest bei uns – gehört werden soll. Doch Erofeev legt den Finger noch auf eine weitere Wunde und formuliert die These, dass „der Westen" nie wahrhaben wollte, dass die Russen kein europäisches Volk sind:

> Wir sind etwas anderes. Die europäischen Reformen Peters des Großen betrafen die aufgeklärte Klasse und beschränken sich heute auf sie, wobei die aufgeklärte Klasse selbst in Westler und Slawophile gespalten war und es bis dato ist.[59]

In diesem Zusammenhang müssennun überdies die kritischen Fragendanach gestellt werden, warum man sich im Westen einfach nicht vorstellen kann, dass in der Ukraine nicht nur lupenreine Demokraten am Werk sind und wer eigentlich garantiert, dass die Ukraine sich zu einer Demokratie nach westlichem Vorbild entwickeln kann oder will?

Derzeit, und damit spricht Erofeev ein historiosophisches Zirkelmodell an[60], wartet man in Russland wohl wieder (aber wer wartet, die Intellektuellen?) auf jemanden, der/die „das russische Volk mit europäischem Geist ansteckt. Man wird auf einen neuen Peter den Großen mit seinen zwangsweisen proeuropäischen Reformen warten müssen. Bis jetzt ist keiner in Sicht".[61]

Überhaupt ist für Erofeev die Ukraine-Krise das Symptom einer Konfrontation der Werte. Wenn der Westen nicht wahrhaben will, dass Russland eigentlich nicht europäisch sein kann, dann kann er auch die Mechanismen nicht verstehen, die dieses Land lenken oder derer sich die Regierung bedient. Ein wichtiger Begriff ist in diesem Kontext erneut „Propaganda", die Erofeev als „ Dialog der Machthaber mit dem Volk auf jenem Niveau, das das Volk versteht"[62] bezeichnet. Hinzu kommen, wie im Beitrag Natal'ja Ključarëvas bereits angeklungen, „Rache", denn

---

58 http://webpaper.nzz.ch/2014/08/10/hintergrund/LFUVQ/krieg-der-werte?guest_pass=2d7d95bc03%3ALFU VQ%3A57dc97cbcf5ddd07a7a51fed9a1f9da23a7ddf2d.

59 http://webpaper.nzz.ch/2014/08/10/hintergrund/LFUVQ/krieg-der-werte?guest_pass=2d7d95bc03%3ALFU VQ%3A57dc97cbcf5ddd07a7a51fed9a1f9da23a7ddf2d.

60 http://oe1.orf.at/artikel/403209.

61 http://webpaper.nzz.ch/2014/08/10/hintergrund/LFUVQ/krieg-der-werte?guest_pass=2d7d95bc03%3ALFU VQ%3A57dc97cbcf5ddd07a7a51fed9a1f9da23a7ddf2d.

62 http://diepresse.com/home/leben/mensch/4613703/Viktor-Jerofejew_Wissen-Sie_Ich-bin-zu-100-Prozent-Russe (aufgerufen am 24.03.2016).

Putin räche sich dafür, dass der Westen ihn im Zusammenhang mit den Anti-Kreml'-Demonstrationen der Jahre 2011–12 verraten habe[63], sowie der Begriff „Retro", denn Erofeev sieht sein Land auf dem Weg zurück in den Stalinismus.[64]

Für diese These der Rückkehr in eigentlich überwunden geglaubte Zeiten spricht, so Erofeev, auch der Mord an seinem Freund Boris Nemcov, den er als faktisch vorprogrammiert bezeichnet, so der Titel des Beitrags aus der „FAZ"[65]:

> Nemzow beschimpfte Putin unflätig, unterstützte offen die Ukraine im Krieg gegen Russland und forderte vom Westen eine rigorose Position in der Frage der Sanktionen. Seine Ermordung war faktisch programmiert.[66]

Bemerkenswert an der Person Nemcovs ist nun aber auch, dass dieser vor einigen Jahren selbst dem engsten Machtzirkel um Putin angehörte, sich dann aber zunehmend von diesem distanzierte. Und es mag nur eine kleine Episode sein, die Erofeev in seinem Beitrag schildert, aber sie sagt dennoch viel aus:

> Putin [erteilte] Nemzow eine Abfuhr, als dieser ihn darum bat, die leicht abgeänderte Sowjethymne nicht wieder einzuführen. Nemzow brachte ihm einen ganzen Berg von Unterschriften russischer Intellektueller, die gegen die Wende zum autoritären System protestierten. Putin antwortete, wie Nemzow mir erzählte, folgendermaßen: „Wie das Volk ist, so sind auch die Lieder." Schon aus diesen Worten ist die Intonation Stalins herauszuhören.[67]

In diesem Zusammenhang ist vielleicht aber auch eine weitere Begebenheitvon Belang, die Erofeev in einem anderen Beitrag für die „FAZ" erzählt und in dem es um die Symbolik des Tages des Sieges, also des 9. Mai, geht.[68]

> Was Stalin betrifft, so ist er Teil des politischen Spiels. Unweit meiner Wohnung, auf der Pljuschtschicha-Straße im Zentrum Moskaus, schmückte das Gebäude der Verkehrspolizei

---

63 http://diepresse.com/home/leben/mensch/4613703/Viktor-Jerofejew_Wissen-Sie_Ich-bin-zu-100-Prozent-Russe.

64 Aber, so Sorokin in einem Beitrag für die Zeit: „Wenn Leonid Breschnew wüsste, dass die Ukraine und Russland gegeneinander kämpfen, wäre er zutiefst entsetzt. Auch Stalin wäre schockiert" (in: http://www.zeit.de/2014/45/wladimir-sorokin-russland-schriftsteller) (aufgerufen am 17.03.2016).

65 http://www.faz.net/aktuell/feuilleton/debatten/viktor-jerofejew-ueber-den-mord-an-boris-nemzow-13471167.html (aufgerufen am 17.03.2016).

66 http://www.faz.net/aktuell/feuilleton/debatten/viktor-jerofejew-ueber-den-mord-an-boris-nemzow-13471167. html

67 http://www.faz.net/aktuell/feuilleton/debatten/viktor-jerofejew-ueber-den-mord-an-boris-nemzow-13471167. html

68 http://www.faz.net/aktuell/feuilleton/debatten/feierlichkeiten-zum-tag-des-sieges-in-russland-13582619.html (aufgerufen am 17.03.2016).

> anlässlich des Feiertages plötzlich ein schöner Stalin mit schwarzem Schnurrbart und der Losung „Ewiger Ruhm den Siegern". Als diverse Anwohner, darunter auch ich, sich gegen die Rehabilitierung des Tyrannen aussprachen, verschwand das Bildnis wieder. Es sieht so aus, als wolle der Kreml die völlige Rehabilitierung Stalins der kommunistischen Partei Sjuganows zum Geschenk machen, zögert aber noch, es zu überreichen. Dennoch nimmt in russischen Köpfen (die Hälfte der Bevölkerung hält heute Stalin für eine Lichtgestalt der russischen Geschichte) das mythische Bild eines gefilterten Stalin, der weder schuld war an der Kollektivierung noch am Großen Terror, immer deutlicher Gestalt an. Solch ein Stalin wird zu einem Gott, der keine menschliche Rechtfertigungen nötig hat und zumindest einen Platz im Museum verdient.[69]

Das klingt für uns, die wir unsere eigene Geschichte nicht vergessen haben, doch einigermaßen erschreckend, scheint aber in der Tat ein bewusstes Spiel mit Mythen, Politik und Macht zu sein.

Aber wie soll der Westen damit umgehen, dass der gegenwärtigen Politik Russlands mit Vernunft nicht zu begegnen ist? Der Verfasser vorliegenden Artikels weiß auf diese Frage ebenso wenig eine Antwort wie Erofeev selbst, dersogar in seinem Beitrag zur Ermordung Nemcovs noch einenoptimistischen Ausblick gewagt hatte: „Doch sein Modell eines attraktiven Russlands, eines Russlands von hoher Kultur, es wird eines Tages triumphieren."[70] Dieser Hauch von Optimismus lässt sich in Erofeevs Beitrag zum Tag des Sieges des Jahres 2015 dann allerdings nicht mehr finden:

> Der Krieg beginnt gerade erst. Nach der Propaganda im russischen Staatsfernsehen zu urteilen, verspricht die Konfrontation auch ein Spiel mit russischen Atombombendrohungen zu werden. Der siebzigste Jahrestag des Sieges markiert den Beginn einer neuen Ära.[71]

Atombomben sind, wie wir wissen, das Vorrecht der Supermächte, also für die auf unserer Erde zugelassenen „Atommächte" Großbritannien, China, Frankreich, USA und eben Russland, immer vorausgesetzt wir ignorieren die vermeintlichen Schurkenstaaten Pakistan und Nordkorea sowie Israel und Indien. Damit aber wäre Russland eine Supermacht, im neuen-alten Selbstverständnis vielleicht sogar ein Imperium. Doch dieser Bezeichnung widerspricht der auch im Westen bekannte, 1956 geborene russisch-georgische Krimiautor Boris Akunin (eigentlich Grigorij Čchartišvili), der konstatiert, dass „Russland nie wieder

69 http://www.faz.net/aktuell/feuilleton/debatten/feierlichkeiten-zum-tag-des-sieges-in-russland-13582619.html

70 http://www.faz.net/aktuell/feuilleton/debatten/viktor-jerofejew-ueber-den-mord-an-boris-nemzow-13471167.html (aufgerufen am 24.03.2016).

71 http://www.faz.net/aktuell/feuilleton/debatten/feierlichkeiten-zum-tag-des-sieges-in-russland-13582619.html

ein Imperium sein [wird]"[72], sondern sich vielmehr damit beschäftigen solle, „endlich ein normales funktionierendes Leben im Landesinneren aufzubauen".[73] Das aber ist ganz offenbar, und so zeigen es die hier besprochenen Versuche von Schriftsteller*innen, sich dem Ukraine-Konflikt zu nähern, nicht im Sinne der Machthaber, weil derzeit wenig propagandatauglich. Besser sei es wohl, so die traurige Ironie des Akuninschen Beitrags, dem Volk die Droge der Großmachtsucht zu injizieren.[74]

Diese Droge nun führt zu einer „Bedrohung für Russland selbst", wie eine der führenden Autorinnen Russlands, die 1943 geborene und damit wie Viktor Erofeev sowjetisch sozialisierte Ljudmila Ulickaja, in einem Beitrag für den Spiegel schreibt.[75] Wie Erofeev von einem beginnenden Krieg spricht, so ist auch für die Ulickaja die Lage ernst:

> Die gegenwärtige Politik Russlands ist selbstmörderisch und gefährlich [...], könnte aber durchaus zu einem Auslöser eines Dritten Weltkriegs werden. Der im Grunde bereits begonnen hat. Die lokalen Kriege in Tschetschenien, in Georgien und jetzt in der Ukraine sind der Prolog. Den Epilog wird wohl niemand mehr schreiben können.[76]

Die Situation ist für die Ulickaja auch deshalb ernst, weil sie in ihrer Rede zur Verleihung des Österreichischen Staatspreises für Europäische Literatur 2014 an sie einen fundamentalen Unterschied zwischen Europa und Russland feststellt, den Viktor Erofeev damit in Zusammenhang gebracht hatte, dass der Westen nicht erkennen wolle, dass Russland nicht europäisch ist. Ulickaja spitzt nun weiter zu, malt also Schwarz-Weiß, wenn Sie so wollen, obwohl nicht europäisch zu **sein** grundsätzlich ja nichts Verwerfliches ist. Aber nicht europäisch sein zu **wollen**, zentralen Werten Europas den Krieg zu erklären, so der Vorwurf Ulickajas, das sei nun doch etwas anderes:

> Mein Land hat gegenwärtig der Kultur, den Werten des Humanismus, der Freiheit der Persönlichkeit und der Idee der Menschenrechte, einer Frucht der gesamten Entwicklung der Zivilisation, den Krieg erklärt. Mein Land krankt an aggressiver Unbildung, Nationalismus und imperialer Großmannssucht. Ich schäme mich für ein ungebildetes und aggressives Parlament, für meine aggressive und inkompetente Regierung, für die

72 http://www.n-tv.de/politik/Russland-wird-nie-wieder-ein-Imperium-sein-article 13089116.html (aufgerufen am 17.03.2016).

73 http://www.n-tv.de/politik/Russland-wird-nie-wieder-ein-Imperium-sein-article 13089116.html

74 Vgl. http://www.n-tv.de/politik/Russland-wird-nie-wieder-ein-Imperium-sein-article 13089116.html

75 http://www.spiegel.de/spiegel/print/d-128743771.html (aufgerufen am 17.03.2016).

76 http://www.spiegel.de/spiegel/print/d-128743771.html

> Staatsmänner an der Spitze, Möchtegern-Supermänner und Anhänger von Gewalt und Arglist, ich schäme mich für uns alle, für unser Volk, das seine moralische Orientierung verloren hat.[77]

Das ist eine wirklich scharfe, an Pëtr Čaadaev erinnernde Kritik nicht nur an den Eliten Russlands, sondern auch am russischen Volk, das sich, so klingt es, von Rattenfängern verführen lasse. Aber noch einmal, auch die Bilder, die wir aus der Ukraine sehen, sind *per se* keine Garantie dafür, dass sich dieses Land nach europäischen demokratischen Werten entwickeln wird, m.a.W. projiziert der Westen nicht auch ein Bild in die Ukraine hinein, das den eigenen (Wunsch)-Vorstellungen entspricht? Vor allem, wenn Ulickaja von einem aggressiven Parlament und einer inkompetenten, korrupten russischen Regierung spricht, dann mussim Sinne einer kritischen und vorbehaltlosen Auseinandersetzung mit der Problematik doch zumindest die Frage erlaubt sein, wie ein Schokoladenmilliardär, der einen großen Teil seiner Produktion nach Russland verkauft, an die Spitze eines Staates gelangen kann…

C. Schlussbemerkung

Wenn wir aus der Ukraine-Krise eines gelernt haben, dann wohl die ernüchternde Tatsache, dass wir keine objektiven Informationen mehr erhalten, denn jede Stellungnahme ist Teil eines Beziehungsgeflechts vorgefasster Meinungen zum Konflikt. Dies gilt sicher auch für die heute vorgestellten Positionen russischer Intellektueller, die nur ein Teil des dissonanten Chores sind, der die Ukraine-Krise als Teil der Entfremdung zwischen Russland und Europa begleitet. Versuchen wir aber einmal, von den schrecklichen Umständen zu abstrahieren, dann stellt sich heraus, dass die Veränderungen in der Politik der russischen Föderation in ein ganz bestimmtes geschichtsphilosophisches Schema zu passen scheinen, innerhalb dessen nach etwa einem Vierteljahrhundert grundlegende Paradigmenwechsel innerhalb eines Staates oder im Verhältnis von Staaten untereinander notwendig werden. Dies würde bedeuten, dass nach dem Tode Leonid Breschnews 1982 und dem Zerfall der SU mit dem Jahr 2007 massive Veränderungen in der Russischen Föderation einsetzen mussten – was ja auch stimmt. Zudem sind seit dem Jahr 2012, seit Vladimir Putin wieder Präsident der Russischen Föderation ist, ebenfalls massive Veränderungen auf zwischenstaatlicher Ebene spürbar. Dass damit das oben angesprochene Nachdenken über den „Neuen Realismus“ korrespondiert, mag ein Zufall der Geschichte und des Philosophierens sein, passt

77 http://www.spiegel.de/spiegel/print/d-128743771.html.

aber sehr gut, wenn wir davon ausgehen, dass dieser neue Realismus wohl ein Gegenmodell zur poststrukturalistischen Dekonstruktionsattitüde darstellen soll und klare Strukturen vorgibt. Daraus ließe sich für die jetzt mit diesen Problemen konfrontierte Generation allerdings nur die betrübliche Diagnose formulieren, dass wir vor einem längeren Zeitraum der Konfrontation stehen. Anders, mit den Worten Ljudmila Ulickajas gesagt, es besteht die Gefahr, dass Russland sich auf längere Sicht von Europa verabschiedet:

> Leb wohl, Europa, ich fürchte, wir werden nie zur europäischen Völkerfamilie gehören. Unsere große Kultur, unser Tolstoi und unser Tschechow, unser Tschaikowski und unser Schostakowitsch, unsere Maler, Schauspieler, Philosophen und Wissenschaftler konnten die Politik der religiösen Fanatiker und der kommunistischen Ideen in der Vergangenheit ebenso wenig verhindern wie die der machtbesessenen Wahnsinnigen heute. 300 Jahre lang haben wir uns aus denselben Quellen genährt – es waren auch unser Bach und unser Dante, unser Beethoven und unser Shakespeare – und nie die Hoffnung aufgegeben. Heute können wir russischen Kulturschaffenden, der kleine Teil von ihnen, zu dem ich gehöre, nur noch eines sagen: Leb wohl, Europa![78]

Doch das ist dann doch wieder zu sehr Schwarz-Weiß gemalt, denn, so könnte man *cum grano salis* sagen, in spätestens 25 Jahren, also so um 2040, wird sich ja ohnehin schon wieder alles geändert haben…

78 http://www.spiegel.de/spiegel/print/d-128743771.html.

Norbert Nübler

Das Deutsche als Vorbild für das Neurussische

A. Einleitung

Wenn man heute vom „Russischen" spricht, dann bezeichnet man damit meist eine mehr oder minder stark normierte Standardsprache. Was in dieser Standardsprache zulässig bzw. akzeptabel ist, wird durch normative Grammatiken geregelt. Der Wortschatz ist in entsprechenden Wörterbüchern verzeichnet. Im Russischen ist für diese Standardsprache der Ausdruck Русский литературный язык – also „russische Literatursprache" – im Gebrauch. Man benennt damit eine Varietät einer Gesamtsprache, wobei die Gesamtsprache auch die regionalen Dialekte, die Soziolekte, Fachsprachen und andere Ausprägungen umfasst. Die heutige russische Standardsprache unterscheidet sich deutlich von den ursprünglichen ostslavischen Dialekten, aus denen sie sich – wenigstens teilweise – entwickelt hat und die in Resten bis heute fortbestehen. Die Standardsprache verfügt nämlich über bestimmte Konstruktionsmittel und auch bestimmte Wörter (Lexeme), die in der gesprochenen Umgangssprache ebenso wenig vorkommen wie in den Dialekten. Wie andere ausgebaute Standardsprachen des europäischen Typs auch besitzt das Russische also eine Norm, die im grammatischen und lexikalischen Bereich explizit festlegt, was als sprachlich korrekt oder umgekehrt als inakzeptabel zu gelten hat. Nur auf der Grundlage einer solchen normierten Standardsprache sind Bewertungen einer bestimmten Konstruktion als „korrekt" oder „inakzeptabel" bzw. „ungrammatisch" möglich[1]. Von einer solchen Standardsprache kann man im russischen Sprachbereich aber wohl erst seit rund 200 bis 250 Jahren sprechen. Erst in der ersten Hälfte des 19. Jahrhunderts existiert eine wenn auch zu dieser Zeit vorerst noch nicht vollständig explizite Norm – man kann vielleicht von einem standardsprachlichen Usus sprechen. Die Norm wird vorwiegend auf der Grundlage von Beispieltexten aus der schönen Literatur exemplifiziert. Eine Explikation der Norm geschieht für das Russische auf dieser Grundlage weitgehend erst im 20. Jahrhundert. Der Ausdruck „russische Literatursprache" ist insofern berechtigt und verständlich. Die explizierte Norm beruht auf einem literarischen Korpus.

1 Vgl. Dazu auch die Kennzeichen einer Standardsprache bei Isačenko 1976: 187: „Литературный язык [...] обладает следующими признаками: 1) он поливалентен [...]; 2) он нормирован [...]; 3) он общеобязателен [...]; 4) он стилистически дифференцирован [...]."

Mit den großen russischen Schriftstellern ab der Puškin-Periode entstehen also die Beispiel- oder Vorbildtexte, das Korpus, das eine Explikation der Norm in der Folge erst ermöglicht. Die Entstehung dieser literarischen Standardtexte, die Entstehung eines standardsprachlichen Usus, aber ist das Resultat eines Prozesses, der sich über etwa 150 Jahre hinzieht und von vielen Faktoren beeinflusst wird. Zum einen ist die Entwicklung natürlich geprägt durch die sprachliche Ausgangssituation im russischen Sprachraum selbst, die relativ komplex war. Man kann in diesem Zusammenhang von innerrussischen Entwicklungen sprechen. Ein ganz wesentlicher Faktor ist bei der Entstehung der neurussischen Standardsprache darüber hinaus aber auch die Orientierung an der sprachlichen Situation in den west- und mitteleuropäischen Ländern, insbesondere an der Situation in Frankreich und in Deutschland. Zu den innerrussischen Entwicklungen kommt als zweiter Faktor also der Sprachkontakt hinzu. Während die auffälligsten Phänomene dieses Bereichs, nämlich die Entlehnung in den russischen Wortschatz, in der bisherigen Wissenschaft relativ gut durchforstet sind, ist die Syntax, aber auch die Entwicklung der Funktionalstile des Neurussischen in seiner Orientierung an anderen Sprachen bisher kaum oder nur ungenügend bearbeitet. Dennoch soll im Folgenden versucht werden, einen kleinen Überblick über die Entwicklungen im 18. Jahrhundert zu skizzieren. Einen besonderen Schwerpunkt bildet dabei die Rolle des Deutschen im Entwicklungsprozess der russischen Standardsprache.

B. Die Ausgangssituation

Etwa bis zur Zeit Peters des Großen, also bis zur Wende des 17. zum 18. Jahrhundert, hatte Russland nur in vergleichsweise geringem Ausmaß eine eigene Schriftlichkeit entwickelt. Die vorhandenen Texte gehören entweder in die religiöse Sphäre oder beziehen sich auf den Handel und die Administrative. Die sprachliche Situation war zudem gekennzeichnet durch das Nebeneinander des Russisch-Kirchenslavischen einerseits und der gesprochenen Dialekte der russischen Volkssprache andererseits. In der russischen Sprachgeschichte wird in diesem Zusammenhang häufig von einer Diglossie gesprochen, also vom Nebeneinander zweier Sprachen, deren Funktionsbereiche differenziert waren[2]. Die Schriftlichkeit wird vorwiegend durch das Kirchenslavische repräsentiert, gelegentlich mehr oder minder stark angereichert durch volkssprachliche Elemente. Das Kirchenslavische, die Sakralsprache der orthodoxen Kirche, beruht auf einer Vorläuferform des Bulgarischen und unterscheidet sich grammatisch

2 Vgl. Isačenko 1980: 68.

und lexikalisch deshalb wesentlich von der gesprochenen russischen Sprache. Ein Beispiel für einen solchen kirchenslavisch geprägten Text ist das „Leben des Protopopen Avvakum“ (1620/21–1682), eine Autobiographie eines Altgläubigen aus der zweiten Hälfte des 17. Jahrhunderts, vermutlich 1672/73 in der nordrussischen Verbannung entstanden, dessen einleitende Worte hier zur Illustration zitiert werden sollen:

> „Всесвятая троице, Боже и Содѣтелю всего мира! поспеши и направи сердце мое начати с разумомъ кончати дѣлы благыми, яже нынѣ хощу глаголати азъ недостойный; […]“ (Avvakum 1951: 1)

Das Zitat beginnt mit einer Anrufung der Heiligen Dreifaltigkeit, Gottes, des Schöpfers der ganzen Welt. Die entsprechenden Substantive (троице „Dreifaltigkeit“, Боже „Gott“, Содѣтелю „Schöpfer“) stehen im Anredekasus, im Vokativ. Das Russische kannte in der zweiten Hälfte des 17. Jahrhunderts mit Sicherheit keine Vokative mehr. Obwohl auch das Ostslavische den Vokativ aus dem Urslavischen ererbt hatte, spricht Kiparsky für das Russische von der „schon im 11. Jahrhundert belegbaren Gleichsetzung des Vokativs mit dem Nominativ“[3]. Demzufolge ist der Vokativ im Russischen bereits im 16. Jahrhundert praktisch vollkommen verschwunden[4]. Das Kirchenslavische hingegen kennt den Vokativ bis heute. Zur Entstehungszeit der Autobiographie des Avvakum handelt es sich bei diesen Vokativen somit eindeutig um kirchenslavische Elemente. Ein ebenso eindeutiger Kirchenslavismus liegt mit der Form der 1. Person Singular des Präsens хочу „ich will“ vor. Dies lässt sich anhand der unterschiedlichen Lautentwicklung im Russischen (einer ostslavischen Sprache) und im Kirchenslavischen (einer südslavischen Sprache) gut zeigen. In der russischen Form lautet die 1. Person хочу – so ist sie auch heute in der Standardsprache kodifiziert. Aus dem Kirchenslavischen stammen darüber hinaus das Relativpronomen яже „welche“ (anstelle des russischen которые) und das Verb глаголати „sagen“ (anstelle des russischen говорить).

Etwas weniger eindeutig ist die Form des Instrumentals Plural, die sich beim Substantiv дѣлы „Sachen, Angelegenheiten“ zeigt. Kiparsky postuliert für die Mitte des 17. Jahrhunderts eine Konkurrenz zwischen den ursprünglichen Plural-Endungen des Instrumentals auf –ы/-и, die auch im Kirchenslavischen erhalten sind, und den neuen Endungen, die in der modernen russischen Standardsprache vorgeschrieben sind, also den Endungen –ами/-ями[5]. Allerdings weist er auch

3 Kiparsky 1967: 40.
4 Kiparsky 1967: 91.
5 Kiparsky 1967: 58.

darauf hin, dass die neuen Endungen bei hartstämmigen Neutra (zu denen дѣло gehört) sehr rasch, wohl in der zweiten Hälfte des 16. Jahrhunderts eingeführt werden[6]. Somit ist die Form дѣлы (anstelle von дѣлами) aus der Sicht der gesprochenen Sprache entweder als ein Archaismus oder als ein Kirchenslavismus zu werten. Die Möglichkeit einer parallelen Verwendung besteht darüber hinaus auch für das Personalpronomen der 1. Person des Singular, nämlich азъ „ich“:

> „Die heute allein mögliche Form ist я „ich“ [...]. [...] obgleich als Kirchenslavismus daneben zu Stilisierungszwecken bis in das 18. Jh. hinein азъ „ich“ benutzt werden konnte.“[7]

Auch die Form des Personalpronomens ist somit als Kirchenslavismus zu werten. Schließlich sind auch die Infinitivendungen, die bei den Verben начати „anfangen“, кончати „Enden“ und глаголати „sagen, sprechen“ auftreten, für die zweite Hälfte des 17. Jahrhunderts ungewöhnlich. Schon im 14./15. Jahrhundert wird die ursprüngliche Infinitivendung, die im Kirchenslavischen unverändert blieb, im Russischen zu –ть gekürzt. Die entsprechenden russisch-volkssprachlichen Infinitive müssten also начать, кончать und глаголать lauten. Allerdings geschieht diese Kürzung der Endung offenbar nicht oder nur in geringerem Ausmaß in den nordgroßrussischen Dialekten[8]. Mit Hinblick darauf, dass Avvakum seine Autobiographie im Norden Russlands verfasste, kann hier ein Dialektismus oder ein Kirchenslavismus vorliegen.

Ungeachtet der im Einzelfall möglichen anderweitigen Erklärungen lassen sich alle genannten Erscheinungen aber durchgehend als Kirchenslavismen erklären. Auch ein Text wie die Autobiographie des Altgläubigen Protopopen Avvakum, dem man eine relativ große Nähe zur gesprochenen Sprache zugesteht, ist somit vorwiegend kirchenslavisch geprägt.

Das über Jahrhunderte hinweg relativ stabile System der Koexistenz des Kirchenslavischen mit der Volkssprache wird durch die Petrinischen Reformen an der Wende des 17. zum 18. Jahrhundert allerdings empfindlich gestört. Der Zar drängt den Einfluss der orthodoxen Kirche stark zurück und verbannt konsequenterweise auch das Kirchenslavische in die Domäne der kirchlich-religiösen Sphäre[9]. Stattdessen strebt er eine moderne Trennung von Staat und Religion an, die sich auch sprachlich wiederspiegelt. Hier dürfte durchaus die im lateinischen Europa erfahrene sprachliche Aufgabenteilung zwischen dem kirchlichen Latein

6 Kiparsky 1967: 77.
7 Kiparsky 1967: 130.
8 Vgl. Kiparsky 1967: 238.
9 Vgl. Isačenko 1983: 529: „Die Haltung Peters der orthodoxen Kirche gegenüber war zuweilen ausgesprochen provokant und blasphemisch.“

und der weltlichen Volkssprache zumindest einen Denkanstoß geliefert haben. Wie umwälzend sich die petrinischen Reformen auch in der Sprache bemerkbar machen, lässt sich aus Textvergleichen ablesen:

> „Während man einen russischen Text des 13. Jh.s von einem russischen Text gleichen Genres des 16. Jh.s kaum unterscheiden kann, ist der Unterschied zwischen einem russischen Text von 1670 und einem russischen Text gleichen Genres von 1700 womöglich größer, als derjenige zwischen einem heutigen russischen Text und seiner polnischen Übersetzung."[10]

Die weltlichen Aufgaben soll, beginnend mit der petrinischen Zeit, auch eine weltliche Sprache übernehmen, ein weltliches Russisch. Dafür benötigte der Zar aber eine vereinheitlichte russische Sprache. Diese soll nicht auf der Sakralsprache, auf dem Kirchenslavischen, basieren, sondern auf der gesprochenen Sprache des Volkes. Die Sprache des Volkes war für Zar Peter zunächst einmal die Sprache der praktischen Belange, also die Sprache der staatlichen Verwaltung, des Militärs, des Bergbaus usw. Auch in West- und Mitteleuropa ist gerade in diesen praktischen Domänen die jeweilige Volkssprache (und nicht das Latein) in Gebrauch[11]. Gerade aus diesen Kommunikationsbereichen gelangen nun – neben holländischen und englischen – auch zahlreiche deutsche Ausdrücke in das Russische. Einige Beispiele dafür sind: адъютант (<Adjutant), аукцион (<Auktion), бомбардир (<Bombardier, Artillerist), брандмейстер (< Brandmeister, heute etwa: Feuerwehrhauptmann), бруствер (<Brustwehr), бухгалтер (<Buchhalter), валторна (<Waldhorn), висмут (<Wismut), вольфрам (<Wolfram), гаубица (<Haubitze), грифель (<Griffel), доктор (<Doktor), ефрейтор (<Gefreiter), камердинер (<Kammerdiener), квартира (<Quartier), кварц (<Quarz), лагерь (<Lager), лозунг (< Losung, Parole), масштаб (<Maßstab), патрон (<Patrone), ранг (<Rang), университет (<Universität), унтер-офицер (<Unteroffizier), шлагбаум (<Schlagbaum). штемпель (<Stempel) u.v.m.[12] Die neue russische Sprache, die dem Zaren vorschwebte, basierte somit auf dem gesprochenen Russisch, das mit Elementen westeuropäischer Sprachen angereichert war. Auf Bereiche wie eine schöngeistige Literatur verschwendet Peter aber vorerst keinen

---

10 Kiparsky 1975: 107.

11 Vgl. Isačenko 1983: 532: „Die gesamte Kulturpolitik Peters war ausgerichtet auf eine möglichst rasche und vollständige Aneignung des westlichen *know-how*."

12 Die hier aufgeführten Beispiele sind der Liste der petrinischen und nachpetrinischen deutschen Lehrwörter bei Kiparsky 1975: 128–142 entnommen. Bei allen hier aufgeführten Beispielen liegt der Erstbeleg vor 1730.

Gedanken. Allerdings hat er wohl die Schwierigkeiten bei der Formierung einer solchen „weltlichen“ Standardsprache unterschätzt.

C. Die deutsche Periode 1700–1760

Der Umgang des Zaren selbst mit der sprachlichen Situation in seinem Reich ist geprägt durch die Orientierung am Holländischen und Deutschen, wobei nicht immer klar ist, ob Peter eindeutig zwischen dem Niederländischen und dem Deutschen unterschied. Auch sprachhistorisch ist die Unterscheidung zwischen holländischen und deutschen (evtl. auch dänischen oder schwedischen) Lehnwörtern im Russischen häufig nicht ganz einfach:

> „Rein linguistisch bieten die holländischen Lehnwörter des Russischen einige interessante Probleme. Sie sind im allgemeinen sehr leicht als ‚fremd‘, speziell ‚germanisch‘ zu erkennen, aber sehr schwer einer bestimmten, im Ost- und Nordseeraum gesprochenen germanischen Sprache zuzuschreiben [...].“[13]

Auf jeden Fall ist vielfach verbürgt, dass Zar Peter der Große selbst sehr gut deutsch sprach. Ein im Wortlaut überlieferter deutscher Satz aus seinem Munde lässt aber vermuten, dass sein Deutsch stark niederdeutsch geprägt war. Auf eine Nachricht des preußischen Königs Friedrich Wilhelm I., dass zur Verbesserung der Situation in Russland u.a. Schulen und Akademien nötig seien, antwortete der Zar wörtlich:

> „Det heb ik lang erkant, mar wo krieg ik die Lüde her?“[14]

Französisch spielte für Peter den Großen noch keine Rolle[15]. Die Rolle des Deutschen auch bei seinen Untertanen und Mitarbeitern hingegen lässt sich durch ein weiteres Zitat eindeutig belegen:

> „Послать в Королевецъ человекъ 30 ... изъ молодыхъ подьячихъ для наученія Нѣмецкаго языка, дабы удобнѣе въ Коллегіумъ были.“[16]

Es sollten also etwa 30 Beamte nach Königsberg geschickt werden, um dort für Ihre Dienste in den russischen „Kollegien“ deutsch zu lernen. Die „Kollegien“ darf man als die Vorläufer der heutigen Ministerien interpretieren. Offenbar war es also zumindest nützlich, vielleicht sogar notwendig, dass die Mitglieder und Protokollanten der Kollegien deutsch konnten. Der Nutzen der Fremdsprachenkenntnisse

13 Kiparsky 1975: 120.
14 Zitiert nach Koch 2002: 50.
15 Vgl. Kiparsky 1975: 108.
16 Zitiert nach Kiparski 1975: 129.

war nicht ausschließlich auf die Arbeit mit anderen Russen beschränkt. Seit Peter dem Großen stieg die Zahl der Deutschen, die nach Russland kamen, sprunghaft an:

> „Da die Deutschen, des Russischen meist nicht mächtig, sich in der Regel weiterhin ihrer Muttersprache bedienten, entstanden deutschsprachige Domänen, d.h. institutionalisierte Kontexte, in denen die Interaktion auch mit Nicht-Deutschen weitgehend von den sozialen und sprachlichen Verhaltensweisen der Deutschen bestimmt wurde. In multi- bzw. bilingualen Kommunikationssituationen wurde das Deutsche so Ko-Sprache zum Russischen oder ersetzte es sogar völlig."[17]

Es ist also nicht auszuschließen, dass in den russischen Kollegien zumindest zeitweise deutsch gesprochen wurde. Das erklärt die Anweisung Peters, der Schreiber brauchte, die des Deutschen mächtig waren. Die Vorherrschaft des Deutschen in den administrativen und wissenschaftlichen Domänen Russlands hielt mindestens bis zur Mitte des 18. Jahrhunderts an[18].

In der Regel findet man für die Folgezeit zahlreiche Verweise auf die Orientierung des Russischen am Französischen. Dies hängt sicherlich damit zusammen, dass ab der Mitte des 18. Jahrhunderts nun auch Bestrebungen existieren, eine schöngeistige russische Literatur zu schaffen. Die ersten Protagonisten einer russischen Literatur standen durchaus noch in der Denktradition Peters des Großen. Es ging um die Schaffung einer weltlichen russischen Sprache, die dem Stellenwert der Sprachen entsprach, die in Westeuropa verwendet und geschrieben wurden. Allerdings gibt es nun einen Wechsel in der Erwartungshaltung an diese Sprache. Hatte Zar Peter noch den praktischen Nutzen der Sprache in allen Bereichen der Staatsverwaltung und des Wirtschaftslebens im Sinne gehabt, so tritt nun zunehmend der ästhetische Wert dieser neuen Sprache ins Blickfeld. Auch das Russische sollte sich als eine Sprache erweisen, in der schöne Literatur verfasst werden kann. Der erste auf Russisch geschriebene Roman ist eine Übersetzung aus dem Französischen, angefertigt von V.K. Trediakovskij (1703–1769) im Jahr 1730. Im Vorwort zu seiner Übersetzung macht er die ästhetischen Gesichtspunkte recht deutlich:

> На меня, прошу вас покорно, не извольте погневаться [...], что я оную не славенским языком перевел, но почти самым простым русском словом, то есть каковым мы меж собой говорим. Сие я учинил следующих ради причин: Первая: язык славенский у нас есть язык церковный, а сия книга мирская. Другая: язык

17 Koch 2002: 45.

18 Vgl. Kiparsky 1975: 128–129: „Es ist von vornherein wahrscheinlich, dass bis ca. 1760 der deutsche, nach dieser Zeit der direkte französische Einfluss überwog."

> славенский в нынешнем веке у нас очень темен[…]. Третия: которая […] у меня идет за самую важную, то есть, что язык славенский ныне жесток ушам моим слышится […].[19]

In diese ästhetische Tradition kann man u.U. auch die vom M. V. Lomonosov (1711–1765) verfasste erste Grammatik des Neurussischen aus dem Jahr 1756 stellen, ordnet er doch seine in der russischen Sprachgeschichte berühmt gewordenen drei Stile jeweils literarischen Gattungen zu. Bis zu einem gewissen Grade ist Lomonosov damit auch der Restaurator des Kirchenslavischen, das er nun allerdings nicht mehr als Gegensatz zur russischen Volkssprache begreift, sondern als eine spezifische „hohe" Stilschicht in die neue russische Sprache integriert. Darüber hinaus gilt Lomonosov aber auch als Begründer einer modernen russischen Fachterminologie in vielen Wissensbereichen – und hier dürfte seine Orientierung schon aufgrund seines Studiums in Marburg eher beim Deutschen liegen. In dem Maße, in dem die Aufgabenstellung für die neu zu formierende Sprache in Russland verändert wird, scheint sich aber nun die Orientierung zu verändern. Das Deutsche als primärer Orientierungspunkt, als Vorbild und Beispiel für eine neu zu formierende Standardsprache, tritt stärker in den Hintergrund, dafür gewinnt aber das Französische als Sprache der Literatur an Bedeutung. Nicht ganz zu ignorieren ist aber auch in dieser Zeit schon das Englische.

D. Die multilinguale Periode ab ca. 1760

Allerdings ist diese These von der französischen Beeinflussung ab der zweiten Hälfte des 18. Jahrhunderts bis heute recht undifferenziert. Die Standardsprache besteht eben nicht nur aus einer Sprache der Literatur oder einer Umgangssprache. Sie ist funktional sehr stark in einzelne Bereiche aufgesplittert. In neuerer Zeit lassen sich deshalb durchaus auch Stimmen finden, die das Deutsche als in mancher Hinsicht wichtigere Fremdsprache in Russland bezeichnen:

> „[…] gehe ich davon aus, dass das Deutsche im Russland der Aufklärungszeit als Bildungssprache wie als Wissenschaftssprache (wobei es hier als Ko-Sprache zum Lateinischen fungierte) eine wesentlich größere Bedeutung hatte als das Französische" (Koch 2002: 4)

Koch spricht hier zwei funktionale Domänen an, die eben auch zur Standardsprache gehören: die Domäne der Bildung und der Wissenschaft. Tatsächlich spricht vieles dafür, dass das Deutsche als Bildungssprache noch bis weit in das 19. Jahrhundert hinein (oder vielleicht bis in das 20. Jahrhundert) seine beherrschende

19 Ziziert nach Efimov 1961: 124.

Stellung gehalten hat. Hinzu kommt ab dem frühen 19. Jahrhundert aber – wie schon erwähnt – auch noch eine dritte Sprache. In manchen literarischen Aspekten konkurriert das Englische nun mit dem Deutschen und Französischen. Und im Rahmen der Industrialisierung muss das Deutsche seinen Rang zunehmend – zumindest in manchen technischen Bereichen – seine Stellung mit dem Englischen teilen.

Im Resultat bedeutet dies, dass sich eine funktionale Aufspaltung für die Vorbildwirkung von Fremdsprachen ab der zweiten Hälfte des 18. Jahrhunderts erkennen lässt. Das Deutsche behält vorerst seine Vorbildwirkung in Bildung und Wissenschaft. Für die Umgangssprache, auch in den gehobenen Stilen, die der schönen Literatur zugrunde liegen, wird hingegen das Französische immer bedeutender. Die englischen Einflüsse sind etwas geringer.

Allerdings sind die deutschen Einflüsse auch im literarischen Bereich und in der gehobenen Umgangssprache wohl nie völlig verschwunden. Hier sei daran erinnert, dass der erste große Schriftsteller des Neurussischen, N. M. Karamzin (1766–1826) in Moskau mit dem deutschen Schriftsteller Jakob Michael Reinhold Lenz (1751–1792), einem Vertreter des Sturm und Drang, befreundet war und auf seiner Westeuropa-Reise 1789–90 auch Kant und Wieland traf. Die Vorbildwirkung des Französischen ist für die Zeit Karamzins unbestritten. Manch eine sprachliche Errungenschaft dieser Zeit ist aber nicht so einfach auf das Französische zurückführbar. Man schreibt Karamzin einige wesentliche syntaktische Strukturen des Neurussischen zu. So hat er in einer Sprache mit ursprünglich sehr freier Wortstellung die Satzgliedfolge „Subjekt – Prädikat – Objekt" für den neutralen Aussagesatz wenn nicht eingeführt, so doch stabilisiert[20]. Vorbild dafür waren die westeuropäischen Sprachen, wobei hier wohl nicht weiter spezifiziert werden kann, da diese Satzgliedfolge sowohl im Französischen als auch im Deutschen oder Englischen üblich ist. Ein weiteres syntaktisches Detail ist aber möglicherweise in der Syntax von Karamzin der deutschen Vorbildwirkung zuzuschreiben, nämlich die Stabilisierung des attributiven Adjektivs vor dem Bezugssubstantiv. Im obigen Zitat von Trediakovskij wird noch deutlich, dass die Stellung des Adjektivs im Russischen ursprünglich recht variabel war – es kommt sowohl die Voranstellung (славенскийязык) als auch die Nachstellung (языкславенский) vor. Karamzin stellt adjektivische Attribute (nicht aber

20 Vgl. Eckert & Crome & Fleckenstein 1983: 218.

Possessivpronomina) konsequent vor das Bezugssubstantiv. Zur Illustration sei ein kurzer Abschnitt aus seinen „Briefen eines russischen Reisenden“ aufgeführt[21]:

> Сколько времени не мог ни о чем думать, ничем заниматься, кроме путешествия? Не считал ли дней и часов? Но — когда пришел желаемый день, я стал грустить, вообразив в первый раз живо, что мне надлежало расстаться с любезнейшими для меня людьми в свете и со всем, что, так сказать, входило в состав нравственного бытия моего.[22]

An dieser kurzen Textpassage ist recht gut ersichtlich, dass das Neurussische seit Karamzin nicht nur die Stellung des attributiven Adjektivs vor dem Bezugssubstantiv aufweist (желаемый день „der ersehnte Tag“, нравственного бытия „des moralischen Daseins“) sondern dass es – anders als etwa das genetisch verwandte Polnische oder Tschechische – sogar die Möglichkeit eines erweiterten Attributs vor dem Bezugssubstantiv besitzt (любезнейшими для меня людьми „(mit den) mir liebsten Menschen“). Solche erweiterten Attribute vor dem Bezugssubstantiv sind bis heute im Russischen möglich. Hier kann eigentlich nur das Deutsche das syntaktische Vorbild geliefert haben. Diese vorläufige Vermutung kann aber nur durch genauere noch ausstehende Analysen bekräftigt oder widerlegt werden.

In vieler Hinsicht setzt schließlich A.S. Puškin (1799–1837) den von Karamzin begonnenen Weg fort. Man kann diesen großen russischen Schriftsteller als den Vollender der neurussischen Standardsprache sehen. Die literarischen und sprachlichen Einflüsse, die Puškin verarbeitete, waren gesamteuropäisch. Naturgemäß waren auch deutsche Inspirationen darunter – etwa durch J.W. von Goethe (1749–1832)[23].

E. Fazit

Das Deutsche hat dem Neurussischen in der Zeit seiner Konstituierung als einer Standardsprache somit in vielerlei Hinsicht als Vorbild und Einflussgeber gedient.

---

21 N.M. Karamzins Письма русского путешественника erschienen erstmals 1791/92 in der von Karamzin selbst herausgegebenen Zeitschrift Московский Журнал. Eine Buchausgabe entstand 1797. Das Werk gilt als der erste originär russische Roman – ein Briefroman. Er enthält eine Vielzahl an imaginären Briefen, die den Verlauf von Karamzins eigener Westeuropa-Reise 1789/90 wiederspiegeln.

22 Karamzin 1983: 28; Unterstreichung N.N.

23 Vgl. etwa Kasack 1997: 240: „Parallel zu Goethes *Vorspiel auf dem Theater* entwirft er [Puškin] *den Razgovor knigoprodavca s poėtom*, 1824 (*Gespräch des Buchhändlers mit dem Dichter*), und erfindet eine neue *Scena iz Fausta*, 1825 (*Szene aus Faust*), […].“

Will man die verschiedenen Vorbildwirkungen in einige wenigen Schlagworten zusammenfassen, so lässt sich das vielleicht folgendermaßen skizzieren.

Schon Peter der Große hat erkannt, dass die Basis für ein funktionierendes und prosperierendes Staatswesen in der Vermittlung von Bildung an breite Volksschichten bestand. Dafür musste er – ähnlich wie das in Deutschland schon seit dem 17. Jahrhundert mit dem Latein geschah – die religiöse Sprache, also in Russland das Kirchenslavische, zurückdrängen und statt dessen die Sprache des „gemeinen Volkes" in neue Funktionen bringen, wobei er hier v.a. die praktische Sphäre im Auge hatte. Aufgrund der zunächst mangelnden Eignung des Russischen selbst – es stellt vorerst noch eine reine Sprechsprache dar – übernimmt das Deutsche wohl schon in der Petrinischen Zeit die Rolle der administrativen Sprache und der „Bildungs- und Wissenschaftssprache" und behält diese Rolle v.a. in der zuletzt genannten Domäne vielleicht sogar bis in das 20. Jahrhundert hinein. Gerade in diesem Bereich dringen auch viele Germanismen in den russischen Wortschatz ein.

Im Hinblick auf die „schöne Literatur" und die gehobene Umgangssprache erweist sich das Französische ab der zweiten Hälfte des 18. Jahrhunderts als weitere wichtige Vorbildsprache, ohne dass das Französische dabei die deutsche Vorbildwirkung völlig verdrängen konnte. In geringerem Ausmaß kommt auch das Englische als Impulsgeber für das Russische hinzu.

Es scheint somit, dass in der Entwicklung des Neurussischen mehrere funktionale Sphären unterschieden werden müssen. Da die der Standardsprache zugrunde liegende Norm sich vor allem an der schöngeistigen Literatur orientiert, kann man eine Sphäre als die „ästhetische" Domäne bezeichnen, da sie in erster Linie an die Texte der russischen Schriftsteller des 19. Jahrhunderts gekoppelt ist. Hier dominiert der französische Einfluss, das französische Vorbild, ohne den ästhetischen und sprachlichen Einfluss anderer europäischer Sprachen und Literaturen auszuschließen. In diesem Rahmen entfaltet auch das Deutsche seine Vorbildwirkung. In einer zweiten funktionalen Sphäre, die man als die „praktische" Sphäre bezeichnen kann, – dazu gehört Bildung und Wissenschaft, aber auch der rechtliche und der administrative Bereich – dominiert schon seit der Zeit Peters des Großen wohl eher das Deutsche, ohne dass dabei Einflüsse anderer europäischer Sprachen ausgeschlossen werden können.

Der Prozess der Formierung der modernen russischen Standardsprache stellt sich somit als ein außerordentlich komplexer Prozess dar, der zunächst durch die spezifische russische Sprachsituation mit der komplexen Wechselwirkung zwischen der russischen Volkssprache und dem Kirchenslavischen geprägt war. Darüber hinaus bilden die west- und mitteleuropäischen Sprachen eine stete

Quelle von Mustern, die in das Russische übernommen und an die eigenen Verhältnisse angepasst werden. Das Russische ist im Gegensatz zu vielen anderen slavischen Sprachen nie der Verlockung eines scheinbaren Sprachpurismus erlegen, im Gegenteil. Auch deshalb kann Kiparsky die Übernahme von Fremd- und Lehnwörtern durch das Russische mit dem Adjektiv „skrupellos“ beschreiben[24]. Eine wichtige Quelle stellt neben dem Französischen sicherlich das Deutsche dar, dessen Domäne weniger die ästhetische als die praktische Sphäre war.

Literatur

Eckert, R. & E. Crome & Ch. Fleckenstein: Geschichte der russischen Sprache. Leipzig 1983.

Efimov, A.I.: Istorija russkogo literaturnogo jazyka. Moskva 1961.

Isačenko, A.V.: Kakova specifika literaturnogo dvujazyčija v istorii slavjanskich jazykov. In: Isačenko, A.V.: Opera Selecta. Russische Gegenwartssprache, russische Sprachgeschichte, Probleme der slavischen Sprachwissenschaft. München 1976. 187–190.

Issatschenko, A. [d.i. Isačenko, A.V.]: Geschichte der russischen Sprache. 1. Band: Von den Anfängen bis zum Ende des 17. Jahrhunderts. Heidelberg 1980.

Issatschenko, A. [d.i. Isačenko, A.V.]: Geschichte der russischen Sprache. 2. Band: Das 17. und 18. Jahrhundert. Heidelberg 1983.

Karamzin, N.M.: Pis'ma russkogo putešestvennika. Moskva 1983.

Kasack, W. [Hrsg.]: Hauptwerke der russischen Literatur. Einzeldarstellungen und Interpretationen. München 1997.

Kiparsky, V.: Russische historische Grammatik. Band II: Die Entwicklung des Formensystems. Heidelberg 1967.

Kiparsky, V.: Russische historische Grammatik. Band III: Entwicklung des Wortschatzes. Heidelberg 1975.

Koch, Kristine: Deutsch als Fremdsprache im Rußland des 18. Jahrhunderts. Ein Beitrag zur Geschichte des Fremdsprachenlernens in Europa und zu den deutsch-russischen Beziehungen. Berlin – New York 2002.

Protopop Avvakum: Žitie. Čelobitija k carju. Perepiska s bojarynej Morozovoj. Pariž 1951. [http://www.imwerden.de/pdf/avvakum_zhitie_i_dr_paris.pdf]

---

24 Kiparsky 1975: 108.

Claudia Radünzel

Die Darstellung der Krim-Frage und des Ukraine-Konflikts in Reden russischer, ukrainischer und deutscher Vertreter vor den Vereinten Nationen. Eine linguistische Analyse

A. Einleitung

Ende 2013 kam es in der Ukraine zu politischen Protesten, die sich im folgenden Frühjahr zu gewalttätigen Zusammenstößen zwischen Sicherheitskräften bzw. Vertretern und Anhängern der Regierung und oppositionellen Demonstranten verschärften und schließlich zur Absetzung des ukrainischen Präsidenten Viktor F. Janukovyč führten. Im Zuge dieses politischen Umsturzes eskalierten in östlichen Landesteilen bewaffnete Auseinandersetzungen zwischen ukrainischen Streitkräften und prorussischen Separatisten. Auch auf der traditionell russisch geprägten Krim entluden sich Spannungen zwischen Unterstützern der neuen ukrainischen Führung und prorussischen Kräften, worauf die Regierung der Russischen Föderation, die den Machtwechsel in Kiew kritisch betrachtete, Besorgnis um die Sicherheit ihrer Landsleute in den betroffenen Gebieten äußerte und der Föderationsrat den Präsidenten Vladimir V. Putin zum Einsatz russischer Streitkräfte in der Ukraine ermächtigte, um russische Bürger sowie die auf der Krim stationierten Truppen zu schützen. Bei einem Referendum am 16. März 2014 sprach sich nach offiziellen Angaben die deutliche Mehrheit der Teilnehmenden für einen Beitritt der Autonomen Republik Krim und der Stadt Sevastopol' zur Russischen Föderation aus, der in der Folge vollzogen wurde. Dieses Vorgehen stieß in der internationalen Gemeinschaft verbreitet auf Ablehnung, was sich u.a. in entsprechenden Erklärungen der Europäischen Union und der NATO sowie in einer Resolution der UN-Generalversammlung äußerte, in der das Referendum und die Sezession der Krim für ungültig erklärt wurden. Die Abspaltung der Halbinsel und die Auseinandersetzungen in den östlichen Landesteilen hatten und haben bekanntermaßen schwerwiegende bilaterale Spannungen zwischen der Ukraine und Russland zur Folge. Darüber hinaus wurden sie zu einer Belastungsprobe für das Verhältnis zwischen der Russischen Föderation und dem Westen, der das russische Vorgehen kritisierte und Sanktionen einleitete. Russland dagegen verteidigte seine Haltung und seine Handlungen in dem Konflikt, was u.a. in der Ansprache Präsident Putins an die Föderationsversammlung vom

4. Dezember 2014, in der die Krise auf der Krim und in der Ukraine eine zentrale Rolle spielte, deutlich wurde.[1]

Nachdem aufgrund intensiver diplomatischer Bemühungen im September 2014 das erste Minsker Abkommen geschlossen und ein Waffenstillstand vereinbart worden war, der jedoch nicht hielt, waren weitere Gespräche auf höchster Ebene zwischen den Konfliktparteien und Vertretern der EU nötig. Im Februar 2015 wurde in Minsk nach zähen Verhandlungen zwischen Präsident Putin, dem inzwischen gewählten ukrainischen Präsidenten Petro O. Porošenko, Bundeskanzlerin Angela Merkel und dem französischen Präsidenten François Hollande ein weiteres Abkommen geschlossen (Minsk-2). Man betonte die territoriale Integrität der Ukraine und einigte sich auf eine Dezentralisierung des Landes durch eine Verfassungsreform, Autonomierechte für Teile des Donbass, die unter der Kontrolle prorussischer Separatisten standen, einen Waffenstillstand und den Austausch von Gefangenen. Die Waffenruhe blieb brüchig, viele der getroffenen Vereinbarungen strittig; sie dienten jedoch mangels besserer Alternativen als Grundlage für ein weiteres Abkommen der vier Staats- und Regierungschefs im Oktober 2015. Zum gegenwärtigen Zeitpunkt (April 2016) ist der Konflikt im Osten der Ukraine keinesfalls endgültig beigelegt, kann jedoch als eingefroren gelten. Zudem hat sich die Aufmerksamkeit der internationalen Öffentlichkeit inzwischen stärker auf andere Krisen verlagert, etwa auf die Flüchtlingsströme und den Kampf gegen den sogenannten „Islamischen Staat", der in der Folge der Terroranschläge in Paris am 13. November 2015 und in Brüssel am 22. März 2016 noch einmal intensiviert wurde.

B. Vorstellung des analysierten Textmaterials

Die Ereignisse auf der Krim und in der östlichen Ukrainewurden, wie oben bereits angedeutet, auch bei den Vereinten Nationen thematisiert. So befassten sich sowohl die Generalversammlung als auch der Weltsicherheitsrat mit den Vorgängen. Zudem nutzten die Vertreter der Ukraine und der Russischen Föderation, aber auch die Repräsentanten weiterer Staaten die jährliche Generaldebatte, um in Gegenwart ranghoher Politiker aller Mitgliedsländer ihre Sicht der Dinge darzulegen. Ziel des vorliegenden Artikels ist es, die Darstellung der Krim-Frage und des Ukraine-Konflikts in Redebeiträgen zu den Generaldebatten der Jahre 2014

1 Eine ausführliche Analyse dieser Rede sowie der Ansprache Präsident Putins vom 18.3., in der er vor der Föderationsversammlung den Antrag auf eine Aufnahme der Krim und der Stadt Sevastopol' in den Staatsverband stellte, erfolgt an anderer Stelle (Radünzel 2014).

und 2015 zu analysieren. Hierbei werden die Texte der beiden unmittelbar an dem Konflikt beteiligten Länder, der Ukraine und der Russischen Föderation, betrachtet. Zudem werden die Reden der Bundesrepublik Deutschland einbezogen – eines Staates, der nicht direkt in die Auseinandersetzungen involviert ist, sich jedoch gemeinsam mit anderen als Vermittler um eine Lösung bemühte.

Bei der sogenannten Generaldebatte handelt es sich um die Eröffnungsphase einer jeden Generalversammlung der Vereinten Nationen, deren Sitzungen jedes Jahr am dritten Dienstag im September am UN-Hauptquartier in New York beginnen. Da zu diesem Anlass traditionsgemäß Staatsoberhäupter, Regierungschefs oder andere hochrangige Vertreter aller Mitgliedsländer der Weltorganisation versammelt sind und die mediale Aufmerksamkeit groß ist, nutzen die Staaten die Gelegenheit, gleichsam vor den Augen und Ohren der Welt zu den Problemen Stellung zu nehmen, die ihnen besonders wichtig erscheinen, und ihre Sicht der Dinge zu verdeutlichen. So war es nicht überraschend, dass in der Generaldebatte der 69. Generalversammlung, die vom 24.–30.9.2014 stattfand, die Ukraine, vertreten durch den Premierminister Arsenij P. Jacenjuk, und die Russische Föderation, repräsentiert durch den Außenminister Sergej V. Lavrov, ihre Haltung bzw. ihr Handeln in der Ukraine-Krise erläuterten und rechtfertigten und das Forum für eine Auseinandersetzung mit der gegnerischen Seite nutzten. Dies wiederholte sich im folgenden Jahr, als während der Generaldebatte vom 28.9. bis 3.10. die Präsidenten beider Länder, Petro O. Porošenko und Vladimir V. Putin, auftraten. Der Umstand, dass 2015 die Staatsoberhäupter persönlich für ihre Länder sprachen, mag darauf zurückzuführen sein, dass es sich um die 70. Generalversammlung seit Gründung der Weltorganisation handelte. Die Bundesrepublik Deutschland wurde in beiden Jahren durch ihren Außenminister Frank-Walter Steinmeier repräsentiert. Zunächst seien einige Daten zu den Texten und zur Behandlung der Ukraine-Frage überblicksartig verdeutlicht:

Generaldebatte vom 24.–30.9.2014

Land	Ukraine	Russland	Deutschland
Datum	24.9.	27.9.	27.9.
Redner	Premierminister Arsenij P. Jacenjuk	Außenminister Sergej V. Lavrov	Außenminister Frank-Walter Steinmeier
Textumfang (Wörter)	783	1818	1442
Umfang des Ukraine-Teils (Wörter)	783	856	247
Prozentanteil	100 %	47,1 %	17,1 %

Generaldebatte vom 28.9. bis 3.10.2015

Land	**Ukraine**	**Russland**	**Deutschland**
Datum	29.9.	28.9.	1.10.
Redner	Präsident Petro O. Porošenko	Präsident Vladimir V. Putin	Außenminister Frank-Walter Steinmeier
Textumfang (Wörter)	3131	2280	1567
Umfang des Ukraine-Teils (Wörter)	2442	119	89
Prozentanteil	78 %	5,2 %	5,7 %

Aus Sicht der Textlinguistik und des Sprachvergleichs handelt es sich bei den Redebeiträgen zur Generaldebatte[2] um sogenannte Paralleltexte, d.h. um Exemplare einer Textsorte, die in allen hier betrachteten Sprach- bzw. Kulturgemeinschaften existiert. Textsorten werden dabei in Anlehnung an K. Brinker (1992: 132) als „konventionell geltende Muster für komplexe sprachliche Handlungen" aufgefasst, die man als „jeweils typische Verbindungen von kontextuellen (situativen), kommunikativ-funktionalen und strukturellen (grammatischen und thematischen) Merkmalen" beschreiben kann. Paralleltexte werden als Originaltexte realisiert, d.h. unabhängig voneinander und nicht als Übersetzungen. Sie werden „unter gleichen oder zumindest ähnlichen kommunikativen Bedingungen und mit analogen Kommunikationsabsichten" verfasst (Hoch 1988: 278), was bei den Redebeiträgen zur Generaldebatte zweifellos der Fall ist. Auf der Grundlage des Textmaterials kann gezeigt werden, wie ein bestimmtes Thema in einer identischen Kommunikationssituation von Angehörigen unterschiedlicher Sprach- bzw. Kulturgemeinschaften behandelt wird und welche Gemeinsamkeiten und Unterschiede sich dabei beobachten lassen. Durch die Heranziehung von Texten aus zwei Jahren ist zudem ein Vergleich auf der Zeitachse möglich.

Die Vertreter der Russischen Föderation und der Bundesrepublik Deutschland wandten sich während der beiden Generaldebatten in ihrer jeweiligen Muttersprache an das Auditorium (so wie sie es üblicherweise tun).[3] Im Unterschied

2 Exemplare dieser Textsorte wurden bereits in früheren Arbeiten untersucht (Radünzel 1999, 2000, 2002, 2004, 2008b, 2010).

3 Deutsch ist – im Unterschied zum Arabischen, Chinesischen, Englischen, Französischen, Russischen und Spanischen – nicht Amts- und Arbeitssprache der Vereinten Nationen. Die Geschäftsordnung der UN-Generalversammlung (Regel 53) sieht jedoch vor, dass jedes Mitglied eine Rede auch in einer Sprache halten kann, die nicht zu den Amts- und Arbeitssprachen gehört. In diesem Fall hat das Mitglied selbst für

dazu wählten sowohl Premierminister Jacenjuk als auch Präsident Porošenko nicht das Ukrainische oder das Russische, sondern das Englische. Es wird davon ausgegangen, dass die Tatsache, dass es sich bei ihren Reden nicht um muttersprachliche Texte handelt, einer linguistischen Analyse im hier intendierten Sinne, wo der Schwerpunkt auf der Darstellung der eigenen Sicht auf ein bestimmtes Problem liegt, nicht entgegensteht.[4] Als Grundlage für die Untersuchung dienen schriftliche Versionen aller Texte, die im Internet veröffentlicht wurden (siehe Literaturverzeichnis). Die russischen Reden wurden der offiziellen Homepage der Vereinten Nationen entnommen, ebenso die Rede Präsident Porošenkos von 2015. Die beiden deutschen Texte sind im Internetauftritt des Auswärtigen Amtes der Bundesrepublik Deutschland zu finden. Die Ansprache Arsenij P. Jacenjuks von 2014 entstammt dem offiziellen Regierungsportal der Ukraine (Urjadovyj portal. Jedynyj veb-portal orhaniv vykonavčoï vlady Ukraïny). Auf der Internetseite der Vereinten Nationen sind zudem Audio- und Videodateien aller Reden abrufbar. Diese wurden für die vorliegende Abhandlung jedoch nicht berücksichtigt.

Wiederholt sei, was schon bei der Analyse politischer Reden an anderer Stelle angemerkt wurde (vgl. Radünzel 2010: 92f., Radünzel 2014: 109): Die Texte werden sprachwissenschaftlich, nicht jedoch aus einer juristischen, historischen oder politikwissenschaftlichen Perspektive untersucht. Dies muss Vertretern der entsprechenden Fachdisziplinen vorbehalten bleiben. Die sechs Reden geben die Haltung politischer Vertreter dreier Staaten bzw. die ihrer Regierungen zu zwei bestimmten Zeitpunkten wieder, sie zeigen deren Blick auf die angesprochenen Probleme und die Welt und sollen gleichsam für sich selbst sprechen. Es überrascht nicht, dass die Texte der Ukraine und Russlands ein prägnantes Beispiel für eine geradezu diametrale Sicht auf die Dinge bieten, für die Rechtfertigung des eigenen Vorgehens und gegenseitige Schuldzuweisungen.[5] Es kann hier nicht darum gehen, zu beurteilen, inwieweit die Darstellungen sachlich, historisch oder juristisch korrekt sind, welches Vorgehen dem Völkerrecht entsprach oder aus anderen Gründen, z.B. als Ausdruck von Selbstbestimmung, eine Berechtigung

---

die Dolmetschung in eine der Amts- und Arbeitssprachen zu sorgen, was in der Regel dadurch gewährleistet wird, dass man eine Textversion in einer dieser Sprachen zur Verfügung stellt, von der aus die simultane Dolmetschung für die Sprecher der anderen Amts- und Arbeitssprachen erfolgt.

4 Vgl. auch die Untersuchung der Darstellung des Georgien-Konflikts in Ansprachen während der Generaldebatte von 2008, als der georgische Präsident Mikheil Saakashvili seine Rede ebenfalls auf Englisch hielt (Radünzel 2010).

5 Ähnliches ließ sich bei der Analyse der Darstellung des Georgien-Konflikts in Redebeiträgen Georgiens und Russlands zur 63. Generaldebatte feststellen (Radünzel 2010).

hatte, zumal etwa Fragen, ob die Absetzung des Präsidenten Janukovyč gemäß der Verfassung der Ukraine oder die Durchführung des Referendums auf der Krim rechtmäßig waren, durchaus kontrovers diskutiert werden (dazu andere Beiträge in diesem Sammelband). Auch kann hier keine Aussage darüber getroffen werden, welche Kräfte von welchen politischen Akteuren eventuell insgeheim unterstützt wurden, wer welche übergeordneten Pläne verfolgte oder in der Krise eigene Interessen durchzusetzen versuchte, wer die Schuld an Vorfällen wie dem Abschuss des malaysischen Passagierflugzeugs MH17 über der Ostukraineim Juli 2014 trug und dergleichen mehr. Insbesondere Rechtfertigungen, man müsse die eigenen Bürger und nationalen Interessen schützen, entziehen sich häufig einer Überprüfung, da für einen Außenstehenden keine sichere Aussage über die Gefahrenlage zu bestimmten Zeitpunkten in bestimmten Gebieten möglich ist oder darüber, ob die Verantwortlichen aus fester Überzeugung von einer solchen Gefahr handelten oder diese aus politischem Kalkül vorschoben. Es sei auch betont, dass die Ausführungen keiner politischen Richtung verpflichtet sind und nicht die Einstellung der Autorin zu den Vorgängen widerspiegeln.

C. Analyse des Textkorpus

I. Die Redebeiträge der Ukraine

1. Von Invasion und Terrorismus: Die Rede Premierminister Arsenij P. Jacenjuks vom 24.9.2014

Die Ansprache des ukrainischen Regierungschefs ist mit 783 Wörtern der kürzeste der sechs betrachteten Texte und der einzige, der vollständig dem hier untersuchten Thema gewidmet ist. Angesichts der schweren politischen Krise in seinem Land und der Bedrohung von dessen staatlicher und territorialer Integrität sah sich der Sprecher offenbar veranlasst, seine gesamte Aufmerksamkeit auf dieses Thema zu konzentrieren und andere für die Weltgemeinschaft relevante Probleme (von denen es durchaus gravierende gab, etwa das Vorrücken der Milizen des sogenannten „Islamischen Staates" oder die in Westafrika grassierende Ebola-Epidemie) außer Acht zu lassen. Die Fixierung auf das eigene Land und die eigene Sicht der Dinge wird sprachlich schon in der Dominanz von Bezeichnungen für die eigene Gruppe (gegenüber solchen für die Vereinten Nationen, die Menschheit insgesamt o.Ä., die für Reden vor der Generaldebatte im Allgemeinen ebenfalls typisch sind) deutlich. So bezieht sich das Personalpronomen „we" („wir") im Text 22-mal auf die Ukraine, außerdem fünfmal das Possessivpronomen „our", z.B. „our partners" („unsere Partner"). Daneben kommen 16-mal Benennungen für die Ukraine vor, die mit der 3. Person des Verbs kongruieren: „Ukraine" („die

Ukraine“, 12x), „my country“ („mein Land“, 1x), „independent Ukraine“ („die unabhängige Ukraine“, 1x), „the country that needs peace“ („das Land, das Frieden braucht“, 1x), „united Ukrainian nation“ („die geeinte ukrainische Nation“, 1x). Somit finden sich insgesamt 43 sprachliche Bezugnahmen auf die eigene Gruppe. Demgegenüber verweisen „we“ und „our“ nur viermal auf die Vereinten Nationen, einmal ist der Bezug von „we“ unklar (wobei es generell für derartige Texte nicht untypisch ist, dass der Referenzbezug von „wir“ nicht in jedem Fall klar ermittelt werden kann).

Premierminister Jacenjuk beginnt seine Ansprache mit einem Verweis auf die Rolle seines Landes als Gründungsmitglied der Vereinten Nationen[6] und auf die zentralen Ziele der Organisation: Frieden und Stabilität („peace and stability“). Diese seien jedoch nicht gegeben. Hier werden zwei zentrale Schlüsselwörter genannt, die sich durch die gesamte Rede ziehen. Das am häufigsten vorkommende Leitwort[7] ist „peace“ mit neun Belegen, flankiert von „stability“ („Stabilität“) und „security“ („Sicherheit“, je zwei Belege). Der Redner gibt an, jedermann habe die Ukraine erwähnt, und beschreibt diese dann wie folgt[8]: „But we are the country that knows what *terrorism* means not by words, but in deeds, in practice.“ („Aber wir sind das Land, das nicht aufgrund von Worten, sondern aufgrund von Taten, in der Praxis, weiß, was *Terrorismus* bedeutet.“).[9] Auffällig ist hier das

6 Neben der UdSSR gehörten auch die damaligen Sowjetrepubliken Ukraine und Weißrussland als gesonderte Mitglieder den Vereinten Nationen seit ihrer Gründung an. Man hatte sich mit den Westmächten auf diese Variante geeinigt, nachdem die Sowjetunion aufgrund der Übermacht westlicher Staaten ursprünglich eine gesonderte Mitgliedschaft für alle ihre 15 Teilrepubliken gefordert hatte (Unser 1997: 144).

7 Unter Leitwörtern bzw. Miranda werden hier in Anlehnung an G. Strauß und G. Zifonun (1986: 100ff.) Wörter verstanden, die in unterschiedlichen politisch-ideologischen Systemen mit übereinstimmend positiver Evaluation verwendet werden, wobei ihre deskriptive Bedeutung nicht bzw. nur teilweise identisch ist. Das bedeutet, dass sie neben übereinstimmenden auch sich unterscheidende Bedeutungskomponenten haben, so dass verschiedene politische Gruppen auch etwas Unterschiedliches meinen, wenn sie beispielsweise von „Demokratie“ oder „Freiheit“ sprechen. Da jede Gruppe für sich den Anspruch erhebt, den „wahren“ Wert zu vertreten, sind Leitwörter tendenziell Gegenstand politischer Auseinandersetzungen.

8 Da sich der im Internet (siehe Literaturverzeichnis) zu findende Text auf einer Seite ausdrucken lässt, erübrigen sich Seitenangaben bei den Zitaten.

9 Alle Übersetzungen, Hervorhebungen sowie Nummerierungen von Sätzen bei der Wiedergabe längerer Textauszüge stammen von mir – C.R.

Anti-Mirandum[10] „terrorism", das im weiteren Textverlauf noch eine Rolle spielen wird. Im nächsten Satz leitet der Sprecher direkt zu dem Konflikt über: „Let me remind you the origin of the *conflict* that evolves in Ukraine." („Lassen Sie mich Ihnen den Ursprung des *Konflikts* in Erinnerung rufen, der sich in der Ukraine entwickelt."). Hier ist – wie noch mehrfach im Folgenden – von einem „Konflikt" die Rede. Zu dessen Charakterisierung führt A. P. Jacenjuk aus: „Is it a *domestic conflict*? No. … But the thing is that the origin of the *conflict* is an *invasion* that was made by *Russian Federation*." („Ist das ein *innenpolitischer Konflikt*? Nein. … Aber die Sache ist die, dass der Ursprung des *Konflikts* eine *Invasion* ist, die von der *Russischen Föderation* unternommen wurde."). Zur sprachlichen Gestaltung ist anzumerken, dass das Stellen einer Frage mit anschließender Beantwortung (das rhetorische Mittel der Subiectio, das der Redner im Text mehrfach nutzt) schon für die Politsprache der Sowjetunion, den sogenannten Newspeak, typisch war (vgl. dazu Weiss 1995: 363) und dort als ein Mittel zum Transport einer vorgegebenen und nicht zu hinterfragenden Ideologie galt.[11] Als Ursache für den Konflikt nennt der Premierminister die Invasion der Russischen Föderation. Das Anti-Mirandum „invasion" wird in der Folge noch einmal aufgenommen. Die russische Seite wird explizit als Verantwortlicher genannt: Neben „Russian Federation" kommt viermal die Abkürzung „RF" vor, außerdem sechsmal „Russia" („Russland"), einmal „Russian president" („der russische Präsident") und sechsmal das Adjektiv „Russian", z.B. in Zusammenhängen wie „Russian invasion" („die russische Invasion").

Wenn hier an verschiedenen Stellen auf sprachliche Mittel hingewiesen wird, die in der Politsprache der Sowjetunion (bzw. in der anderer sozialistischer Länder) eine wichtige Rolle gespielt haben, soll damit nicht behauptet werden, die Redner sprächen generell Newspeak. In einer früheren Arbeit wurden typische Merkmale des Newspeak nicht nur in Generaldebatten-Beiträgen der Sowjetunion und der DDR nachgewiesen, sondern auch in denen der Russischen Föderation und der Bundesrepublik Deutschland (Radünzel 2002: 353–377). Da V. V. Putin

10 Anti-Miranda, das Gegenstück zu Miranda bzw. Leitwörtern, sind Wörter, die von allen Seiten mit übereinstimmend negativer Evaluation gebraucht werden. Auch bei ihnen ist die deskriptive Bedeutung nicht bzw. nur teilweise identisch (vgl. Strauß/Zifonun 1986: 104ff.).

11 Die Fragefigur der Subiectio diente schon in der antiken Rhetorik als fingierter Dialog zur Belebung der Gedankenfolge (vgl. Lausberg 1990: 381ff.) und wurde in einer früheren Arbeit in Redebeiträgen von Vertretern der Bundesrepublik Deutschland, der DDR, der Sowjetunion und der Russischen Föderation zur Generaldebatte nachgewiesen (Radünzel 2002: 351f.).

(Jahrgang 1952) und in geringerem Umfang auch P. O. Porošenko (Jahrgang 1965) die Sowjetunion und den dort üblichen Sprachgebrauch in politischen Verlautbarungen, offiziellen Dokumenten, Medien usw. bis ins Erwachsenenalter erlebt haben, ist es nicht überraschend, dass sie dadurch geprägt sind. A. P. Jacenjuk (Jahrgang 1974) erlebte den politischen Umbruch als Jugendlicher. Dennoch finden sich die betreffenden Spezifika auch in seinem Text.

Der Premierminister erwähnt die Verletzung der UN-Charta durch Russland, was von Seiteneines Ständigen Mitglieds des Sicherheitsrates besonders inakzeptabel sei. Die Ukraine habe vor 20 Jahren bei der Übergabe ihrer Atomwaffen Garantien für ihre territoriale Integrität und Souveränität erhalten, bekomme stattdessen nun aber russische Soldatenstiefel auf ukrainischem Boden („we received Russian military boots on Ukrainian soil"). Man sei der Nichtverbreitung von Kernwaffen verpflichtet, brauche aber Garantien für seine territoriale Integrität, Sicherheit und Unabhängigkeit (der Dreiklang „territorial integrity" – „security" – „independence" benennt drei zentrale Leitwerte der Ukraine). Es folgt eine Schilderung der Ereignisse im Land: „(1) Few month ago RF *annexed* Crimea. (2) One country which is the UN member und P5 member, one country which is armed to teeth, just decided to *grab* the land of *independent Ukraine*. (3) And let me command [sic!]the efforts of UN member states that overwhelmingly supported the resolution that supports Ukraine's *territorial integrity*, and condemns an *illegal annexation* of Crimea by the RF. (4) And *they* moved further. (5) For today we can state that *Russian troops* are deployed in the East of Ukraine. (6) RF violated a number of bilateral and multilateral international agreements – starting with the UN Charter, and ending with the resolutions on *counterterrorism* that were passed by the UN. (7) So we know what *terrorism* means. (8) And we urge Russia to pull back its forces, to bull [sic!] back its artillery, to stop to *supply Russian-led terrorists*, to restore the control over Ukrainian-Russian border, and to start *real* talks, *peace* talks." („(1) Vor einigen Monaten hat die RF die Krim *annektiert*. (2) Ein Land, das Mitglied der Vereinten Nationen und Ständiges Mitglied des Sicherheitsrates ist, ein Land, das bis an die Zähne bewaffnet ist, hat sich eben entschieden, sich das Land der *unabhängigen Ukraine* zu *nehmen*. (3) Und lassen Sie mich die Bemühungen der UN-Mitgliedsstaaten loben, die die Resolution überwältigend unterstützt haben, die die *territoriale Integrität* der Ukraine stützt und eine *illegale Annexion* der Krim durch die RF verurteilt. (4) Und *sie* machten weiter. (5) Heute können wir erklären, dass *russische Truppen* im Osten der Ukraine eingesetzt werden. (6) Die RF hat eine Anzahl von bilateralen und multilateralen internationalen Abkommen verletzt – von der UN-Charta bis hin zu den Resolutionen zur *Terrorismusbekämpfung*, die von den UN verabschiedet wurden.

(7) Und so wissen wir, was *Terrorismus* bedeutet. (8) Und wir fordern Russland eindringlich auf, seine Truppen zurückzuziehen, seine Artillerie zurückzuziehen, die *Unterstützung von Russland geführter Terroristen* zu beenden, die Kontrolle über die ukrainisch-russische Grenze wiederherzustellen und *echte* Gespräche zu beginnen, *Friedens*gespräche.").

Die Ereignisse um die Krim werden mit dem Anti-Mirandum „annektieren" (Satz (1)) bzw. „Annexion" bezeichnet (Satz (3)), Letzteres noch verstärkt durch das negativ konnotierte Attribut „illegal". Die Verantwortlichen werden explizit benannt: „RF" (Satz (1), (3), (6)), „Russian troops" („russische Truppen", Satz (5)), „Russia" („Russland", Satz (8)). Die Charakterisierung Russlands im Satz (2) erfolgt über seine Mitgliedschaft in den Vereinten Nationen und im Sicherheitsrat, worauf der Redner schon eingegangen war und worauf er noch weiterhin eingehen wird. Daneben erscheint das Bild eines bis an die Zähne bewaffneten Landes („armed to teeth"), das sich eben einmal entschieden hat, nach dem Land eines anderen unabhängigen Landes zu greifen. Das Verb „to grab" (anstelle von „occupy", „annex" o.Ä.) unterstreicht, dass es für Russland keine große Sache war, sich die Krim anzueignen, sondern dass dies gleichsam im Vorbeigehen geschah. Das Adjektivattribut „*independent* Ukraine" („die *unabhängige* Ukraine") greift den bereits erwähnten Leitwert „independence" auf. A. P. Jacenjuk unterstreicht, dass Russland mit dieser Entscheidung in einen Gegensatz zur Mehrheit der UN-Mitgliedsstaaten gerät (Satz (3)) und nach der illegalen Besetzung der Krim immer weitermacht (Satz (4)). Dies wird im Satz (5) durch den Verweis auf den Einsatz russischer Truppen in der Ostukraine konkretisiert. Die Vorwürfe an die Gegenseite weiten sich im Satz (6) zum Vertragsbruch aus (einem Vorgehen, das Unzuverlässigkeit suggeriert und ganz allgemein wohl kaum geschätzt wird), wobei die Tatsache, dass es sich um Dokumente der Vereinten Nationen handelt, in der gegebenen Kommunikationssituation besonders schwer wiegt. Zum einen geht es um die Charta als *das* zentrale Dokument der Weltorganisation, zum anderen um Resolutionen zur Terrorismusbekämpfung.

Mit „counterterrorism" („Terrorismusbekämpfung") greift der Sprecher einen Begriff auf, mit dem er den Konflikt schon zu Beginn seiner Rede in Verbindung gebracht hatte, verstärkt noch durch die fast wörtliche Wiederaufnahme im folgenden Satz (7): „But we are the country that knows what terrorism means …" („Aber wir sind das Land, das … weiß, was Terrorismus bedeutet.") –„So we know what terrorism means." („Und so wissen wir, was Terrorismus bedeutet."). In den folgenden Forderungen an Russland (Satz (8), rhetorisch gestaltet durch die Anapher „to" und einen Parallelismus) wird der Terrorismus-Vorwurf auf die Unterstützung von Terroristen durch Russland ausgeweitet („to supply Russian-led terrorists"), was angesichts der gegenwärtigen internationalen Lage als äußerst heftige Stigmatisierung gelten kann. Wer genau diese von Russland unterstützten Terroristen sind, wird nicht ausgeführt. Es liegt der Verdacht nahe, dass der Premier die prorussischen Separatisten im Osten seines Landes meint (die man ja als solche bezeichnen könnte), die hier durch die Wortwahl klar diffamiert werden. Die Aufforderung, echte Gespräche („real talks") zu beginnen, konkretisiert als „Friedensgespräche" („peace talks"), womit das zentrale Leitwort aufgenommen wird, suggeriert, Russland sei bislang nicht an echten Gesprächen interessiert gewesen. Der Marker „echt, wahr" dient in der Politsprache häufig zur Kennzeichnung der eigenen Vorstellung von einem Verhalten (wie hier) oder einem Leitwort, z.B. „echte/wahre Demokratie" im Unterschied zu „Pseudodemokratie" o.Ä.

Etwas später geht A. P. Jacenjuk auf die Flugzeugkatastrophe ein: „(1) Let me remind you a *dramatic desaster* that happened *due to Russian invasion.* (2) Few months ago a civilian flight MH-17 was downed by *Russian made* missile surface-to-air. … (3) Ukraine handed over an investigation to an independent body which is Dutch-led. (4) And we urge *everyone* to help us to bring to justice those responsible of this *despicable crime, crime against humanity.*" („(1) Lassen Sie mich Ihnen eine*dramatische Katastrophe* in Erinnerung rufen, die sich *wegen der russischen Invasion* ereignet hat. (2) Vor einigen Monaten wurde ein Zivilflug MH-17 von einer *in Russland hergestellten* Boden-Luft-Rakete abgeschossen. … (3) Die Ukraine hat eine Untersuchung an ein unabhängiges Gremium übertragen, das unter niederländischer Leitung steht. (4) Und wir ersuchen *einen jeden* dringend, uns zu helfen, diejenigen vor Gericht zu bringen, die für dieses *abscheuliche Verbrechen* verantwortlich sind, ein*Verbrechen gegen die Menschlichkeit.*"). Der Vorfall wird als „dramatische Katastrophe" („dramatic desaster", Satz (1)) und „abscheuliches Verbrechen, ein Verbrechen gegen die Menschlichkeit" („despicable crime, crime against humanity", Satz (4)) (man beachte hier die intensivierenden Attribute „dramatic" und „despicable" und die Geminatio „crime") bezeichnet. Ein Verbrechen gegen die Menschlichkeit geht grundsätzlich jeden an, so dass in Satz (4) auch jeder („everyone") um Hilfe bei der Aufklärung gebeten wird. Zwar wird kein konkreter Schuldiger benannt (die Umstände sind bis heute nicht abschließend geklärt). Die Formulierungen „wegen der russischen Invasion" („due to Russian invasion") in Satz (1) und „von einer in Russland hergestellten Boden-Luft-Rakete" („by Russian made missile surface-to-air") in Satz (2) bringen jedoch Russland in einen direkten Zusammenhang mit dem Verbrechen, obwohl die Herkunft einer Waffe grundsätzlich noch nichts über den Benutzer aussagt.

Der Sprecher wiederholt dann seine Forderung nach Frieden, der durch einen umfassenden Ansatz mit diplomatischen, finanziellen, politischen und nur zuletzt mit militärischen Mitteln erreicht werden müsse. Er erwähnt die Sanktionen der USA und der EU gegen Russland: „We do understand that sanctions are the way how to start *real* talks and how to hammer out a *peace* deal. No trust in words. We trust only in deeds and actions." („Wir verstehen, dass Sanktionen der Weg sind, um *echte* Gespräche zu beginnen und um ein *Friedens*abkommen auszuhandeln. Kein Vertrauen auf Worte. Wir vertrauen nur auf Taten und Handlungen."). Die wiederholte Forderung nach „real talks" („echte Gespräche"), die ja den Verdacht nahe legt, es könne auch Pseudo-Gespräche geben, wird hier erweitert um die antithetisch gestaltete Aussage, man vertraue nicht auf Worte, sondern nur auf Taten, was den Eindruck verstärkt, man habe mit Gesprächen schon schlechte Erfahrungen gemacht. Nach einem Aufruf an Russland, die Minsker Vereinbarungen vollständig umzusetzen, folgt ein Appell an die Partner, die Sanktionen bis zum Erreichen eines Zieles nicht aufzuheben: „… until Ukraine takes over the control of its entire territory – starting with the East of Ukraine, and ending with Crimea. Crimea *was, is, and will be* a part of Ukraine." („… bis die Ukraine die Kontrolle über ihr gesamtes Territorium übernimmt – vom Osten der Ukraine bis zur Krim. Die Krim *war, ist und wird*ein Teil der Ukraine *sein*."). Hierin kommt nicht nur die Haltung zum Ausdruck, eine mögliche Abspaltung der Ostukraine nicht zuzulassen, sondern auch der fortdauernde Anspruch auf die Krim. Durch die Variation des Tempus in dem Satz „Crimea *was, is, and will be* a part of Ukraine." („Die Krim *war, ist und wird* ein Teil der Ukraine *sein*.") entsteht eine Art von „Totalität auf der Zeitachse", wie sie typisch für den Ausdruck von Stabilität bzw. Kontinuität in der sowjetischen Politsprache war, z.B. „Ленин жил, Ленин жив, Ленин будет жить." („Lenin lebte, lebt und wird (immer) leben.") (Zybatow 1995: 204, dazu auch Weiss 2000: 269).

Schließlich wendet sich der Redner direkt an den russischen Präsidenten: „Let me end with a direct message to Russian president, ‚Mr Putin, you can win a fight against the troops. But you will never win the fight against nation, *united* Ukrainian nation'." („Lassen Sie mich mit einer direkten Botschaft an den russischen Präsidenten schließen, ‚Herr Putin, Sie können einen Kampf gegen die Truppen gewinnen. Aber Sie werden niemals den Kampf gegen eine Nation gewinnen, die *geeinte* ukrainische Nation'."). Es handelt sich hierbei um die Gedankenfigur der Apostrophe im Sinne der antiken Rhetorik, da V. V. Putin bei der Ansprache A. P. Jacenjuks nicht persönlich zugegen war. Die Formulierung vom Kampf gegen die geeinte ukrainische Nation („the fight against nation, *united* Ukrainian nation") nimmt die eingangs geäußerte Einschätzung des Sprechers auf, es handle sich nicht um einen innenpolitischen Konflikt („Is it a domestic conflict? No."). Die ukrainische Nation erscheint als einig, innere Spannungen bleiben ausgeklammert.

Zusammen mit der Darstellung der unrechtmäßigen Annexion der Krim durch die Russische Föderation und der Erwähnung von Russland gelenkter Terroristen („Russian-led terrorists") erhärtet sich der Eindruck, Russland habe ein einiges Land angegriffen und unterstütze dort Terroristen. Angemerkt sei, dass es zu den wesentlichen Merkmalen der sowjetischen Politsprache gehörte, die eigene Gruppe stets als geschlossen (vgl. z.B. die Formulierung „*единый* могучий Советский Союз" – „die *einige* mächtige Sowjetunion" in der sowjetischen Nationalhymne), den politischen Gegner dagegen als zersplittert und uneins darzustellen (dazu ausführlich Weiss 2000: passim).

Die Ansprache schließt mit dem pathetischen Ausruf „Help us God." („Gott helfe uns."), womit der Sprecher eine religiöse Dimension einbezieht.

2. Von Terrorismusund Krieg: Die Rede Präsident Petro O. Porošenkos vom 29.9.2015

Im Unterschied zur Rede Premierminister Jacenjuks von 2014 konzentriert sich die Ansprache Petro O. Porošenkos nicht mehr ausschließlich auf die Lage im eigenen Land, wenngleich dieses Thema immer noch mehr als drei Viertel (78 %) des Gesamttextes einnimmt. Da die Rede mit 3131 Wörtern der längste der sechs Texte ist, liegt mit 2442 Wörtern der umfangreichste Teil zum hier relevanten Thema vor. Diese 2442 Wörter verteilen sich auf drei Abschnitte: Von Beginn der Rede an ist zunächst ein Teil von 1856 Wörtern Umfang der Krise in der Ukraine gewidmet. Später folgen weitere Bezugnahmen auf diese Problematik im Zusammenhang mit den Themen Menschenrechte (411 Wörter) und Umweltschutz (175 Wörter). In vielen Punkten zeigen sich Ähnlichkeiten zur Rede des Vorjahres. So dominiert auch hier der Referenzbezug des Pronomens „we" („wir") auf die eigene Gruppe mit elf Beispielen. Daneben verweisen „we" oder das Possessivpronomen „our" siebenmal auf die Vereinten Nationen oder die Menschheit insgesamt, achtmal ist der Referenzbezug nicht eindeutig. Hinzu kommt, dass der Redner 37-mal, also auffällig häufig, auf sich selbst Bezug nimmt: 27-mal durch das Personalpronomen „I" („ich"), siebenmal durch die Benennung „my country" („mein Land") und weitere dreimal durch das Possessivpronomen „my" („mein"). Neben „my country" kommen als Bezeichnungen, die mit der 3. Person des Verbs kongruieren, folgende Varianten vor: „Ukraine" („die Ukraine", 32x), „the State" („der Staat", 1x), „the UN Member State, which is now suffering from a brutal violation of the fundamental norms and principles of the UN Charter" („der UN-Mitgliedsstaat, der jetzt unter einer brutalen Verletzung fundamentaler Normen und Prinzipien der UN-Charta leidet", 1x), „Ukrainians" („die Ukrainer", 6x), „the Ukrainian people" („das ukrainische Volk", 1x). Wie schon im Vorjahr ist das Leitwort „peace" („Frieden") das zentrale Schlüsselwort des Textes. Es kommt in den Ukraine-Teilen 13-mal und im Gesamttext 15-mal vor. Es folgen von der Häufigkeit her die Leitwörter „security" („Sicherheit", 7 Bsp. in den Ukraine-Teilen, insgesamt 8), „human rights" („Menschenrechte", 4 bzw. insgesamt 7 Bsp.) und „freedom/free" („Freiheit/frei", 4 bzw. insgesamt 6 Bsp.). Russland wird – ebenso wie bei Premierminister Jacenjuk – direkt genannt, wobei die verwendeten sprachlichen Mittel vielgestaltiger sind, was auch durch den größeren Textumfang bedingt sein mag: „Russia" („Russland", 17 Belege), „the Russian Federation" („die Russische Föderation", 3x), „the former Soviet Union" („die ehemalige Sowjetunion", 1x), das Adjektiv „Russian" („russisch", 9x), „the Russian side" („die russische Seite", 1x), „Russian leadership" („die russische Führung", 1x), „the Russian President" („der russische Präsident", 1x), die Metonymien „Moscow" („Moskau", 1x) und „the Kremlin" („der Kreml", 2x), „this country" („dieses Land", 1x), „this state" („dieser Staat", 1x). Zudem werden in direkten Hinwendungen an die Gegenseite achtmal das Personalpronomen „you" („Sie") und viermal das Possessivpronomen „your" („Ihr") benutzt. Neben diese neutralen Bezeichnungen treten je einmal „the aggressor-country" („das Aggressorenland", S.3) und „the Aggressor State" („der Aggressorenstaat", S.3), die ein Anti-Mirandum enthalten. Diese Bezeichnungen deuten schon auf eine ausgeprägte politische Auseinandersetzung hin, die im Vergleich zum Vorjahr noch deutlich heftiger ausfällt und weitaus mehr Raum einnimmt.

Die heftige Auseinandersetzung zeigt sich in einer Vielzahl von Anti-Miranda, mit denen das Handeln der Gegenseite beschrieben bzw. in Verbindung gebracht wird. Russland wird als „aggressor" („Aggressor", S.1) bezeichnet. Mehrfach kommen „aggression" („Aggression", S.2, 3, 4, 5; „external aggression" – „Aggression von außen", S.1; „an open and unprovoked aggression" – „eine offene und unprovozierte Aggression", S.1), „invasion" („direct military invasion" – „direkte militärische Invasion", S.1), „occupation" („Okkupation", S.2), „annexation" („Annexion", S.3; „illegal annexation" – „illegale Annexion", S.1), „war" („Krieg", S.2; „an aggressive war against my country" – „ein aggressiver Krieg gegen mein Land", S.1; „'hybrid' war" – „'hybrider' Krieg", S.2, ohne Anführungszeichen S.4; „information war" – „Informationskrieg", S.5), „terrorism" („Terrorismus", S.2) oder „terrorist attack" („terroristischer Angriff", S.3) vor, daneben die Verben „occupy" („okkupieren", S.1, 2, 4), „annex" („annektieren", S.1) und „steal" („stehlen", S.3). Gruppen werden als „terrorists" („Terroristen", S.2, 5), „occupiers" („Okkupanten", S.2), „illegal armed groups" („illegale bewaffnete Gruppen", S.2) und „occupation authorities" („Okkupationsbehörden", S.4) bezeichnet. Ferner ist von „brutaler Verletzung" der UN-Charta die Rede („brutal violation of the fundamental norms and principles of the UN Charter“, S.1), von einem „leichtsinnigen militärischen Wagnis“ im Donbass („military reckless gamble“, S.1), von Verbrechen („crimes“, S.1, 3, 5), von „systematischer Verfolgung, Verhaftungen, Entführungen und Ermordung von pro-ukrainischen Einwohnern der Halbinsel und einer kompletten Ausschaltung unabhängiger Medien“ („systematic persecution, arrests, abductions and killings of pro-Ukrainian residents of the peninsula, and complete elimination of independent media“, S.4), von einer „Propaganda der Intoleranz und Gewalt“ („propaganda of intolerance and violence“, S.5). Vorwürfe von Lüge (S.2) und Erpressung (S.3), die Präsident Porošenko gegen Russland erhebt, runden das Bild ab. Der Umfang der entsprechenden Textpassagen macht es unmöglich, alle Einzelheiten der politischen Auseinandersetzung zu erörtern. Hier werden im Folgenden besonders prägnante Abschnitte herausgegriffen.

Festzustellen ist ferner, dass Textanfang und -schluss der Ansprache Premierminister Jacenjuks von 2014 ähneln. Als Ausgangspunkte dient auch hier der Status der Ukraine als Gründungsmitglied der Vereinten Nationen. Der Schluss ist wiederum durch einen Gottesbezug gekennzeichnet: „Let God be with us.“ („Lassen Sie Gott mit uns sein.“).

Zu Beginn des Textes verweist Präsident Porošenko auf den Beitrag der Ukraine zur Gründung der UNO und zur Festschreibung von deren Grundsätzen. Von dort aus leitet er unmittelbar zur Verletzung dieser Prinzipien durch den hier noch ungenannt bleibenden Gegner über, der dadurch in einen Gegensatz zur Weltorganisation insgesamt gerät (S.1): „Regrettably, I am also speaking on behalf of the UN Member State, which is now suffering from a *brutal violation* of the fundamental norms and principles of the UN Charter.“ („Leider spreche ich auch im Namen des UN-Mitgliedsstaats, der jetzt unter einer *brutalen Verletzung*der fundamentalen Normen und Prinzipien der UN-Charta leidet.“) (man beachte hier das intensivierende Attribut „brutal“). Wenig später wird nach einer Erwähnung früherer Eroberungsversuche, denen die Ukraine ausgesetzt war, Russland erstmals explizit benannt (S.1): „This time the *aggressor* is Russia – *neighboring country*, *former strategic partner* that legally pledged to respect the *sovereignty*, *territorial integrity* and *inviolability of the borders* of Ukraine.“ („Diesmal ist der *Aggressor* Russland – ein *Nachbarland* und *frühererstrategischer Partner*, der sich rechtlich verpflichtet hat, die *Souveränität*, die *territoriale Integrität* und die *Unverletzlichkeit der Grenzen* der Ukraine zu respektieren.“). Durch die Verletzung dreier Leitwerte der internationalen Beziehungen („sovereignty, territorial integrity and inviolability of the borders“), zu deren Achtung sich Russland verpflichtet hat („legally pledged“) – was Wortbrüchigkeit bedeutet, stellt sich das Land gleichsam außerhalb der internationalen Gemeinschaft, zumal es überdies ein Nachbar und früherer strategischer Partner ist, von dem sich wohl niemand (auch in privaten oder beruflichen Beziehungen) ein solches Verhalten wünscht. Wie im Jahr zuvor verweist der ukrainische Vertreter darauf, dass sein Land vor Jahren im Gegenzug für Sicherheitsgarantien das drittgrößte Atomwaffenarsenal der Welt aufgegeben habe und nun von einem Ständigen Mitglied des Sicherheitsrates angegriffen werde (S.1): „In February 2014, Russia conducted an *open and unprovoked aggression* against my country, having *occupied and annexed* the Crimea. *Bluntly and brutally violating* the *international law* and shocking the *whole* world community." („Im Februar 2014 hat Russland eine *offene und unprovozierte Aggression* gegen mein Land unternommen, indem es die Krim *okkupiert* und *annektiert* hat. Indem es das *Völkerrechtoffen und brutal verletzt* und die *gesamte* Weltgemeinschaft schockiert hat."). Auffällig in diesem Satz ist die Häufung von Anti-Miranda, die teilweise noch von mehreren intensivierenden Attributen oder Adverbien verstärkt werden („*open and unprovoked* aggression" – „*offene und unprovozierte* Aggression", „*bluntly and brutally* violating" – „*offen und brutal* verletzt"). Intensivierend wirkt auch der Allquantor in „shocking the *whole* world community" („die *gesamte* Weltgemeinschaft schockiert"), da er die Darstellung des Redners unterstreicht, Russland habe mit seinem Verhalten die ganze Welt gegen sich. Derartige pauschale Aussagen dienen der Vereinnahmung des Auditoriums, da einerseits kaum ein Anwesender widersprechen wird, andererseits aber auch niemand überprüfen kann (etwa durch Befragungen und dergleichen), ob tatsächlich die gesamte Weltgemeinschaft ohne Ausnahme von diesem Vorgang schockiert war. Aufgrund der großen Zahl von UN-Mitgliedsstaaten (aktueller Stand im April 2016: 193) mit höchst unterschiedlichen Interessen und eigenen Problemen ist es schließlich möglich, dass nicht jedermann diesen Ereignissen große Aufmerksamkeit widmete oder sich ein Urteil dazu bildete.

Der Redner fährt fort, Russland habe trotz der Verurteilung der illegalen Annexion der Krim („illegal annexation of the Crimea") durch die UN-Generalversammlung nicht davon abgelassen und mache vielmehr im Donbass weiter (S.1f.): „(1) Moreover, *Moscow* started a new *military reckless gamble* – this time, in Ukrainian Donbas region. (2) Despite the fact that until now Russia refuses to officially admit its *direct military invasion*, today there is no doubt that this is an *aggressive war* against my country. (3) To mislead the world community, *Russian leadership*orders to takes [sic!] off insignias of its military servicemen and identification marks of its military equipment, to abandon its soldiers captured on the battlefield; to *cynically* use mobile crematoriums to eliminate traces of its *crimes* in Ukrainian soil. … (4) The goal of this *war* is to force the Ukrainian people to give up its *sovereign choice* to build a *free, democratic, prosperous* European state.

(5) All this takes place against the backdrop of *traitorous* rhetoric about *brotherly* peoples, common history, related languages and ‚predestined' common future. (6) *In fact*, we are dealing here with a desire to return to the imperial times with spheres of influence, a desperate attempt to obtain self-affirmation at others' expense. (7) For over 20 months, *Russia's aggression* against my country has been continuing through financing of *terrorists* and mercenaries, and supplies of arms and military equipment to the *illegal armed groups* in Donbas. (8) Over the last few days we have heard conciliatory statements from the Russian side in which, in particular, it called for the establishment of anti-terrorist coalition, or warned of fire danger to flirt with *terrorists*. (9) Cool story, but really hardly to believe! (10) How can *you* urge an anti-terrorist coalition – if *you* inspire *terrorism*right in front of *your* own door? (11) How can *you* talk about *peace* and *legitimacy* – if *your* policy is *war* via puppet governments? (12) How can *you* speak of *freedom* for nations – if *you* punish your neighbor for his choice? (13) How can *you* demand respect for *all* – if *you* don't have respect for *anyone*?" („(1) Überdies ist *Moskau* ein neues *leichtsinniges militärisches Wagnis* eingegangen – diesmal im ukrainischen Donbass-Gebiet. (2) Ungeachtet der Tatsache, dass Russland sich bis jetzt weigert, seine *direkte militärische Invasion*offiziell einzugestehen, gibt es heute keinen Zweifel, dass dies ein *aggressiver Krieg* gegen mein Land ist. (3) Um die Weltgemeinschaft irrezuführen, ordnet die russische Führung an, Hoheitszeichen ihrer Militärangehörigen und identifizierende Markierungen von ihrer militärischen Ausrüstung zu entfernen, ihre Soldaten, die auf dem Schlachtfeld gefangengenommen wurden, aufzugeben und *zynisch* mobile Krematorien einzusetzen, um Spuren ihrer *Verbrechen* auf ukrainischem Boden auszulöschen. … (4) Das Ziel dieses *Krieges* ist es, das ukrainische Volk zu zwingen, seine *souveräne Wahl* aufzugeben, einen *freien*, *demokratischen*, wohlhabenden europäischen Staat aufzubauen. (5) All dies geschieht vor dem Hintergrund einer *verräterischen* Rhetorik von *Brudervölkern*, einer gemeinsamen Geschichte, verwandten Sprachen und einer ‚vorherbestimmten' gemeinsamen Zukunft. (6) *Tatsächlich* haben wir es hier mit einem Wunsch zu tun, zu den Zeiten der Großmacht mit Einflusssphären zurückzukehren, einem verzweifelten Versuch, Selbstbestätigung auf Kosten anderer zu erlangen. (7) Seit über 20 Monaten hat sich *Russlands Aggression* gegen mein Land fortgesetzt durch die Finanzierung von *Terroristen* und Söldnern und durch die Lieferung von Waffen und militärischer Ausrüstung an die *illegalen bewaffneten Gruppen* im Donbass. (8) In den letzten paar Tagen haben wir von der russischen Seite beschwichtigende Erklärungen gehört, in denen sie insbesondere zur Bildung einer Anti-Terror-Koalition aufgerufen oder vor der Brandgefahr gewarnt hat, sich mit *Terroristen* einzulassen. (9) Coole Story, aber wirklich kaum

zu glauben! (10) Wie können *Sie* auf eine *Anti-Terror*-Koalition dringen, wenn *Sie* den *Terrorismus* direkt vor *Ihrer* eigenen Tür unterstützen? (11) Wie können *Sie* über *Frieden* und *Rechtmäßigkeit* reden, wenn *Ihre* Politik *Krieg* durch Marionettenregierungen bedeutet? (12) Wie können *Sie* von *Freiheit* für die Völker sprechen, wenn *Sie Ihren* Nachbarn für seine Wahl bestrafen? (13) Wie können *Sie* Respekt für *alle* fordern, wenn *Sie* keinen Respekt für *irgendjemanden* haben?").

Im Satz (1) wird der Einsatz Russlands, metonymisch bezeichnet als „Moscow" („Moskau"), im Donbass als „leichtsinniges militärisches Wagnis" („military reckless gamble") bezeichnet. Zum Gebrauch von „Moscow" zur Bezeichnung Russlands bzw. der russischen Regierung ist anzumerken, dass die sowjetische Politsprache dazu tendierte, derartige Metonymien ausschließlich für den politischen Gegner zu verwenden. So war es zwar üblich, im innenpolitischen Diskurs etwa von „Washington" oder dem „Weißen Haus" zu sprechen, nicht jedoch von „Moskau" oder dem „Kreml" (dazu Weiss 1986: 287, einige abweichende Beispiele in außenpolitischen Reden in Radünzel 2002: 363). Im folgenden Satz (2) wird dies durch „direct military invasion" („direkte militärische Invasion") und „aggressive war" („aggressiver Krieg") verstärkt, wobei die Auffassung des Sprechers als allgemeingültig erscheint („there is no doubt" – „es gibt keinen Zweifel"). Auffällig ist nicht nur die Verwendung des Anti-Mirandums „Krieg" (anstelle von „Konflikt", „Auseinandersetzung" o.Ä.), aufgenommen in den Sätzen (4) und (11), sondern auch dessen Verstärkung durch das Adjektivattribut „aggressiv". In den Sätzen (2) und (3) werden Russland Lügen, Irreführung, Zynismus und Verbrechen vorgeworfen, verbunden sogar mit der Preisgabe eigener Soldaten. Der Vorwurf, Angehörigen der eigenen Seite zu schaden, unterstreicht die Rücksichtslosigkeit des Vorgehens. Im Satz (4) weist P. O. Porošenko Russland das Ziel zu, das ukrainische Volk zwingen zu wollen, seine freie Wahl („its sovereign choice") aufzugeben. Während sich hier die freie Wahl auf einen freien und demokratischen Staat bezieht (mit „free" und „democratic" erscheinen zwei klassische Leitwörter), machen die Vertreter der Russischen Föderation – wie noch gezeigt werden wird – die freie Wahl („свободныйвыбор") zugunsten des Selbstbestimmungsrechts der Krimbewohner geltend. Es erscheint so, als stünde das ukrainische Volk geschlossen hinter der Wahl zugunsten eines freien und demokratischen Staates; innere Konflikte bleiben unerwähnt. In den Sätzen (5) und (6) stellt der Präsident die „verräterische Rhetorik" („traitorous rhetoric") der Gegenseite den „Tatsachen („in fact") gegenüber. Hierbei bezieht sich die „verräterische Rhetorik" auf die Erwähnung von „Brudervölkern" („brotherly peoples") und einer „‚vorherbestimmten' gemeinsamen Zukunft" („‚predestined' common future", die Anführungszeichen markieren das Zitat aus dem gegnerischen Diskurs).

Der Begriff „Brudervölker“ war typisch für die Politsprache der UdSSR und der übrigen sozialistischen Länder und betonte durch seine Familienmetaphorik die enge Verbundenheit.[12] Während man unterschiedlicher Meinung über diese Verbundenheit und über eine angeblich vorherbestimmte gemeinsame Zukunft sein kann, ist unklar, warum der Sprecher in die „verräterische Rhetorik“ auch die gemeinsame Geschichte („common history“) und die verwandten Sprachen („related languages“) mit einbezieht, da sich die enge historische Verbindung zwischen dem ukrainischen und dem russischen Volk (man denke nur an die Bedeutung der Kiewer Rus für die Staatlichkeit der Ostslawen) und die nahe Verwandtschaft der beiden Sprachen nicht ernstlich bestreiten lassen. Dieser gegnerischen Rhetorik stellt es der Sprecher als Tatsache gegenüber, dass Russland alte Großmachtziele verfolge, was als armseliger Versuch der Selbstbestätigung auf Kosten anderer abqualifiziert wird – ein Verhalten, das auch allgemein in zwischenmenschlichen Beziehungen keinen guten Eindruck macht.

Im Satz (7) werden die Vorwürfe von Aggression („aggression“) zur Finanzierung von Terroristen („financing of terrorists“) und die Unterstützung illegaler bewaffneter Gruppen („illegal armed groups“) im Donbass ausgeweitet. Die Begriffe „Terroristen“ und „Terrorismus“ werden in der Folge aufgegriffen (Sätze (8) und (10)). Sprachlich bemerkenswert ist die Bezeichnung der Separatisten mit dem Anti-Mirandum „Terroristen“ und den negativ konnotierten Wörtern „Söldner“ („mercenaries“) und „illegale bewaffnete Gruppen“. Dies schließt das Verständnis aus, dass die betreffenden Personen für berechtigte Interessen kämpfen könnten. Für den Streit darum, ob bestimmte bewaffnete Kräfte als Terroristen oder Freiheitskämpfer angesehen werden, gibt es in der Geschichte zahlreiche Belege, wobei sich die jeweils dominierende Auffassung auch ändern kann (z.B. bei Jassir Arafat oder verschiedenen IRA-Mitgliedern, die zuerst als Terroristen gesucht wurden und später in Nordirland politische Ämter bekleideten). Beschwichtigende Erklärungen der russischen Seite (Satz (8)) werden salopp als „coole Story“ (Satz (9)) abgewertet.

---

12 Der russische Präsident Putin hatte die enge Verbindung zwischen Russland und der Ukraine verschiedentlich betont, z.B. in seinen Reden anlässlich des Referendums auf der Krim am 18.3.2014 und vor der Föderationsversammlung am 4.12.2014, wobei auch der Begriff „братскийукраинскийнарод“ („das ukrainische Brudervolk“) fiel (vgl. Radünzel 2014: 119–124). Außenminister S. V. Lavrov sprach bei der Generaldebatte 2014 ebenfalls von „brüderlichen Beziehungen“ der beiden Völker (vgl. die folgenden Ausführungen). – Zur Rolle des Adjektivs „братский“ in der sowjetischen Politsprache vgl. I. G. Zemcov (1985: 63–65, 2009: 60–62) sowie V. M. Mokienko und T. G. Nikitina (2005: 52f.).

Die folgenden Sätze (10) bis (13) sindrhetorisch aufwendig gestaltet: durch die Hinwendung an die Gegenseite (Pronomina „you" und „your", Vertreter Russlands waren im Saal anwesend), die rhetorischen Fragen, das Bild des Hauses („in front of your door") und durch die vierfache antithetische Gegenüberstellung von Gedanken, die jeweils parallel aufgebaut und durch Anaphern („How can you …", „if you") eingeleitet sind. Hinzu kommt die antithetische Opposition einzelner Begriffe: „anti-terrorist coalition" vs. „terrorism" („Anti-Terror-Koalition" – „Terrorismus", Satz (10)), „peace" – „war" („Frieden" – „Krieg", Satz (11)), „legitimacy" – „puppet governments" („Rechtmäßigkeit" – „Marionettenregierungen", Satz (11)), „freedom" – „punish your neighbor for his choice" („Freiheit" – „den Nachbarn für seine Wahl bestrafen", Satz (11)), „respect for all" – „don't have respect for anyone" („Respekt für alle" – „kein Respekt für irgendjemanden", Satz (13), hier ist auch die Opposition des Allquantors „all" und des Existenzquantors „anyone" zu beachten[13]).

Im Anschluss kehrt der Sprecher zur Lage im Donbass zurück. Man müsse dort gegen reguläre Truppen der Russischen Föderation kämpfen, die so ausgerüstet seien, dass die Mehrheit der UN-Mitgliedsstaaten nur davon träumen könne. Mehr als 8000 Ukrainer, darunter etwa 6000 Zivilisten, seien von der Hand von Russland unterstützter Terroristen und Eroberer („at the hands of the Russian backed terrorists and occupiers") gestorben (man beachte die Wiederaufnahme der Anti-Miranda „terrorists" und „occupiers"). Nach Dankesworten an die internationale Gemeinschaft für die Unterstützung für Flüchtlinge geht der Präsident auf frühere Angriffe auf Frieden und Sicherheit durch das Sicherheitsratsmitglied Russland ein. Russland habe „hybride" Kriege („‚hybrid' war") in Nagornyj Karabach, Transnistrien, Abchasien, Südossetien, auf der Krim und im Donbass angezettelt und mache heutzutage in Syrien weiter (S.2). Das Anti-Mirandum „war" wird an dieser Stelle durch das Adjektivattribut „hybrid" konkretisiert. Die Anführungszeichen sind offenbar dadurch bedingt, dass es sich um einen relativ neuen Begriff handelt. Es folgen Klagen über mangelnde Eingreifmöglichkeiten der UNO, da Russland seine Position als Ständiges Mitglied des Sicherheitsrates mit Vetorecht missbrauche. Hier wird Russland als „aggressor-country" („Aggressorenland") und „Aggressor State" („Aggressorenstaat") bezeichnet, das auf der Krim abgehaltene Referendum als „fake referendum" („das gefälschte Referendum", gesetzt in Anführungszeichen), ferner wird das Anti-Mirandum

13 Zur Rolle von All- und Existenzquantoren in der Politsprache der Sowjetunion ausführlich D. Weiss (2000: passim). Sie dienten (bzw. dienen noch heute) dem Ausdruck der Opposition Totalität vs. Partialität, die eng mit der Freund-Feind-Polarisierung („good guys" vs. „bad guys") verbunden ist, welche von zentraler Bedeutung war.

„annexation" gebraucht (S.3): „… Russia blocked a draft resolution condemning *‚fake referendum'* on Crimea's *annexation* in March 2014." („… Russland blockierte einen Resolutionsentwurf, der das *gefälschte Referendum* zur *Annexion* der Krim im März 2014 verurteilte.").

Russland habe mit seinem Veto die Einrichtung eines Tribunals zur Untersuchung des Abschusses des Flugzeugs MH17 verhindert, was P. O. Porošenko wie folgt bewertet (S.3): „(1) By imposing its *disgraceful* veto on this draft resolution, Russia *clearly* demonstrated to the *whole* world its defiance in establishing the *truth.* (2) Not just the *truth* about perpetrators of this *terrorist attack* and arms, used to shot down that plane.(3) What is most important is the *truth* about *those, who* organized this *crime* and from which country the mentioned arms had been transported. (4) I think *everyone* in this Hall *clearly* understands *real* motives of Russia's veto on MH17 Tribunal. … (5) *Abuse* of the veto right, its usage as a ‚license to *kill'* is unacceptable." („(1) Indem es sein *skandalöses* Veto gegen diesen Resolutionsentwurf eingelegt hat, hat Russland gegenüber der *ganzen* Welt *klar-* seinen Unwillen gezeigt, die *Wahrheit* herauszufinden. (2) Nicht nur die *Wahrheit* über die Täter bei diesem *terroristischen Angriff* und die Waffen, die zum Abschuss dieses Flugzeugs benutzt wurden. (3) Was am wichtigsten ist, ist die *Wahrheit* über *diejenigen, die* dieses *Verbrechen* organisiert haben und von welchem Land her die erwähnten Waffen transportiert worden waren. (4) Ich denke, *jeder* in diesem Saal versteht *deutlich* die *wahren* Motive für Russlands Veto bezüglich des MH17-Tribunals. … (5) Ein *Missbrauch* des Vetorechts, seine Nutzung als ‚Lizenz zum *Töten'* ist inakzeptabel."). Das Leitwort in diesem Textauszug ist „Wahrheit" („truth", Sätze (1), (2) und (3)). Der Vorfall mit dem Flugzeug wird als „terroristischer Angriff" („terrorist attack", Satz (2)) und „Verbrechen" („crime", Satz (3)) bezeichnet. Die Verurteilung Russlands kommt durch Formulierungen wie „skandalöses Veto" („disgraceful veto", Satz (1)), „Missbrauch" („abuse", Satz (5)) und „Lizenz zum Töten" (Satz (5), die Anführungszeichen markieren das Zitat aus den James-Bond-Filmen) zum Ausdruck. Russland steht auch hier wieder in Opposition zur ganzen Welt, was der Allquantor „the *whole* world" („die *ganze* Welt") in Satz (1) unterstreicht. Auf die konkreten Verantwortlichen, die bis heute nicht zweifelsfrei bekannt geworden sind, wird durch eine Konstruktion mit korrelativer Struktur („those, who" – „diejenigen, die", Satz (3)) Bezug genommen. Der in Satz (4) gebrauchte Marker „*real* motives of Russia's veto" („die *wahren* Motive für Russlands Veto") betont die Auffassung, Russland habe etwas zu verbergen. Diese stellt der Sprecher durch die Vereinnahmung des Auditoriums, intensiviert noch durch den Allquantor „everyone" („jeder") und das Adverb „*clearly* understands" („versteht *deutlich*"), als Tatsache dar, wobei in der Realität unter den Anwesenden auch Personen sein könnten, die die wahren Motive Russlands nicht oder anders als der Redner verstehen. Auch bei dieser Vereinnahmung hat Präsident Porošenko nicht mit Widerspruch zu rechnen, da wohl kaum jemand im Saal unmittelbar einwenden würde, er habe das nicht verstanden.

Es folgen Vorschläge für Veränderungen in der Arbeit des Sicherheitsrates und zur Durchführung von Friedensmissionen. Aus den Beiträgen der Ukraine zu Letzteren leitet P. O. Porošenko einen moralischen Anspruch seines Landes auf eine ebensolche Unterstützung ab. Er bekräftigt, die Ukraine sei Geist und Buchstaben der Minsker Vereinbarungen verpflichtet, und fordert Gleiches von anderen Unterzeichnern ein, die sich in Erpressung (wiederum ein Anti-Mirandum) versuchten („… from other signatories that have lately resorted to the language of *blackmail.*“ – „… von anderen Unterzeichnern, die in letzter Zeit auf die Sprache der *Erpressung* zurückgegriffen haben.“). Zum Ende dieses Abschnitts unterstreicht der Präsident das Anrecht seines Landes auf die Umsetzung zentraler Leitwerte (S.4): „*Freedom, peace, respect for the sovereignty and territorial integrity* – Ukraine doesn't demand more. However, it will not settle for less.“ („*Freiheit, Frieden, Achtung der Souveränität und territorialen Integrität* – die Ukraine verlangt nicht mehr. Aber sie wird sich nicht mit weniger zufriedengeben.“).

Der nächste Teil der Ansprache ist der Bekämpfung des internationalen Terrorismus gewidmet. Anschließend geht der Sprecher zum Thema Menschenrechte über und kritisiert deren Verletzung durch Russland auf der Krim und in Teilen der Ostukraine, wobei er neben dort ansässigen Ukrainern auch die Krimtataren erwähnt. Die Vorwürfe sind sehr detailliert. Den so bezeichneten „Okkupationsbehörden“ („occupation authorities“) werden systematische Verfolgung, Verhaftungen, Entführungen und Morde vorgeworfen, ebenso die Ausschaltung unabhängiger Medien: „… systematic persecution, arrests, abductions and killings of pro-Ukrainian residents of the peninsula, and complete elimination of independent media“. Namentlich werden Personen genannt, die vom Kreml illegal als politische Gefangene gehalten werden („… political prisoners of the Kremlin, illegally detained and sentenced“ – „… politische Gefangene des Kremls, illegal inhaftiert und verurteilt“) (S.5). Im Anschluss ruft der Redner die Vereinten Nationen auf, Druck auf Russland auszuüben, die als Geiseln gehaltenen Ukrainer freizulassen. Die Ukraine werde gewinnen, da sie die Wahrheit auf ihrer Seite habe, könne dies aber viel schneller mit Unterstützung der internationalen Gemeinschaft schaffen: „Ukraine will win for sure because *truth* is on its side. But we will do it much faster if we feel *support* and *solidarity* of the *whole* international community.“ („Die Ukraine wird mit Sicherheit siegen, weil die *Wahrheit* auf ihrer Seite ist. Aber wir werden es viel schneller schaffen, wenn wir die *Unterstützung* und die *Solidarität* der *ganzen* internationalen Gemeinschaft spüren."). In sprachlicher Hinsicht fallen das früher bereits mehrfach erwähnte Leitwort „truth" („Wahrheit") sowie die positiv konnotierten Begriffe „Unterstützung" und „Solidarität" („support and solidarity") auf, ebenso der verstärkende Allquantor „the *whole* international community" („die *ganze* internationale Gemeinschaft"). Im Zusammenhang mit Russland wird nochmals der Begriff „Krieg" verwendet („hybrid war", „information war"), dazu ist von einer Propagandakampagne („propaganda campaign") als einer Form der nichtmilitärischen Aggression („non-military aggression") die Rede.

Im nächsten Textabschnitt betont Präsident Porošenko die Verpflichtung der Ukraine zu den Zielen der Vereinten Nationen für eine nachhaltige Entwicklung („Sustainable Development Goals"), darunter zum Klima- und Umweltschutz. Es ist bemerkenswert, dass der Sprecher auch dieses Thema wieder mit der russischen Aggression in Verbindung bringt (S.5): „(1) As a result of the *Russian aggression*, Ukraine faces another challenge – the protection of the environment in Donbas. (2) *Irresponsible* and *criminal* flooding of mines by *terrorists* led to the poisoning of drinking water, soil, flora and fauna of the region. (3) The atmosphere is polluted due to explosions and shelling of sensitive industrial infrastructure. (4) In fact, we can speak about the risk of environmental *disaster*." („(1) Als Folge der *russischen Aggression* ist die Ukraine mit einer weiteren schwierigen Aufgabe konfrontiert – dem Schutz der Umwelt im Donbass. (2) Die *unverantwortliche* und *kriminelle* Flutung von Bergwerken durch *Terroristen* hat zur Vergiftung von Trinkwasser, Boden, Flora und Fauna in der Region geführt. (3) Die Atmosphäre ist wegen Explosionen und wegen der Bombardierung der empfindlichen industriellen Infrastruktur verschmutzt. (4) In der Tat kann man von der Gefahr einer Umwelt*katastrophe* sprechen."). Hier werden die Anti-Miranda „aggression" („Aggression", Satz (1)) und „terrorists" („Terroristen", Satz (3)) durch negativ konnotierte Wörter wie „irresponsible" („unverantwortlich", Satz (2)), „criminal" („kriminell", Satz (2)) und „disaster" („Katastrophe", Satz (4)) flankiert.[14] Etwas später erwähnt der Präsident sogar noch den 30. Jahrestag des Reaktorunglücks von Černobyl'.

Im folgenden letzten Textkapitel bekräftigt der Redner abschließend die Verpflichtung seines Landes für die Ziele der Vereinten Nationen.

14 Dass die Verknüpfung von Militäraktionen Russlands mit Umweltzerstörung – so ungewöhnlich sie auf den ersten Blick erscheinen mag – nicht singulär ist, belegt die Rede des georgischen Präsidenten Mikheil Saakashvili während der UN-Generaldebatte 2008, in der dieser ebenfalls Umweltprobleme als Folge des militärischen Eingreifens der Russischen Föderation in Georgien beklagte (vgl. Radünzel 2010: 97f.).

Neben den zahlreichen Übereinstimmungen mit der Rede A. P. Jacenjuks von 2014, die bei der Erörterung der Textpassagen deutlich geworden sind, ist als Unterschied festzuhalten, dass der Anspruch der Ukraine auf die Krim nicht mehr ausdrücklich erhoben wird. Zudem tritt der Präsident deutlicher als Redner-Ich in Erscheinung als sein Premierminister.

II. Die Redebeiträge der Russischen Föderation

1. Die Ukraine als Opfer arroganter Einmischungspolitik des Westens: Die Rede Außenminister Sergej V. Lavrovs vom 27.9.2014

Während sich der ukrainische Premierminister A. P. Jacenjuk in seiner Rede während der 69. Generaldebatte ausschließlich zur Lage seines eigenen Landes äußerte, bezog der russische Außenminister auch andere Themen ein. Dem Konflikt mit der Ukraine ist etwas weniger als die Hälfte (47,1 %) seiner 1818 Wörter umfassenden Ansprache gewidmet. Der entsprechende Textabschnitt ist mit 856 Wörtern jedoch länger als die gesamte Rede A. P. Jacenjuks. Insgesamt ist die Ansprache durch eine sehr deutliche Auseinandersetzung mit politischen Gegnern gekennzeichnet, wobei die USA, die NATO und die EU direkt benannt werden. Die Rede beginnt mit dem Verweis auf einen offensichtlichen Gegensatz zwischen der Notwendigkeit kollektiver Antworten auf allgemeine Herausforderungen und dem Streben einiger Staaten nach Dominanz und dem Wiederaufleben des alten Blockdenkens. Der Westen unter Führung der USA verstoße gegen die UN-Charta, insbesondere gegen das „demokratische Prinzip der souveränen Gleichheit der Staaten" („демократическийпринципсуверенногоравенствагосударств", S.1). Nach Aussage des Sprechers nutzen die USA, bezeichnet durch die Metonymie „Вашингтон" („Washington"), ihre Militärmacht für eigene Zwecke und führen Schläge gegen die Stabilität des internationalen Systems. Hier werden Jugoslawien, der Irak, Libyen und Afghanistan als Beispiele genannt, eine Aggression gegen Syrien sei 2013 abgewendet worden. Dann erwähnt S. V. Lavrov die „farbigen Revolutionen" („цветныереволюции"), als deren Ziel er das „Provozieren von Chaos und Instabilität" („провоцированиехаосаинестабильности") ansieht.

Von hier aus erfolgt die Überleitung zum Ukraine-Konflikt, der dem Redner als Beispiel für die arrogante Einmischungspolitik des Westens gilt (S.1): „Сегодня *жертвой* такой аррогантной политики сталаУкраина." („Heute wurde die Ukraine zum *Opfer* einer solchen arroganten Politik."). Schon in diesem ersten Satz erscheint die Ukraine nicht als aktive Macht, sondern als Opfer fremder Politik, was sich im Folgenden fortsetzt. Die eigentlichen Verantwortlichen werden teils direkt, teils vage bezeichnet. Vergleichsweise unbestimmt bleibt die Metonymie „Запад" („der Westen"): „*Запад* взял курс на ‚вертикальное структурирование человечества' под свои, далеко небезобидные стандарты." („*Der Westen* nahm Kurs auf eine ‚vertikale Strukturierung der Menschheit' nach seinen, bei weitem nicht ungefährlichen Normen.", S.1). Unklarist, weshalb „вертикальное структурирование человечества" („vertikale Strukturierung der Menschheit") in Anführungszeichen gesetzt wird. Denkbarwäre, dasshierein bildhafter Ausdruck gekennzeichnet werden soll. Möglich wäre auch ein Verweis auf ein Zitat aus dem Diskurs des politischen Gegners, der dieses Ziel verfolgt. In diesem Fall müsste jemand im Westen eine solche Formulierung verwendet haben. An anderer Stelle werden die USA und die EU direkt genannt (S.2f.): „(1) США и Евросоюз поддержали *государственный переворот* на Украине, стали безоглядно оправдывать любые действия *самопровозглашенных киевских властей*, взявших курс на *силовое подавление* той части украинского народа, которая отвергла *попытки навязать всей стране антиконституционные порядки*, хотела отстоять свои права на родной язык, культуру, историю. (2) Именно *агрессивное наступление* на эти права *заставило* население Крыма взять свою судьбу в собственные руки и сделать выбор в пользу *самоопределения*. (3) Это был *абсолютно свободный выбор*, что бы там ни выдумывали *те, кто* в первую очередь несет вину за *внуренний конфликт* на Украине. (4) *Попытки исказить истину*, скрыть факты за голословными обвинениями *предпринимались* на всех этапах *украинского кризиса*. (5) Ничего не *делается* для установления и наказания виновных в *кровавых* февральских событиях на Майдане, в *массовой гибели* людей в Одессе, Мариуполе и других районах Украины. (6) Сознательно *приуменьшаются масштабы жуткой гуманитарной катастрофы*, вызванной действиями украинской армии на юго-востоке страны. (7) На днях вскрылись новые *ужасающие* факты, когда были обнаружены *массовые захоронения* вблизи от Донецка. (8) Вопреки резолюции2166 СБ ООН *затягивается проведение* тщательного и независимого расследования обстоятельств крушения малайзийского авиалайнера над украинской территорией. (9) Виновные во всех этих *преступлениях* должны быть установлены и преданы правосудию." („(1) Die USA und die Europäische Union haben den *Staatsstreich* in der Ukraine unterstützt, sie haben damit begonnen, unüberlegt alle beliebigen Handlungen *der selbsternannten Kiewer Autoritäten* zu rechtfertigen, die Kurs nahmen auf eine *gewaltsame Unterdrückung* des Teils des ukrainischen Volkes, der *Versuche* zurückgewiesen hatte, *dem ganzen Land verfassungswidrige Ordnungen aufzuzwingen*, der seine Rechte auf die eigene Sprache, Kultur und Geschichte verteidigen wollte. (2) Gerade der *aggressive Angriff* auf diese Rechte hat die Bevölkerung der Krim dazu *gezwungen*, ihr Schicksal in die eigenen Hände zu nehmen und ihre Wahl zugunsten der *Selbstbestimmung* zu treffen. (3) Das war *eine absolut freie Wahl*, was auch immer sich dort *diejenigen* ausdenken mögen, *die* in erster Linie die Schuld an dem *inneren Konflikt* in der Ukraine tragen. (4) *Versuche, die Wahrheit zu verzerren* und die Tatsachen hinter unbegründeten Anschuldigungen zu verbergen, *wurden* auf allen Stufen der *Ukraine-Kriseunternommen.* (5) Nichts *wird getan*, um die Schuldigen an den *blutigen* Ereignissen im Februar auf dem Majdan und am *Tod vieler Menschen* in Odessa, Mariupol und anderen Gebieten der Ukraine zu ermitteln und zu bestrafen. (6) Vorsätzlich *werden die Ausmaße der erschreckenden humanitären Katastrophe bagatellisiert*, die durch das Vorgehen der ukrainischen Armee im Südosten des Landes verursacht wurde. (7) Dieser Tage wurden neue *grauenhafte* Fakten aufgedeckt, als Massengräber in der Nähe von Doneck gefunden wurden. (8) Entgegen der Resolution 2166 des UN-Sicherheitsrats *wird die Durchführung* einer sorgfältigen und unabhängigen Untersuchung der Umstände des Absturzes eines malaysischen Verkehrsflugzeugs über ukrainischem Territorium *verzögert.* (9) Die Schuldigen an all diesen *Verbrechen* müssen ermittelt und der Justiz übergeben werden.“).

Im Satz (1) werden die Ereignisse in Kiew zunächst als „Staatsstreich“ („государственный переворот“) bezeichnet, worin die Haltung zum Ausdruck kommt, es handle sich um den illegitimen Sturz einer rechtmäßigen Regierung, was durch die Bezeichnung der Verantwortlichen als „selbsternannte Kiewer Autoritäten“ („самопровозглашенные киевские власти“) unterstrichen wird. Deren Vorgehen wird als gewaltsam („силовое подавление“) und verfassungsfeindlich („попытки навязать всей стране *антиконституционные* порядки“) gebrandmarkt und richtet sich gegen einen Teil des eigenen Volkes, der auf Seiten der Verfassung steht und seine Rechte verteidigt („хотела отстоять свои права на родной язык, культуру, историю“). Bei der Aufzählung dieser Rechte fällt auf, dass neben der eigenen Sprache und Kultur (was sich vermutlich in erster Linie auf die russischstämmige Bevölkerung, eventuell auch auf die Krimtataren bezieht) auch die Geschichte genannt wird. Dies ist ungewöhnlich, da jemand grundsätzlich dazu gezwungen werden könnte, seine Muttersprache und seine Kultur aufzugeben, sich die Geschichte aber schon ereignet hat und nicht ohne weiteres verändert werden kann. Gemeint ist eventuell, man beabsichtige, den Menschen ein verfälschtes Geschichtsbild, d.h. eine aus Sicht des Sprechers falsche Interpretation bestimmter historischer Ereignisse, aufzuzwingen. Durch dieses Verhalten der neuen Machthaber in Kiew, wiederum gebrandmarkt durch das Anti-Mirandum „aggressiver Angriff“ („агрессивное наступление“), sei die Bevölkerung der Krim zu einer Entscheidung gezwungen worden („заставило“) (Satz (2)). Diese erfolgte zugunsten der Selbstbestimmung („самоопределение“) (Satz (2)) in „absolut freier Wahl“ („абсолютно свободный выбор“, Satz (3), man beachte hier die Verstärkung des Leitwortes „свободный" durch den Intensifikator „абсолютно"). Von einer freien Wahl („souvereign choice") ist auch in der Ansprache des ukrainischen Präsidenten Porošenko von 2015 die Rede; sie bezieht sich dort auf die Entscheidung des ukrainischen Volkes für einen freien und demokratischen Staat. S. V. Lavrov betont die Tatsache der freien Wahl der Krimbewohner ungeachtet anderer Darstellungen vage bezeichneter Schuldiger an den Vorgängen: „was auch immer sich dort *diejenigen* ausdenken mögen, *die* in erster Linie die Schuld an dem *inneren Konflikt* in der Ukraine tragen" („*те, кто* в первую очередь несет вину за *внуренний конфликт* наУкраине", Satz (3)). Die gegnerischen Kräfte werden hier vage durch eine Konstruktion mit korrelativer Struktur benannt. Nach der Bezeichnung „Staatsstreich" im ersten Satz ist hier von einem „inneren Konflikt" („внуренний конфликт") die Rede, im Folgesatz (4) von einer „Krise in der Ukraine" („украинского кризиса"). Diese Wortwahl betont, dass es sich um ein internes Problem der Ukraine handelt; Auseinandersetzungen mit Russland werden nicht erwähnt. Die Vorwürfe gegen die vage bezeichneten Gegner weiten sich im Satz (4) dazu aus, die Wahrheit zu verzerren; als sprachliches Mittel wird hier das Passiv ohne Nennung eines Agens benutzt: „*Versuche, die Wahrheit zu verzerren* und die Tatsachen hinter unbegründeten Anschuldigungen zu verbergen, *wurden … unternommen.*" („*Попытки исказить истину*, скрыть факты за голословными обвинениями *предпринимались…*"). Das agenslose Passiv findet auch in den Sätzen (5), (6) und (8) Verwendung: „Nichts *wird getan …*" („Ничего не *делается …*"), „Vorsätzlich *werden die Ausmaße der erschreckenden humanitären Katastrophe bagatellisiert …*" („Сознательно *приуменьшаются масштабы жуткой гуманитарной катастрофы …*"), „… *wird die Durchführung* einer sorgfältigen und unabhängigen Untersuchung … *verzögert.*" („…*затягивается проведение* тщательного и независимого расследования …").

Die sprachliche Gestaltung verdeutlicht ferner das Ausmaß dessen, was den Verantwortlichen in der Ukraine zur Last gelegt wird: es ist von „*blutigen* Ereignissen im Februar" („в *кровавых* февральских событиях") und vom „Tod vieler Menschen" („в массовой гибели людей") die Rede (Satz (5)), von einer „erschreckenden humanitären Katastrophe" („масштабы жуткой гуманитарной катастрофы", Satz (6)), von „neuen *grauenhaften* Fakten" („новые *ужасающие* факты") und „Massengräbern" („массовые захоронения", Satz (7)), zusammengefasst als „all diese *Verbrechen*" („во всех этих *преступлениях*", Satz (9)). Im Satz (8) wird ungenannt bleibenden Kräften zudem ein Verstoß gegen die Resolution 2166 des UN-Sicherheitsrates vorgeworfen, was aufgrund der völkerrechtlichen Verbindlichkeit von Resolutionen dieses Gremiums eine klare

Anschuldigung ist, obendrein noch vor der Generalversammlung als einem wesentlichen Organ der Weltorganisation. Im Satz (6) wird der ukrainischen Armee explizit die Schuld an der humanitären Katastrophe angelastet („... масштабы жуткой гуманитарной катастрофы, *вызванной действиями украинской армии* на юго-востоке страны."); weitere Beteiligte werden nicht erwähnt. Von einer Verwicklung Russlands in die genannten Ereignisse wird bis dahin nichts gesagt. Die Textrezipienten sind hierfür auf ihr Präsuppositionswissen angewiesen, welches beim Auditorium jedoch zweifellos vorausgesetzt werden kann.

Kurz darauf nimmt Außenminister Lavrov zur Haltung seines Landes Stellung (S.3): „Россия *искренне заинтересована* в восстановлении *мира в соседней стране*, и это должны хорошо понимать все, кто хоть немного знаком с историей *глубочайших, братских связей* между двумя народами." („Russland ist *aufrichtig* an der Wiederherstellung des *Friedens in seinem Nachbarland interessiert*, und das müssen alle gut verstehen, die auch nur ein wenig mit der Geschichte der *sehr tiefen, brüderlichen Beziehungen* zwischen den zwei Völkern vertraut sind."). Er betont das aufrichtige Interesse Russlands („искренне заинтересована") an der Wiederherstellung des Friedens, womit er einen zentralen Leitwert der Tätigkeit der Vereinten Nationen, der internationalen Beziehungen allgemein und der Menschheit insgesamt in den Mittelpunkt stellt. Seine Wortwahl unterstreicht die besonderen Beziehungen zwischen Russland und der Ukraine: Die Ukraine ist ein „Nachbarland" („в соседней стране"), mit dessen Volk man „sehr tiefe, brüderliche Beziehungen" („с историей *глубочайших, братских связей*") unterhält. Neben dem Elativ „глубочайший" fällt hier insbesondere das Adjektiv „братский" ins Auge, das – wie bereits erwähnt – zum Standardrepertoire der sowjetischen Politsprache gehörte und mit seiner Familienmetaphorik die enge Verbindung zwischen den Völkern der Sowjetunion und darüber hinaus zwischen den sozialistischen Staaten betonte. Es sei an die obigen Ausführungen erinnert, dass der ukrainische Präsident Porošenko solche Äußerungen in seiner Ansprache von 2015 als „verräterische Rhetorik" („traitorous rhetoric") bewertete. Außerdem vereinnahmt der Sprecher die Zuhörerschaft oder zumindest Teile davon mit Hilfe der Formulierung „... und das müssen alle gut verstehen, die auch nur ein wenig mit der Geschichte ... vertraut sind" („... и это должны хорошо понимать все, кто хоть немного знаком с историей ..."). Es erscheint hier so, als müsse man bei Kenntnis der Geschichte der Beziehungen zwischen dem russischen und dem ukrainischen Volk zwangsläufig davon überzeugt sein, Russland wolle Frieden in der Ukraine. Das schließt aus, dass jemand, der über solche Kenntnisse verfügt, ja auch zu einer andersgearteten Meinung kommen könnte.

Als Weg zur politischen Regulierung des Konflikts verweist S. V. Lavrov auf Erklärungen, die von Russland, der Ukraine, den USA und der EU im April abgegeben wurden. Hier wird nun auch ohne Präsuppositionswissen klar, dass Russland keineswegs nur die Rolle eines besorgten Nachbarlandes zukommt (die USA und die EU waren vorher schon als Unterstützer des Umsturzes und damit als Beteiligte benannt worden). In der Ukraine müsse ein nationaler Dialog unter Beteiligung aller politischen Kräfte mit dem Ziel einer Verfassungsreform beginnen. Die Erfüllung dieser Verpflichtung erlaube der Ukraine die Rückkehr zu ihrer „natürlichen Rolle", die der Sprecher wie folgt beschreibt (S.3): „… позволило бы Украине вернуться к *органичной* для нее роли *связующего звена* между различными частями европейского пространства, что *безусловно* предполагает *сохранение и уважение всеми ее внеблокового, нейтрального статуса*. Убеждены, что при наличии доброй воли, при отказе от поддержки, *партии войны' в Киеве*, пытающейся столкнуть украинский народ *в бездну национальной катастрофы*, выход из *кризиса* –в пределах досягаемости" („… würde es der Ukraine erlauben, zu der für sie *natürlichen* Rolle eines *Bindeglieds* zwischen den verschiedenen Teilen des europäischen Raumes zurückzufinden, was *selbstverständlich* die *Beibehaltung und allseitige Respektierung ihres blockfreien, neutralen Status* voraussetzt. Wir sind überzeugt, dass bei Vorhandensein guten Willens, bei einem Verzicht auf die Unterstützung der *‚Kriegspartei' in Kiew*, die das ukrainische Volk *in den Abgrund einer nationalen Katastrophe* zu stürzen versucht, ein Ausweg aus der *Krise* in unmittelbarer Reichweite ist."). Die gleichsam naturgegebene Rolle („органичнаяроль") des Landes ist also die eines „*Bindeglieds* zwischen den verschiedenen Teilen des europäischen Raumes" („*связующего звена* между различными частями европейского пространства"). Während dies aufgrund der Lage der Ukraine durchaus nachvollziehbar ist, knüpft der Redner unter Vereinnahmung des Auditoriums, ausgedrückt durch „безусловно" („selbstverständlich"), die Bedingung daran, die Ukraine müsse blockfrei und neutral bleiben und dies sei allseits zu respektieren („сохранение и уважение всеми ее внеблокового, нейтрального статуса"). Hierbei ist einerseits unklar, wieso die geographisch vorgegebene Lage als Bindeglied zwangsläufig einen blockfreien Status des Landes zur Folge haben muss (so stießen beispielsweise während des Kalten Krieges die beiden Machtblöcke an der Grenze zwischen der Bundesrepublik und der DDR unmittelbar aneinander). Andererseits spielen hier Selbstbestimmung („самоопределение") und freie Wahl („свободный выбор"), die der russische Außenminister für die Bevölkerung der Krim ausdrücklich reklamiert hat, keinerlei Rolle mehr. Die Möglichkeit, dass die Ukraine kein Interesse an einer Rolle als neutrales Bindeglied bzw. Pufferzone haben und als souveräner Staat die Entscheidung treffen könnte, sich einem Bündnis anzuschließen, bleibt ausgeklammert (wobei die Vermutung nahe liegt, dass Russland wohl kaum etwas gegen eine Wendung der Ukraine nach Osten hätte).

In dem abschließenden Satz des Textauszugs wird die Lage in der Ukraine nochmals als „Krise" („выход из *кризиса*") bezeichnet. Ungenannt bleibt, wer genau die „‚Kriegspartei' in Kiew" („от поддержки, *партии войны' в Киеве*") bildet (man beachte auch hier die Anführungszeichen, die wohl als visueller Ersatz für ein verbales „так называемый"/„sogenannt" fungieren) und wer sie unterstützt. Die Verantwortlichen werden noch einmal stigmatisiert durch das ihnen unterstellte Ziel, „das ukrainische Volk *in den Abgrund einer nationalen Katastrophe* zu stürzen" („столкнуть украинский народ *в бездну национальной катастрофы*").

Zur Haltung eines Landes führt der Außenminister etwas später noch Folgendes aus (S.4): „(1) Россия готова и далее активно помогать продвижению политического урегулирования. (2) Но должно быть предельно ясно, что делаем мы это ради *мира, спокойствия и благополучия украинского народа*, а не для того, чтобы ублажать *чьи-то* амбиции. (3) Абсолютно бесперспективны *попытки оказывать давление* на Россию, заставлять ее отказаться от своих ценностей, от *правды* и *справедливости*." („(1) Russlandistbereit, beim Fortschreiten der politischen Regelung auch weiterhin aktiv mitzuhelfen. (2) Aber es muss absolut klar sein, dass wir dies um *des Friedens, der Ruhe und des Wohlergehens des ukrainischen Volkes* willen tun, aber nicht dafür, *irgendjemandes* Ambitionen zu befriedigen. (3) Absolut aussichtslos sind *Versuche, Druck auf Russland auszuüben* und es zu zwingen, sich von seinen Werten, von *Wahrheit* und *Gerechtigkeit* loszusagen."). Durch die Formulierung „Russland ist bereit …auch weiterhin aktiv mitzuhelfen." („Россия готова и далее активно помогать …") im Satz (1) kommen gleichzeitig die Haltung Russlands, Kooperationsbereitschaft und die Kontinuität des eigenen Handelns zum Ausdruck. Im zweiten Satz werden „Frieden, Ruhe und Wohlergehen des ukrainischen Volkes" als Ziele benannt („ради *мира, спокойствия и благополучия украинского народа*"). Außerdem werden wiederum vage gegnerische Kräfte erwähnt, deren Ambitionen man nicht befriedigen wolle. Als sprachliches Mittel wird hier ein Indefinitpronomen der sogenannten „то"-Reihe gewählt („*чьи-то* амбиции"). Unter den verschiedenen Indefinitpronomina des Russischen waren bereits in der Politsprache der Sowjetunion diejenigen mit „-то" und „кое-" axiologisch aufgeladen und dienten zur Bezeichnung gegnerischer Kräfte, die man nicht direkt benennen wollte, z.B. in Formulierungen wie „какие-то политики" („gewisse Politiker") oder „кое-кто на Западе" („jemand im Westen") (dazu ausführlich Weiss 2000: 239–246; siehe auch Radünzel 2002: 262–266). Schließlich wird im Satz (3) noch Versuchen, Druck auf Russland auszuüben und es von seinen Werten abzubringen, deren Urheber ebenfalls ungenannt bleiben („попытки оказывать давление на Россию"), eine klare Absage erteilt. Als Werte werden hier mit Wahrheit und Gerechtigkeit („от *правды* и *справедливости*") zwei klassische Hochwertwörter genannt, die geeignet sind, dem Sprecher die Zustimmung des Auditoriums zu sichern. Auch der ukrainische Präsident reklamierte in seiner Rede die Wahrheit („truth") für sein Land.

Im Anschluss unternimmt der Minister einen Exkurs in die Geschichte und verweist auf das Jahr 1933, als die USA bei der Aufnahme diplomatischer Beziehungen mit der Sowjetunion von dieser eine Garantie der Nichteinmischung in ihre inneren Angelegenheiten verlangt hätten sowie die Verpflichtung, nichts zu unternehmen, um die politische und soziale Struktur der USA zu ändern. S. V. Lavrov wirft die Frage einer möglichen Wiederaufnahme dieser alten Forderung der US-Regierung und ihrer allgemeinen Umsetzung auf, etwa durch eine Deklaration der UN-Generalversammlung über die Unzulässigkeit der Einmischung in die inneren Angelegenheiten souveräner Staaten und die Ablehnung von Staatsstreichen als Methode des Machtwechsels (durch die Univerbierung „госперевороты" wird ein Zusammenhang zur Ukraine hergestellt, wo der Redner von „государственный переворот" gesprochen hatte). Eine Philosophie der Überlegenheit und der Dominanz entspreche nicht den Anforderungen des 21. Jahrhunderts und laufe objektiven Prozessen der Formierung einer polyzentrischen, demokratischen Weltordnung zuwider (S.4). Der Außenminister geht nochmals auf die Einstellung Russlands ein (S.5): „(1) Россия продвигает позитивную, объединительную повестку дня. (2) Мы *всегда были и будем открыты* для обсуждения самых сложных вопросов, какими бы нерешаемыми они ни казались поначалу. (3) Будем готовы искать компромиссы и баланс интересов, идти на размен уступками, но только если разговор будет *уважительным* и *равноправным*." („(1) Russland fördert eine positive, vereinigende Agenda. (2) Wir *waren und werden immer offen sein* für die Diskussion schwierigster Fragen, wie unlösbar sie auch immer anfangs erscheinen mögen. (3) Wir werden bereit sein, Kompromisse und ein Gleichgewicht der Interessen zu suchen und gegenseitige Zugeständnisse zu machen, aber nur wenn das Gespräch *achtungsvoll* und *gleichberechtigt* ist."). Die Kontinuität der eigenen Haltung bzw. Diskussionsbereitschaft wird im Satz (2) durch die bereits oben erwähnte Variation des Tempus „Wir waren und werden immer offen sein …" („Мы всегда были и будем открыты …") zum Ausdruck gebracht. Die Bereitschaft zu Kompromissen, Interessenausgleich und Zugeständnissen (Satz (3)) wird an die Bedingung geknüpft, das Gespräch müsse „achtungsvoll und gleichberechtigt sein" („но только если разговор будет *уважительным* и *равноправным*"), was den Eindruck nahe legt, dies sei nicht immer der Fall. Hier scheint auch die Erinnerung an mehrfach von russischer Seite vorgebrachte Vorwürfe auf, der Westen mit den USA an der Spitze strebe einseitig nach Dominanz in der Welt und missachte andere, insbesondere Russland und seine Interessen. In der Folge leitet der Sprecher von den Minsker Vereinbarungen vom September 2014, die er als positives Beispiel bewertet, zum nächsten Thema über, der Zusammenarbeit im eurasischen Raum.

Zusammenfassend kann man konstatieren, dass die Ukraine bei S. V. Lavrov nicht als eigenständig handelnde Macht, sondern als Opfer fremder Einmischungspolitik erscheint. Die Vorgänge werden als Staatsstreich und innerer Konflikt angesehen, die Schuld für Verbrechen wird der ukrainischen Armee zugewiesen. Bemerkenswert ist ferner die der Ukraine zugeschriebene Rolle als neutrales und blockfreies Bindeglied zwischen Ost und West.

2. Die Ukraine und die Frage der Sicherheit: Die Rede Präsident Vladimir V. Putins vom 28.9.2015

Nachdem Außenminister S. V. Lavrov der Lage in der Ukraine 2014 noch etwa die Hälfte seiner Rede gewidmet hatte, spielt dieses Thema bei Präsident Putin[15] keine große Rolle mehr. Es nimmt mit 5,2 % den geringsten Anteil im Vergleich aller Texte ein (119 Wörter von insgesamt 2280). Die Rede ist – ebenso wie der Beitrag des Vorjahres – durch umfangreiche Auseinandersetzungen mit politischen Gegnern gekennzeichnet, wobei – im Unterschied zur eben betrachteten Ansprache S. V. Lavrovs – die USA ungenannt bleiben. Präsident Putin bezieht sich auf die Aufgaben der internationalen Gemeinschaft mit den Vereinten Nationen an der Spitze, die in der Sicherung des Friedens und der regionalen und globalen Stabilität („обеспечение мира, региональной и глобальной стабильности") bestehen (S.9). Gleichberechtigte und unteilbare Sicherheit („равная и неделимая безопасность") müsse für alle und nicht nur für Auserwählte gewährleistet werden: „… речь должна идти о формировании пространства равной и неделимой *безопасности. Безопасности не для избранных, а для всех.*" („… muss es um die Bildung eines Raumes gleichberechtigter und unteilbarer Sicherheit gehen. Sicherheit nicht für Auserwählte, sondern für alle."). Mit dem Dreiklang „Frieden" – „Stabilität" – „Sicherheit" („мир" – „стабильность" – „безопасность")

15 Zur Sprache V. V. Putins ausführlich E. Fleischmann (2010). Analysen ausgewählter Reden finden sich bei C. Radünzel (2003, 2008a, 2014).

rekurriert der Redner auf zentrale Werte der Vereinten Nationen. Die rhetorische Gestaltung mit der Anadiplose „безопасности" und der Antithese „не для избранных, а для всех" (in der der Allquantor „все" dem Existenzquantor „избранные" gegenübergestellt ist, der eine gegnerische Gruppe bezeichnet) unterstreicht die Bedeutung des Leitwertes „Sicherheit". Bei einigen („у *некоторых* наших коллег", man beachte hier den Marker „некоторые", der schon in der sowjetischen Politsprache zur Bezeichnung gegnerischer Kräfte diente; vgl. dazu Weiss 2000: 239ff.) dominiere jedoch noch immer das Blockdenken des Kalten Krieges und das Streben nach geopolitischen Räumen. Zuerst habe man die Linie der Erweiterung der NATO verfolgt („*продолжили* линию на расширение НАТО") und dann die postsowjetischen Länder vor die trügerische Wahl zwischen dem Westen und dem Osten gestellt („*поставили* постсоветские страны перед ложным выбором: быть им с Западом или с Востоком").

An dieser Stelle geht der Präsident zum Thema Ukraine über. Die Kürze des entsprechenden Textabschnitts erlaubt es, ihn hier komplett wiederzugeben (S.9f.): „(1) Рано или поздно такая конфронтационная логика должна была обернуться *серьезным геополитическим кризисом*. (2) Это произошло на Украине, где *использовали* недовольство населения действующей властью и *извне спровоцировали вооруженный переворот*. (3) И в итоге вспыхнула *гражданская война*. (4) Мы убеждены, остановить *кровопролитие*, найти выход из тупика можно только при полном и добросовестном выполнении Минских соглашений от 12 февраля текущего года. (5) *Угрозами, силой оружия* целостность Украины не обеспечить. (6) Нужен реальный учет интересов и прав людей в Донбассе, *уважение к их выбору*. (7) Согласованиe с ними, как это и предусматривается Минскими договоренностями, ключевых элементов политического устройства государства. (8) В этом залог того, что Украина будет развиваться как цивилизованное государство, как *важнейшее связующее звено* в строительстве общего пространства *безопасности* и экономического *сотрудничества* как в Европе, так и в Евразии." („(1) Früher oder später musste eine solche Konfrontationslogik in eine *ernste geopolitische Krise* umschlagen. (2) Dies geschah in der Ukraine, wo *man* die Unzufriedenheit der Bevölkerung mit der aktuellen Macht *ausnutzte* und *von außen einen bewaffneten Umsturz provozierte*. (3) Und im Endergebnis brach ein *Bürgerkrieg* aus. (4) Wir sind überzeugt, das *Blutvergießen* stoppen und einen Ausweg aus der Sackgasse finden kann man nur bei einer vollständigen und gewissenhaften Erfüllung der Minsker Vereinbarungen vom 12. Februar dieses Jahres. (5) Mit *Drohungen* und *Waffengewalt* kann man die Unteilbarkeit der Ukraine nicht gewährleisten. (6) Nötig ist eine wirkliche Berücksichtigung der Interessen und Rechte der Menschen im Donbass und die *Respektierung ihrer Wahl*. (7) Die Abstimmung von Schlüsselelementen des politischen Aufbaus des Staates mit ihnen, so wie es auch durch die Minsker Vereinbarungen vorgesehen ist. (8) Darin liegt die Gewähr dafür, dass sich die Ukraine als zivilisierter Staat entwickeln wird, als *sehr wichtiges Bindeglied* im Aufbau eines gemeinsamen Raumes der *Sicherheit* und wirtschaftlichen *Zusammenarbeit* sowohl in Europa als auch in Eurasien.").

Die Ereignisse in der Ukraine werden als „ernste geopolitische Krise" („серьезный геополитический кризис", Satz (1)), „bewaffneter Umsturz" („вооруженный переворот", Satz (2)) und „Bürgerkrieg" („гражданская война", Satz (3) – im Unterschied zu P. O. Porošenko, der „war" auf die Auseinandersetzung mit Russland bezieht) bezeichnet und mit Anti-Miranda bzw. negativ konnotierten Begriffen wie „Blutvergießen" („кровопролитие", Satz (4)), „Drohungen" („угрозы", Satz (5)) und „Waffengewalt" („сила оружия", Satz (5)) in Verbindung gebracht. Auf die Verantwortlichen wird nur vage Bezug genommen. Hierfür findet im Satz (2) zweimal die sogenannte unbestimmt-persönliche Konstruktion Verwendung, d.h. Verben in der 3. Person Plural Aktiv ohne das Personalpronomen „они" oder ein anderes grammatisches Subjekt, die im Deutschen u.a. mit Hilfe des Indefinitpronomens „man" wiedergegeben werden kann (z.B. „Так не *говорят*." – „So etwas sagt *man* nicht.")[16]: „*использовали* недовольство населения", „извне *спровоцировали* вооруженный переворот". Die sprachliche Gestaltung, insbesondere auch das Adverb „извне" („von außen"), vermittelt die Auffassung des Redners von einer Fremdbestimmung. Die Ukraine erscheint hier – wie schon an anderen Textstellen – als Opfer einer Manipulation, nicht als aktive Gestalterin ihres eigenen Schicksals. Ungesagt bleibt, wer genau die Einflussnahme von außen ausgeübt hat – im Unterschied zur Rede von 2014, in der Außenminister Lavrov die USA und die EU als Unterstützer des Staatsstreichs in Kiew (dort war von „государственный переворот" die Rede, hier von „вооруженный переворот") explizit genannt hatte. In den Sätzen (4) bis (7) zeigt V. V. Putin seine Vorstellungen von einer Lösung auf. In seiner Forderung nach einer Berücksichtigung der Interessen und Rechte der Menschen im Donbass und der Respektierung ihrer Wahl („уважение к их выбору", Satz (6)) findet sich ein Bezug zur Ansprache des Vorjahres, in der S. V. Lavrov auf die freie Wahl der Krimbewohner verwiesen hatte. Von der Krim ist hier schon nicht mehr die Rede. Die Abstimmung von Schlüsselelementen des politischen Aufbaus des Staates (Satz (7)) interpretiert der Präsident in Satz (8) als Gewähr für eine positive

16 Zum Gebrauch dieser Konstruktion in der sowjetischen Politsprache vgl. D. Weiss (2000: 248).

Entwicklung der Ukraine. Dieser wird – wie auch schon im Jahr zuvor – eine besondere Rolle zugeschrieben – die des Bindeglieds: „*sehr wichtiges Bindeglied* im Aufbau eines gemeinsamen Raumes der *Sicherheit* und wirtschaftlichen *Zusammenarbeit* sowohl in Europa als auch in Eurasien" („*важнейшее связующее звено* в строительстве общего пространства *безопасности* и экономического *сотрудничества* как в Европе, так и в Евразии"). Von Blockfreiheit und Neutralität dieses Bindeglieds wird nicht mehr gesprochen. Dafür greift der Redner mit „Sicherheit" („безопасность") ein zentrales Schlüsselwort auf, mit dem er zum Thema Ukraine übergeleitet hatte. Hinzu kommt die wirtschaftliche Zusammenarbeit („экономическое сотрудничество"), die ebenfalls ein Kernthema der UNO ist. Mit Hilfe dieses Schlüsselwortes geht V. V. Putin zum nächsten Abschnitt seiner Ansprache über, in dem er zu verschiedenen Fragen der wirtschaftlichen Kooperation Stellung nimmt.

Festzuhalten ist noch, dass von engen und brüderlichen Beziehungen zur Ukraine in diesem Text nicht mehr die Rede ist, ebenso wenig wie von einer Aufklärung des Abschusses des Fluges MH17 (erwähnt in den Reden A. P. Jacenjuks, P. O. Porošenkos und S. V. Lavrovs).

Im Anschluss seien die beiden deutschen Generaldebatten-Beiträge betrachtet.

III. Die Redebeiträge der Bundesrepublik Deutschland

1. *Die Annexion der Krim als Bruch des Völkerrechts: Die Rede Außenminister Frank-Walter Steinmeiers vom 27.9.2014*

In der Rede des deutschen Außenministers mit einem Gesamtumfang von 1442 Wörtern behandelt ein Ausschnitt von 247 Wörtern das Thema Ukraine, was einem Anteil von 17,1 % entspricht. Das Ausgangsthema der Ansprache ist Frieden, angeknüpft an drei wichtige Jahrestage, die 2014 begangen wurden und die der Sprecher gleich zu Beginn erwähnt: der 100. Jahrestag des Beginns des Ersten Weltkrieges, der 75. Jahrestag des Beginns des Zweiten Weltkrieges und der 25. Jahrestag des Falls der Berliner Mauer und damit der Beendigung des Kalten Krieges (S.1). Die Bedeutung der Vereinten Nationen liegt nach Ansicht des Redners darin, dass sie der Hoffnung auf Frieden durch das Völkerrecht ein Fundament geben. F.-W. Steinmeier bezeichnet die Erhaltung des Völkerrechts als „Kern der Friedenshoffnung" (S.2), verknüpft damit zwei zentrale Schlüsselwörter der Arbeit der UNO miteinander und leitet von hier aus zum Konflikt in der Ukraine über: „(1) Deshalb muss ich an dieser Stelle den *Konflikt* in der Ukraine ansprechen. (2) Manche hier im Saal mögen diese Auseinandersetzung für einen regional begrenzten *Konflikt* im Osten Europas halten – ich bin überzeugt, dies wäre die falsche Sicht; dieser *Konflikt* betrifft *uns alle*. (3) Nicht irgendein Staat! (4) Ein ständiges Mitglied des Sicherheitsrats: Russland hat mit der *Annexion* der Krim einseitig bestehende Grenzen in Europa verändert und damit *Völkerrecht gebrochen*. (5) Diesem gefährlichen Signal mussten *wir* uns entgegenstellen. (6) Denn *wir* dürfen nicht zulassen, dass die Kraft des *Völkerrechts* von innen ausgehöhlt wird. (7) *Wir* dürfen nicht zulassen, dass die alte Spaltung von Ost und West in die Vereinten Nationen zurückkehrt. (8) Weil in diesem *Konflikt* nicht nur für die Menschen in der Ukraine, sondern für die Zukunft des *Völkerrechts* so viel auf dem Spiel steht, hat Deutschland mit seinen Partnern Verantwortung übernommen und sich mit aller Kraft für die Entschärfung des *Konflikts* eingesetzt. (9) Ich mache mir keine Illusionen: (10) Noch sind *wir* weit entfernt von einer politischen Lösung. (11) Aber wahr ist auch: (12) Vor wenigen Wochen standen *wir* vor einer unmittelbaren *militärischen Konfrontation* zwischen russischen und ukrainischen Streitkräften. (13) Diplomatie hat das Äußerste verhindert. (14) Jetzt kommt es darauf an, dass die Waffen dauerhaft schweigen, und dass *wir* eine politische Lösung erreichen – eine Lösung im Einklang mit den Grundsätzen des *Völkerrechts* – unter Wahrung der Einheit der Ukraine! (15) Aber ich rede nicht nur über die Ukraine! (16) Solange dieser *Konflikt* schwelt, solange Russland und der Westen im Streit um die Ukraine sind, droht dies auch die Vereinten Nationen zu lähmen." (S.2).

Zur Wortwahl ist zunächst anzumerken, dass der Redner durchgängig von einem „Konflikt" spricht (ausgehend vom Satz (1), aufgenommen in den Sätzen (2), (8) und (16), insgesamt sechs Belege). Im Satz (12) verschärft sich dies zu „einer unmittelbaren *militärischen Konfrontation* zwischen russischen und ukrainischen Streitkräften", die jedoch durch Diplomatie abgewendet werden konnte (Satz (13)). Im Satz (4) wird die Schuld an diesem Konflikt direkt Russland angelastet, was durch die explizite Nennung des Verantwortlichen, die Wahl des Anti-Mirandums „Annexion" und den Vorwurf, Völkerrecht gebrochen zu haben, sprachlich umgesetzt wird. Zudem wird auf die Mitgliedschaft Russlands im Sicherheitsrat verwiesen, was den Vorwurf noch unterstreicht, da den Mitgliedern dieses Gremiums eine besondere Verantwortung für den Weltfrieden zukommt. Der Begriff des Völkerrechts wird in dem Abschnitt noch dreimal aufgegriffen (Sätze (6), (8) und (14)). Der Konflikt erscheint als „gefährliches Signal" (Satz (5)) für eine drohende Aushöhlung des Völkerrechts (Satz (6)) und gleichsam als Nagelprobe für dessen Schutz (Satz (8)). Dem Völkerrecht schreibt der Sprecher auch eine zentrale Rolle bei der Lösung des Konflikts zu (Satz (14)). Die Forderung nach einer „Lösung im Einklang mit den Grundsätzen des *Völkerrechts* – unter Wahrung der Einheit der Ukraine" legt im Zusammenhang mit der Formulierung im Satz (4), Russland habe durch die Annexion der Krim Völkerrecht gebrochen, die Interpretation nahe, man strebe eine Rückgabe der Krim an die Ukraine an, wenngleich dies nicht explizit gesagt wird.

Die in den Texten vielfach zu beobachtende Vagheit manifestiert sich in dem analysierten Textausschnitt in der Verwendung des Personalpronomens „wir". Während im Satz (2) durch den Bezug auf Personen im Saal deutlich ist, dass mit „uns alle" die Anwesenden, also die Mitglieder der Vereinten Nationen, gemeint sind, bleibt in den Sätzen (5) bis (7) unklar, wer sich diesem „gefährlichen Signal" entgegenstellen musste bzw. nicht zulassen darf, dass die Kraft des Völkerrechts ausgehöhlt wird und „die alte Spaltung von Ost und West in die Vereinten Nationen zurückkehrt". Einerseits kann dieses „wir" aufgrund der Nähe zum Satz (2) durchaus auf die Vereinten Nationen bezogen werden. Somit erscheint es so, als habe sich die Weltgemeinschaft in ihrer Gesamtheit veranlasst gesehen, dem Völkerrechtsbruch Russlands entgegenzutreten, da sie eine Aushöhlung dieses Prinzips und eine Rückkehr der alten Spaltung nicht zulassen darf. Andererseits werden im Satz (8) andere Handelnde genannt: Deutschland und „seine Partner" (die nicht näher bestimmt werden) haben „Verantwortung übernommen und sich mit aller Kraft für die Entschärfung des Konflikts eingesetzt". Dies betont den positiven Beitrag Deutschlands und seine Kooperationsbereitschaft, zumal in der Folge (Sätze (12) und (13)) erwähnt wird, die Diplomatie habe eine militärische Konfrontation und damit das Äußerste verhindert. Es erscheint so, als habe Deutschland einen Krieg abgewendet – im Unterschied zu am Anfang der Rede erwähnten früheren Zeiten, als Deutschland seinen Nachbarn Polen überfallen und die Welt dadurch in den Zweiten Weltkrieg gestürzt hatte (S.1). Vage bleibt der Referenzbezug des Pronomens „wir" auch in den Sätzen (10), (12) und (14). Es ist nicht eindeutig festzustellen, wer hier noch weit von einer politischen Lösung entfernt ist, vor wenigen Wochen vor einer unmittelbaren militärischen Konfrontation stand und eine politische Lösung im Einklang mit dem Völkerrecht erreichen muss. Ist es die Weltgemeinschaft insgesamt oder näher von dem Problem betroffene Gruppen, d.h. die Konfliktparteien und diejenigen, die sich für eine Lösung einsetzen?

Wie bereits gezeigt wurde, nennt der deutsche Außenminister Russland explizit als Verantwortlichen für den Konflikt mit der Ukraine. Dass dieser Konflikt alle angeht, begründet er mit dem Bruch des Völkerrechts, der für alle UN-Mitgliedsstaaten relevant ist. Somit entsteht zunächst einmal der Eindruck, als handle es sich um eine Auseinandersetzung zwischen zwei Staaten, die aufgrund ihres exemplarischen Charakters und möglicher Folgen die gesamte Weltgemeinschaft betrifft. Im Satz (16) tritt jedoch eine weitere Konfliktpartei auf den Plan: „der Westen", der mit Russland „im Streit um die Ukraine" ist und der ja keinesfalls mit der internationalen Gemeinschaft insgesamt gleichgesetzt werden kann. Erläuterungen dazu, warum der Westen mit Russland einen Streit „um" die Ukraine (und nicht etwa als Unterstützer „auf Seiten der Ukraine" o.Ä.) austrägt, erfolgen nicht. Sprachlich erscheint die Ukraine hier gewissermaßen als Zankapfel, als passives Objekt und nicht als aktive Gestalterin ihres Schicksals. Man fühlt sich durch diese Formulierung an die bereits analysierten Darstellungen der russischen Vertreter erinnert, die Ukraine sei das Opfer einer arroganten Einmischungspolitik des Westens, der den Umsturz provoziert habe und selbsternannte Autoritäten unterstütze.

2. Politische Verantwortung als Zeichen guter Nachbarschaft: Die Rede Außenminister Frank-Walter Steinmeiers vom 1.10.2015

In dem deutschen Generaldebatten-Beitrag des Folgejahres sinkt der Anteil des Ukraine-Themas von 17,1 % auf 5,7 % (89 Wörter von insgesamt 1567) und liegt damit nur knapp über dem Wert der Putin-Rede (5,2 %). Der zentrale Schlüsselbegriff des Gesamttextes ist „gute Nachbarschaft", wobei sich der Sprecher an ein Zitat von Willy Brandt anlehnt, der bei seinem Amtsantritt als Bundeskanzler 1969 gesagt hatte: „‚Wir Deutschen wollen ein Volk guter Nachbarn sein.' " (S.3). Das Thema der guten Nachbarschaft wird durch die folgenden Schlagwörter repräsentiert: „gute Nachbarschaft" (5 Belege), „Nachbarschaft" (1), „(gute) globale Nachbarschaft" (2), „gute Nachbarn" (4), „Nachbarn" (4). Der Begriff der guten Nachbarschaft bietet dem Außenminister auch den Anknüpfungspunkt für das Thema Ukraine. Er führt zunächst aus, gute Nachbarschaft sei mehr als reine Mitmenschlichkeit und heiße auch, sich an gemeinsame Regeln zu halten, etwa daran, „die Grenzen und die Souveränität des anderen zu achten" (S.2). Diese Grundregel werde jedoch immer noch verletzt, auch in Europa, wofür ihm die Lage in der Ukraine als Beispiel dient. Der betreffende Textauszug sei aufgrund seiner Kürze an dieser Stelle vollständig zitiert: „(1) Die russische *Annexion* der Krim und das *Vorgehen in der Ostukraine* haben *wir als Europäische Union* geschlossen verurteilt und *wir* haben reagiert; aber eben nicht nur mit Verurteilung und Abschottung, sondern auch indem *wir* einen politischen Prozess in Gang gesetzt haben, um den *Konflikt* zu entschärfen. (2) Die OSZE hat in diesem Prozess von Anfang an eine unverzichtbare Rolle gespielt. (3) *Wir* wollen die OSZE als Institution für gemeinsame Sicherheit weiter stärken, wenn *wir Deutschen* im kommenden Jahr ihren Vorsitz übernehmen. (4) Auch das, auch aktive politische Verantwortung, gehört zu *guter Nachbarschaft*." (S.2).

In der Wortwahl lassen sich mehrere Übereinstimmungen mit der Ansprache des Vorjahres feststellen. Es ist von einem „Konflikt" (Satz (1)) und von einer

„Annexion der Krim" (ebd.) die Rede, Russland als Verantwortlicher wird explizit genannt. Zu dessen „Vorgehen in der Ostukraine" (Satz (1)) wird nichts Näheres ausgeführt; hier ist Präsuppositionswissen nötig. Beachtenswert ist, dass im Zusammenhang mit der Ostukraine keine Begriffe wie „Krieg" o.Ä. fallen. Ferner werden eine geschlossene Ablehnung des russischen Vorgehens und Bemühungen um Lösungen erwähnt. Im Unterschied zum früheren Text lässt sich der Referenzbezug des Personalpronomens „wir" klar entschlüsseln: zum einen „wir als Europäische Union" und zweimal Wiederaufnahme durch „wir" im Satz (1), zum anderen „wir" und seine Konkretisierung durch „wir Deutschen" im Satz (3). Das Pronomen bezeichnet somit das eigene Land und die Europäische Union als eigene politische Gruppe. Es werden – wie auch im Vorjahr, wo von Deutschland und seinen Partnern gesprochen wurde – der positive Beitrag Deutschlands und seine Bereitschaft, zur Lösung des Konflikts mit anderen zusammenzuarbeiten, hervorgehoben. Dies wird durch die Handlungsankündigung im Satz (4) ergänzt, in der neben Kooperationsbereitschaft auch die Kontinuität des eigenen Handelns („die OSZE als Institution für gemeinsame Sicherheit *weiter* stärken") zum Ausdruck kommt, was in der politischen Sprache als ein Beleg für die Verlässlichkeit der eigenen Seite gilt. Mit der wiederholten Erwähnung von „guter Nachbarschaft" im Satz (4) schließt der Redner den Kreis zum Hauptthema der Ansprache und zur Einbindung des Ukraine-Konflikts und geht dann zu weiteren Konflikten und Erfolgen der Diplomatie über, etwa zum Abkommen mit dem Iran, an dem auch Russland und die USA beteiligt waren.

Der Begriff des Völkerrechts, der 2014 die zentrale Rolle bei der Behandlung des Ukraine-Themas gespielt hatte, wird nicht wieder aufgenommen. Auch eine Lösung des Problems im Einklang mit dem Völkerrecht und unter Wahrung der Einheit der Ukraine (worunter sich das Ziel fassen ließe, die Abspaltung der Krim rückgängig zu machen) wird nicht mehr gefordert.

D. Abschließende Bemerkungen

Wie schon eingangs angekündigt, bieten die Redebeiträge der Ukraine und der Russischen Föderation exemplarische Beispiele für eine geradezu entgegengesetzte Sicht auf die Dinge, zu deren Darstellung jedoch viele übereinstimmende sprachliche Mittel genutzt werden. In allen Texten finden sich zentrale Leitwörter der internationalen Beziehungen wie Frieden, Sicherheit und Stabilität, auch die Wahrheit reklamieren beide Länder für sich. Es wird das Recht der freien Wahl geltend gemacht, allerdings in unterschiedlicher Hinsicht: Die russische Seite meint hier das Selbstbestimmungsrecht der Krimbewohner (Lavrov) bzw. der Menschen im Donbass (Putin), die ukrainische Seite das Recht ihrer Nation, einen freien und demokratischen Staat aufzubauen. Das eigene Vorgehen wird gerechtfertigt, die Schuld für z.T. umfassend beschriebene Verbrechen wird der Gegenseite zugewiesen. Vor allem Präsident Porošenko verwendet eine Vielzahl von Anti-Miranda. Zudem bringt er den Konflikt sogar mit dem Thema Umweltschutz in Verbindung und beschuldigt Terroristen, eine ökologische Katastrophe herbeizuführen. Im Fall des abgeschossenen malaysischen Flugzeugs MH17 unterstellen beide Länder dem jeweils anderen mangelndes Interesse bzw. die Behinderung der Aufklärung. Unterschiedlich ist die Wortwahl für die Vorgänge in der Ukraine. Die Repräsentanten der Ukraine sprechen von einem von außen herangetragenen Konflikt, von russischer Aggression, Invasion, Okkupation und einer Annexion der Krim, von Krieg, von Terrorismus sowie Terroristen und illegalen bewaffneten Gruppen, die in der Ostukraine am Werk seien. Die russischen Vertreter sehen die Ereignisse dagegen als einen Staatsstreich bzw. von außen provozierten bewaffneten Umsturz an, als inneren Konflikt der Ukraine und Bürgerkrieg. In ihrer Darstellung tritt die Ukraine weniger als eigenständig handelnde und aktiv gestaltende Macht auf denn als Opfer ausländischer Einmischung. In den Ansprachen der ukrainischen Politiker erscheint ihr Land dagegen als souverän und geschlossen. Für die Russische Föderation ist der Konflikt nur einer von vielen Anknüpfungspunkten für eine politische Auseinandersetzung mit dem Westen, die in den Generaldebatten-Beiträgen deutlich zum Tragen kommt.

Der deutsche Außenminister Steinmeier bezeichnet die Vorgänge in seinen beiden Reden als Konflikt, spricht von einer Annexion der Krim und weist Russland die Verantwortung zu. In seiner Formulierung im Text von 2014, Russland und der Westen lägen im Streit um die Ukraine, klingt eine größere Dimension an, zu der er aber nichts Näheres ausführt. Außerdem betont F.-W. Steinmeier in beiden Reden den positiven Beitrag Deutschlands zu einer Lösung des Konflikts. Die zentralen Schlüsselwörter seiner Ansprachen, an die er auch die Ukraine-Frage knüpft, sind Frieden und Völkerrecht (2014) bzw. gute Nachbarschaft (2015). In den ukrainischen und deutschen Beiträgen wird ferner die Tatsache betont, dass Russland ein Ständiges Mitglied des Weltsicherheitsrates ist, wodurch dessen Vorgehen in einem besonders negativen Licht erscheint.

In sprachlicher Hinsicht ist des Weiteren erwähnenswert, dass sich die ukrainischen Politiker beim Thema Ukraine direkt an die gegnerische Seite wenden: Premierminister Jacenjuk an Präsident Putin, Präsident Porošenko an Russland allgemein. Beide schließen ihre Ansprachen mit Gottesbezügen, was in den übrigen Texten nicht der Fall ist.

Insgesamt gesehen vermitteln die untersuchten Redebeiträge zur Generaldebatte einen prägnanten Eindruck von der Darstellung eines bestimmten politischen

Problems durch die Repräsenten verschiedener Staaten. Da vor allem der Konflikt in der Ostukraine noch nicht endgültig gelöst ist, wird es interessant sein, künftige Entwicklungen und ihre sprachliche Umsetzung in politischen Reden zu verfolgen.

Literatur

a) Quellen

Rede von Außenminister Steinmeier bei der Generalversammlung der Vereinten Nationen in New York. 01.10.2015, http://www.auswaertiges-amt.de/DE/Infoservice/Presse/Reden/2015/151001_BM_VN_GV.html [11.10.2015]

Rede von Frank-Walter Außenminister Steinmeier (sic!) bei der 69. Generalversammlung der Vereinten Nationen. 27.09.2014, http://www.auswaertiges-amt.de/DE/Infoservice/Presse/Reden/2014/140927_69_Generalversammlung_VN.html [29.9.2014]

Statement by H. E. Mr. Petro Poroshenko, the President of Ukraine, at the General Debate of the 70th Session of the United Nations General Assembly (29 September 2015, New York), gadebate.un.org/sites/default/files/gastatements/70/70_UA_en.pdf [11.10.2015]

Vystup Prem-jer-ministra Arsenija Jacenjuka na zahal'nych debatach Heneral'noï Asambleï OON u N'ju-Jorku 24 veresnja 2014 roku (anhl.), http://www.kmu.gov.ua/control/uk/publish/article?art_id=247628499 [29.9.2014]

Vystuplenie Ministra inostrannych del Rossijskoj Federacii S. V. Lavrova na 69-j sessii General'noj Assamblei OON 27 sentjabrja 2014 goda, www.un.org/en/ga/69/meetings/gadebate/pdf/RU_ru.pdf [29.9.2014]

Vystuplenie Prezidenta Rossijskoj Federacii V. V. Putina na 70-j sessii General'noj Assamblei OON 28 sentjabrja 2015 goda, www.gadebate.un.org/sites/default/files/gastatements/70/70_RU_RU.pdf [11.10.2015]

b) Sekundärliteratur

K. Brinker, Linguistische Textanalyse. Eine Einführung in Grundbegriffe und Methoden, Berlin 1992 (= Grundlagen der Germanistik 29).

E. Fleischmann, Das Phänomen Putin. Der sprachliche Hintergrund, Leipzig 2010.

D. Hoch, Konfrontative Analyse auf der Ebene von Texten – am Beispiel der Textsorte „Wetterbericht“, in: Wissenschaftliche Zeitschrift der PH Potsdam 32(1988)5, S. 277–283.

H. Lausberg, Handbuch der literarischen Rhetorik. Eine Grundlegung der Literaturwissenschaft, Stuttgart 1990.

V. M. Mokienko, T. G. Nikitina, Tolkovyj slovar' jazyka Sovdepii, Moskva 2005.

C. Radünzel, Newspeak-Elemente in russischen und deutschen außenpolitischen Texten, in: K. Böttger, M. Giger, B. Wiemer (Hrsg.), Beiträge der Europäischen Slavistischen Linguistik (POLYSLAV) 2, München 1999, S. 234–243 (= Die Welt der Slaven. Sammelbände/Sborniki 4).

C. Radünzel, Zu einigen Aspekten der Selbstdarstellung und der Auseinandersetzung mit dem politischen Gegner in russischen und deutschen Redebeiträgen zur Generaldebatte der Vereinten Nationen, in: K. Böttger, M. Giger, B. Wiemer (Hrsg.), Beiträge der Europäischen Slavistischen Linguistik (POLYSLAV) 3, München 2000, S. 175–185 (= Die Welt der Slaven. Sammelbände/Sborniki 8).

C. Radünzel, Russische und deutsche Reden vor den Vereinten Nationen. Eine kontrastive Analyse, Frankfurt am Main, Berlin, Bern, Bruxelles, New York, Oxford, Wien 2002 (= Berliner Slawistische Arbeiten 19).

C. Radünzel, Die Reden Präsident Putins und Bundeskanzler Schröders auf dem Millenniumsgipfel der Vereinten Nationen. Eine kontrastive Analyse, in: Zeitschrift für Slawistik 48(2003)1, S. 93–106.

C. Radünzel, Das Bild des politischen Gegners in russischen und deutschen Reden vor der UNO, in: W. Gladrow (Hrsg.), Das Bild der Gesellschaft im Slawischen und Deutschen. Typologische Spezifika, Frankfurt am Main, Berlin, Bern, Bruxelles, New York, Oxford, Wien 2004, S. 203–218 (= Berliner Slawistische Arbeiten 25).

C. Radünzel, Die Rede Präsident Putins auf der Münchner Sicherheitskonferenz 2007, in: Zeitschrift für Slawistik 53(2008)2, S. 187–199 [= Radünzel 2008a].

C. Radünzel, Zwischen dem Sieg über den Faschismus und neuen Konflikten. Die Rede Außenminister Molotovs vor der ersten Generalversammlung der Vereinten Nationen 1946, in: A. Nagórko, S. Heyl, E. Graf (Hrsg.), Sprache und Gesellschaft. Festschrift für Wolfgang Gladrow, Frankfurt am Main, Berlin, Bern, Bruxelles, New York, Oxford, Wien 2008, S. 519–529 (= Berliner Slawistische Arbeiten 33) [= Radünzel 2008b].

C. Radünzel, Der Georgien-Konflikt in den Reden der Vertreter Georgiens, Russlands, der USA, Deutschlands und Polens vor der 63. UNO-Generalversammlung 2008, in: Zeitschrift für Slawistik 55(2010)1, S. 90–111.

C. Radünzel, *Istoričeskoe vossoedinenie* und *zaščita sootečestvennikov*. Die Krim-Frage in zwei Reden Präsident Putins vom 18.3. und 4.12.2014, in: Anzeiger für Slavische Philologie 42(2014), S. 107–135.

G. Strauß, G. Zifonun, Formen der Ideologiegebundenheit. Versuch einer Typologie der gesellschaftspolitischen Lexik, in: G. Strauß, Der politische Wortschatz.

Zur Kommunikations- und Textsortenspezifik, Tübingen 1986, S. 67–147 (= Forschungsberichte des Instituts für Deutsche Sprache Mannheim 60).

G. Unser, Die UNO. Aufgaben und Strukturen der Vereinten Nationen, München 1997.

D. Weiss, Was ist neu am „newspeak"? Reflexionen zur Sprache der Politik in der Sowjetunion, in: R. Rathmayr (Hrsg.), Slavistische Linguistik 1985, München 1986, S. 247–325 (= Slavistische Beiträge 200).

D. Weiss, Prolegomena zur Geschichte der verbalen Propaganda in der Sowjetunion, in: D. Weiss (Hrsg.), Slavistische Linguistik 1994, München 1995, S. 343–391 (= Slavistische Beiträge 332).

D. Weiss, Alle vs. einer: Zur Scheidung von good guys und bad guys in der sowjetischen Propagandasprache, in: W. Breu (Hrsg.), Slavistische Linguistik 1999, München 2000, S. 237–275 (= Slavistische Beiträge 396).

I. Zemcov, Sovetskij političeskij jazyk, London 1985.

I. G. Zemcov, Sovetskij jazyk – ėnciklopedija žizni, Moskva 2009.

L. N. Zybatow, Russisch im Wandel. Die russische Sprache seit der Perestrojka, Wiesbaden 1995 (= Veröffentlichungen der Abteilung für Slavische Sprachen und Literaturen des Osteuropa-Instituts (Slavisches Seminar) der Freien Universität Berlin 80).

Autoren

Alexander Trunk
Prof. Dr., Direktor des Instituts für Osteuropäisches Recht, Universität Kiel

Ekkehard Klug
Privatdozent Dr., Minister a.D., MdL

Joachim Krause
Prof. Dr., Institut für Sozialwissenschaften, Universität Kiel

August Pradetto
Prof. Dr., Helmut Schmidt Universität/Universität der Bundeswehr Hamburg

Ivan Khotulev
Generalkonsul der Russischen Föderation in Hamburg

Gabriele Kötschau
Dr., Landtagsvizepräsidentin a.D., Leiterin der Vertretung der Handelskammer Hamburg in St. Petersburg

Kerstin Holm
Frankfurter Allgemeine Zeitung (FAZ)

Andrey Gurkov
Russische Redaktion der Deutschen Welle (DW)

Michael Düring
Prof. Dr., Institut für Slavistik, Dekan der Philosophischen Fakultät, Universität Kiel

Norbert Nübler
Prof. Dr., Geschäftsführender Direktor des Instituts für Slavistik, Universität Kiel

Claudia Radünzel
Privatdozentin Dr., Institut für Slavistik, Universität Kiel

Schriften des Zentrums für Osteuropastudien (ZOS) der Universität Kiel

Herausgegebenvon Michael Düring / Norbert Nübler /
Ludwig Steindorff / Martina Thomsen / Alexander Trunk

Die Bände 1-5 sind beim EUL-Verlag erschienen.

Band	6	Michael Düring / Krzysztof Trybuś (Hrsg./Red.): Polen und Deutsche in Europa. Polacy i Niemcy w Europie. Beiträge zur internationalen Konferenz, 25. und 26. Oktober 2012, Kiel. Tom podsumowujący konferencję międzynarodową, 25 i 26 października 2012, Kilonia. 2014.
Band	7	Michael Düring / Kristina Naumann / Rebekka Wilpert (Hrsg.): Russische Satire. Strategien kritischer Auseinandersetzung in Vergangenheit und Gegenwart. 2016.
Band	8	Alexander Trunk (Hrsg.): Russland und Europa. Facetten einer Beziehung. 2017.

www.peterlang.com

www.ingramcontent.com/pod-product-compliance
Ingram Content Group UK Ltd.
Pitfield, Milton Keynes, MK11 3LW, UK
UKHW041823290926
8980IPUK00002B/15

9 783631 723654